普通高等教育"十二五"系列教材

电能计量技术

（第三版）

主编　黄　伟

编写　付艮秀　王鲁杨

主审　张建华

中国电力出版社

CHINA ELECTRIC POWER PRESS

内 容 提 要

本书是普通高等教育“十二五”系列教材。

全书共分九章，其主要内容包括电能计量技术概述、感应式电能表、电子式电能表及特种电能表、测量用互感器、电能计量方式、电能计量装置的接线检查、电能计量检验装置及检验方法、智能电表及其应用和远程抄表技术与网关。

本书主要作为普通高等院校电气工程及其自动化及相关专业的本科教材，也可作为高职高专和函授教材，还可作为工程技术人员的函授教材和参考书。

图书在版编目（CIP）数据

电能计量技术/黄伟主编. —3版. —北京：中国电力出版社，2012.7（2022.6重印）

普通高等教育“十二五”规划教材. 北京市精品教材

ISBN 978-7-5083-8866-3

Ⅰ.①电…　Ⅱ.①黄…　Ⅲ.①电能计量—高等学校—教材　Ⅳ.①TM933.4

中国版本图书馆CIP数据核字（2012）第014638号

出版发行：中国电力出版社

地　　址：北京市东城区北京站西街19号（邮政编码100005）

网　　址：http://www.cepp.sgcc.com.cn

责任编辑：牛梦洁（010—63412528）

责任校对：黄　蓓

装帧设计：郝晓燕

责任印制：钱兴根

印　　刷：北京天泽润科贸有限公司

版　　次：2004年7月第一版　2012年7月第三版

印　　次：2022年6月北京第十八次印刷

开　　本：787毫米×1092毫米　16开本

印　　张：12

字　　数：288千字

定　　价：30.00元

前　言

本书介绍了电能计量技术的发展历史，从电能计量装置出发，重点阐述了感应式电能表、电子式电能表及特种电能表的结构、工作原理和误差特性；系统地介绍了测量用互感器、电能计量方式、智能电表和远程抄表技术等，力求将电能计量专业中出现的新技术、新设备贯彻到书中。在参考已有教材的基础上，重新调整了编写内容和结构，增加了很多新的内容，为教材建设做了初步尝试。部分章后面有小结、复习思考题。这些内容旨在使读者理顺和系统地运用所学的理论知识。本书在前两版基础上，做了相应的审阅和修订，并增加了第九章"远程抄表技术与网关"，力图反映电能计量的最新技术成果及发展动向。本书于2009年被评为北京市精品教材和电力行业精品教材。

本书的第二、四、五章由山西大学付艮秀副教授编写，第三、六、七章由上海电力学院王鲁杨副教授编写，第一、八、九章和第五章的第六节由华北电力大学黄伟教授编写。黄伟教授任本书主编，华北电力大学张建华教授为本书主审。

在本书编写过程中，得到华北电力大学、山西大学和上海电力学院有关领导和教师的支持和帮助，特别是教师王禾兴、研究生晏璐、曹彬在收集资料和整理过程中做了一定的工作，在此一并表示衷心的感谢。

由于编者水平所限，书中错误及不妥之处在所难免，望广大读者批评指正。

编　者

2011年11月

目　　录

第一章 电能计量技术概述

本章主要介绍了电能计量技术的基本概念、电能计量的发展和特点以及电能计量装置的组成分类和铭牌。这些内容是供用电技术人员应当掌握的常识性的知识，是学习本课程的预备知识。

第一节 电能计量技术的基本概念

一、电能计量技术的基本概念

电能计量技术是由电能计量装置来确定电能量值，为实现电能量单位的统一及其量值准确、可靠的一系列活动。在电力系统中，电能计量是电力生产、销售以及电网安全运行的重要环节，发电、输电、配电和用电均需要对电能准确测量。因此，搞好电能计量技术具有十分重要的意义。

电既是电力企业的产品，又是商品。作为商品，其交易过程就必须遵循市场规律，做到买卖公平。它的交易过程是通过电能计量装置来实现的，电能计量装置起着秤杆子的作用，它的准确与否涉及千家万户的利益，直接关系着各项电业技术经济指标的正确计算、营业计费的准确性和公正性，事关电力工业的发展、国家与电力用户的合法权益。

通常我们把电能表、与其配合使用的互感器以及电能表到互感器的二次回路连接线统称为电能计量装置。

电能表是电能计量装置的核心部分，起着计量负载消耗的或电源发出的电能的作用。然而，在高电压、大电流系统中，一般的测量表计不能直接接入被测电路进行测量，需要先通过电压互感器和电流互感器将高电压、大电流变换成低电压、小电流后再接入电能表进行测量。使用互感器一方面可以降低仪表绝缘强度、保证人身安全，另一方面扩大了电能表的量程、减小了仪表的制造规格。电能计量装置二次回路是通过导线将电能表和互感器连接的，易于工作人员监测，但所构成的二次回路可能会对电能计量装置的准确度产生影响。

二、对电能计量装置的要求

(1) 电力系统具有跨区、跨省联网运营的自然特性，要求整个系统内的电能量值准确统一。

(2) 电力生产具有发、供、用电同时完成的特性，要求电能计量装置是在线的、不间断的，又必须准确可靠。

(3) 电能计量工作要遵守电力系统的安全、运行规则，要求电能计量装置与其他电气设备必须配套，并连接成网络一起运行。

(4) 电能计量是电力营销的重要环节，要求应当公正、诚信。

从发电厂到用户，电能的传输与测量正是通过电能计量装置来测量发电量、厂用电量、供电量以及售电量等，随着电子和计算机技术的发展和电力系统自动化水平的提高，实现了远方抄表和电能计量管理系统，其目的是更好地为生产调度和电力企业经济核算服务。

第二节　电能计量的发展和现状

一、电能表的发展概况

自从1831年法拉第发现了电磁感应定律以来，人们就不断地探索使用和测量电能。电能表作为测量电能的专用仪表至今已有100多年的历史，1880年，德国人爱迪生用电解原理制成的直流电能表是世界上最早的电能表；随着交流电的产生和应用，1888年，意大利物理学教授费拉里斯（Ferraris）和美国某电工技术学校的物理教师几乎同时提出了利用旋转磁场测量交流电能的原理，为制造感应式电能表奠定了理论基础。1889年，匈牙利岗兹公司的布勒泰制成了一个重达36.5kg的感应式电能表，其电压铁芯重达6kg，且无单独电流铁芯感应式电能表；1890年，出现了带电流铁芯的感应式电能表，反作用力矩靠交流电磁铁产生，转动元件是一个铜环；直到19世纪末，人们利用交流电磁铁代替直流电磁铁，铝盘代替铜制的转盘，表的计数机构几经改进，生产了单相和三相的感应式交流电能表。

在20世纪的很长的时间内，电能表的发展方向主要放在如何缩小体积和改善工作性能的研究上，随着高导磁材料的出现，使电能表的重量和体积大大降低，每只表的质量降到了1.5～2kg。

20世纪30年代，由于采用铬钢、铝镍合金磁铁代替钨钢使转盘转速降低，降低了损耗，同时改善了电能表的负荷特性。

由于感应式电能表具有结构简单、操作安全、维修方便、造价低廉、经久耐用等一系列优点，一直被广泛应用，发展非常迅速。在以后的几十年中，人们不断对感应式电能表的结构和性能进行改进，使其合理、完善，陆续出现了各种无功电能表、脉冲电能表、分时电能计量表等，品种规格发展至几十种，有的电能表每只还不到1kg重，准确度可达到3.0～0.5级。

电能表的质量是以准确度、过负载能力和延长一次使用寿命等几项指标为主要标志的。目前，国外感应式单相电能表过负荷能力达600%以上；采用双宝石轴承和磁力轴承，使电能表寿命达到15～30年；由于感应式电能表受制造和机理的限制，单相电能表准确度可达1.0级，三相感应式电能表可达0.5级。

随着电子技术的飞速发展，对电能表产生了巨大的影响，20世纪60年代出现了电子式电能表，大大提高了电能表的计量准确度，在此基础上，研究不断朝着提高准确度和降低成本的方向发展。

20世纪70年代，为实用化，主要对电子式电能表的测量电能机理进行研究，先后出现了热电乘法器构成的电子式电能表、时分割乘法器构成的电子式电能表和四象限模拟乘法器的技术方案。

20世纪80年代，集成电路开始在计量装置中应用，使电子式电能表准确度达0.5～0.05级。电能表出现了质的变化，由功能简单的感应式电能表逐步过渡到机电脉冲式电能表、全电子式电能表，直到智能型多功能电能表。

进入20世纪90年代，随着微机技术的发展，基于先购电、再用电的管理思想，开发研制和使用智能型IC卡预付费电能表。远程电能表数据采集系统也开始了实施应用。

目前，电子式电能表已发展到与电能的智能化计量管理密不可分的水平，电能表数据采集技术有力推动了远程抄表技术的发展，组成了智能型电能量采集与计费管理自动化系统。

我国电能表的生产始于20世纪50年代初，经过几十年的努力，电能测量技术和仪表的开发生产得到了飞速发展。各种类型电能表（感应式、全电子式）在品种和质量上得到了扩展与提高，为满足推行峰谷电价制的需要，开发与生产了各种复费率电能表；为满足一户一表制的需要，开发了IC卡预付费表；为防窃电，开发了防窃电电能表；为满足用电营业管理的需要，开发了多功能电能表、电能管理系统；为满足负荷监控的需要，开发了无线电力负荷监控系统；为实现抄表自动化、远程化，开发了远程自动化抄表系统。不仅供给国内，还远销国外。

二、互感器的发展与现状

自1876年，俄罗斯科学家亚布·洛其可夫研制了第一台变压器以来，人们就一直探索发明电压互感器和电流互感器，其目的是为了测量高电压和大电流。基于变压器的原理，1881年就诞生了电压互感器，1885年出现了电流互感器。从此，人们在缩小互感器的体积，提高测量准确度上下功夫。

到目前为止，电厂和大型枢纽变电站采用0.2级的电压互感器和电流互感器，其他的一般采用0.5级电压、电流互感器。为了减小误差，提高测量准确度，对电压互感器和电流互感器的无源补偿和有源补偿装置、对电压互感器二次侧导线压降的有源补偿装置也应运而生。

随着新型材料的发展，近年来由于超高压直流输电网络以及光电、半导体技术和计算机技术的不断发展，使新的电气测量方法，如无线电的、光电的互感器已进入试运行阶段。

三、电能表校验装置的发展概况

电能表校验装置主要是电能计量基准与标准校验装置和便携式电能表现场校验仪两方面。

20世纪60、70年代以前，大部分采取的是利用实负荷与表计对比等原始校验方法，如瓦秒法和比较法等，这种方法速度慢、准确度不高、工作效率低。

20世纪80年代初期，出现了计量与微机接口的软件操作平台，通过光电传感电路，把光信号转换成电信号，经过模/数变换，传给计算机，使准确度和效率大大提高。这种电能表校验装置具备了准确度高、自动化程度高，多表位、多功能等特点，使电能表校验逐步向程序化、规模化方向发展。

目前，我国电能计量基准与标准校验生产了0.36～0.0015级的单相和三相校验装置，便携式电能表现场校验仪生产了0.3～0.1级的各类产品，达到了国际先进水平。

第三节 电能计量装置的分类及铭牌标志

电能计量主要从电能计量装置和电能计量技术管理进行分类，电能计量装置包括电能表、电压互感器和电流互感器以及由它们组成的计量柜，电能计量技术管理依据计量点用途和作用分类。

一、电能表的分类及铭牌

1. 电能表的分类

专门用于计量负荷在某一段时间内所消耗的电能的仪表称为电能表。它反映的是这段时间内平均功率与时间的乘积。根据其用途，一般将电能表分为两大类，即测量电能表和标准电能表。测量用电能表又可分成以下不同的类别。

（1）按结构和工作原理分：感应式（机械式）、静止式（电子式）和机电一体式（混合式）。

（2）按接入电源性质分：交流电能表和直流电能表。

（3）按准确度等级分：普通级和标准级。普通电能表一般用于测量电能，常见等级有0.5、1.0、2.0、3.0级；标准电能表一般用于检验不同电能表，常见等级有0.01、0.05、0.2、0.5级等。

（4）按安装接线方式分：直接接入式和间接接入式，其中又有单相、三相三线和三相四线电能表之分。

（5）按用途分：工业与民用电能表、电子标准电能表和特殊用途电能表等。常见的电能表有脉冲电能表、最大需量电能表和复费率电能表等。

2. 电能表的铭牌

每只电能表在表盘上都有一块铭牌，各国电能表的标识有所不同，我国电能表各项主要标志的含义如下。

（1）电能表的名称及型号：见表1-1，类别代号+组别代号+设计序号+派生号。

表1-1　电能表型号表示

类别代号	组别代号	设计序号	派生号
D—电能表	D—单相	862，95，68等	T—湿热、干燥两用
	S—三相三线		TH—温热带用
	T—三相四线		TA—干热带用
	X—无功		G—高原用
	B—标准		H—船用
	F—复费率		F—化工防腐用
	……		……

例如：DTF—三相四线复费率电能表，如DTF68、DTF9型。

（2）电能计量单位：有功电能表为kWh；无功电能表为kvarh。

（3）字轮式计度器的窗口：整数位和小数位用不同的颜色区分，中间有小数点；若无小数位，窗口各字轮均有被乘系数，如×100，×10，×1等。

（4）准确度等级：以相对误差来表示准确度等级，如用⓪.⑤或CL.0.5表示。

（5）基本电流和额定最大电流：作为计算负载的基数电流值叫基本电流，用I_b表示；能长期工作，而且误差与温升完全满足技术条件的最大电流值叫额定最大电流，用I_m表示。如DS8型三相电能表铭牌标明“3×5（20）A”时，表明基本电流为5A，额定最大电流为20A。

（6）额定电压：三相电能表额定电压的标注有三种方法：

直接接入式三相三线，标注“3×380V”，表示三相，额定线电压为380V。

直接接入式三相四线，标注“3×380/220V”，表示三相，额定线电压为380V，额定相电压为220V；间接接入式，标注“$3\times\frac{6000}{100}$V”，表示经电压互感器接入式的电能表，用电压互感器的额定变化形式来标注，电能表的额定电压为100V。

(7) 电能表常数：表示电能表记录的电能和转盘转数或脉冲数之间关系的比例数。有功电能表以r/Wh或r/kWh表示，如A=1200r/kWh。

(8) 额定频率：50Hz。

二、互感器的分类和铭牌

互感器是电力系统供测量仪器、仪表和继电保护等电器采样使用的重要设备。

1. 互感器的分类

(1) 按互感器功能分：电流互感器和电压互感器。

(2) 按互感器工作原理分：电磁式、电容式、光电式三种互感器。

(3) 按测量对象分：单相、三相等。

(4) 按用途分：计量用、测量用、保护用互感器。

(5) 按互感器绝缘结构分：干式、固体浇注式和油浸式，以及气体绝缘式互感器。

2. 电流互感器铭牌

(1) 型号：我国规定用汉语拼音字母组成互感器的型号，不同的字母分别表示其主要结构形式、绝缘类别和用途，国产电流互感器型号含义见表1-2。

表1-2 国产电流互感器型号含义

字母排列次序	代号含义
1	L—电流互感器
2	A—穿墙式；B—支持式；C—瓷箱式；F—多匝式等
3	C—瓷绝缘式；Z—浇注式；L—电缆电容式等
4	B—保护级；D—差动保护

例如：LFC—10型，即为10kV多匝式瓷绝缘电流互感器。

(2) 额定电流比：额定电流比是指一次额定电流和二次额定电流之比。

(3) 准确度级别：测量用互感器的准确度，用其在额定电流下所规定的最大允许电流误差的百分数表示，一般有0.1、0.2、0.5、1.0、3.0、5.0级，宽量限的S级的电流互感器的准确度级别有0.2S和0.5S级的。

(4) 额定容量：对于电流互感器二次侧额定电流为5A时，额定容量有2.5、5、10、15、20、30、60kVA等。

(5) 额定电压：指一次绕组和二次绕组对地能够承受的最大电压，表明电流互感器一次绕组的绝缘强度，有10、35、110、220、330、500kV等。

(6) 极性标志：为了确保正确接线，电流互感器一次和二次绕组的出线端都有极性标志，一般按减极性相连接。

3. 电压互感器铭牌

(1) 型号：用汉语拼音字母组成互感器的型号，不同的字母分别表示其主要结构形式、绝缘类别和用途。国产电压互感器型号含义见表 1-3。

表 1-3 国产电压互感器型号含义

字母排列次序	代号含义
1	Y—电压互感器
2	D—单相；S—三相；L—串级式
3	Z—浇注式；R—电容分压式；C—瓷箱式等
4	B—三线圈五柱铁芯；D—接地保护线圈等

（2）额定电压及额定电压比：额定电压比是一次额定电压和二次额定电压之比。

（3）准确度级别：在规定的使用条件下，电压互感器的误差应在规定的限度内，常用的有 0.1、0.2、0.5、1.0、3.0、5.0 级。

（4）额定容量：即以额定二次电压为基准时规定二次回路允许接入的负荷，通常以视在功率 VA 值表示。

此外，电能计量柜和计量箱是把计量用的电能表、互感器、电压失压计时器等全部或部分组装在专用的柜中的电能计量装置。主要分为整体式和分体式两类。

三、电能计量装置分类

电力企业的技术管理应将运行中的电能计量装置按其所测量的多少和计量对象的重要程度分为 5 类，见表 1-4。

表 1-4 电能计量装置技术管理分类

Ⅰ类	月平均用电量 500 万 kWh 及以上或变压器容量在 10000kVA 及以上的高压计费用户，100MW 及以上发电机、发电企业上网电量，省网和供电企业间电量交换点及供电关口等
Ⅱ类	月平均用电量 100 万 kWh 及以上或变压器容量在 2000kVA 及以上的高压计费用户，100MW 及以上发电机、供电企业间的电量交换点
Ⅲ类	月平均用电量 10 万 kWh 及以上或变压器容量在 315kVA 及以上的高压计费用户，100MW 及以下发电机、发电企业厂（站）用电量、供电企业间内部用于承包考核计量
Ⅳ类	负载容量为 315kVA 以下计费用户，发供电企业内部经济技术指标分析考核计量
Ⅴ类	单相供电的电力用户计费计量

小　结

本章主要介绍了由电能表、与其配合使用的互感器以及电能表到互感器的二次回路连接线组成的电能计量装置，电能计量的发展和特点以及电能计量装置的分类和铭牌，这些内容是供用电技术人员应当掌握的常识性的知识。其目的是为了进一步了解本课程所学的内容，建立基本概念。在学习本课程的内容时，应重点放在理解基本概念上，要从理论和实践上理解电能计量装置的结构、工作原理、接线方式和误差特性，学会电能测量校验技术，了解远程抄表及电能计量管理系统及电能计量技术发展的新技术和新设备，灵活运用，为搞好用电管理与检查服务。

复习思考题

1-1　什么是电能计量装置？它的作用是什么？

1-2　电能表常数的物理意义是什么？

1-3　电能表额定最大电流和基本电流的物理意义是什么？

1-4　电能计量装置是如何进行分类的？

第二章　感应式电能表

本章首先简介感应式电能表的结构，其次重点讲述电能表的工作原理，然后分析电能表的误差特性，最后介绍电能表的调整装置。

第一节　感应式电能表的结构和工作原理

感应式仪表是指利用固定交流磁场与由该磁场在可动部分的导体中所感应的电流之间的作用力而工作的仪表。常用的单相电能表就是一种感应式仪表。尽管单相电能表的型号繁多，但其结构基本相同，都是由测量机构和辅助部件（基架、底座、外壳、端钮盒和铭牌）组成的。

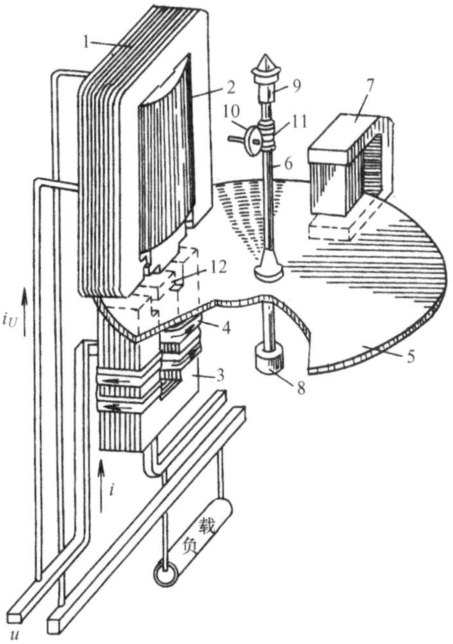

图 2-1　单相电能表的测量机构简图
1—电压铁芯；2—电压线圈；3—电流铁芯；4—电流线圈；5—转盘；6—转轴；7—制动元件；8—下轴承；9—上轴承；10—蜗轮；11—蜗杆；12—回磁极

一、单相感应式电能表的结构

（一）测量机构

测量机构是电能表实现电能测量的核心。图 2-1 所示为单相电能表的测量机构简图，它由驱动元件、转动元件、制动元件、上轴承、下轴承、计度器组成。

1. 驱动元件

驱动元件包括电压元件和电流元件，它的作用是在交变的电压和电流产生的交变磁通穿过转盘时，该磁通与其在转盘中感应的电流相互作用，产生驱动力矩，使转盘转动。

（1）电压元件。电压元件由电压铁芯 1、电压线圈 2 和回磁极 12 组成。绕在电压铁芯上的电压线圈与负载相并联，不论有无负载电流，电压线圈总是消耗功率的，一般其消耗功率控制在 0.5～1.5W。电压线圈的特点是：匝数多（25～50 匝/V），线径细（直径为 0.08～0.16mm），电压铁芯采用厚 0.35～0.5mm 的硅钢片叠成，片间有绝缘，并具有较高的导磁率，使电压元件在不大的激磁安匝下就能得到所需的电压磁通。回磁极采用厚 1.5～2.0mm 的钢板冲压而成，为电压工作磁通提供回路。

图 2-2 所示为电压元件的等值电路图和相量图，一般电压线圈中的电流 $\dot{I}_U$ 滞后电压 $\dot{U}$ 的相位角约为 75°～80°。

（2）电流元件。电流元件由电流铁芯 3 和电流线圈 4 组成。绕在电流铁芯上的电流线圈与负载相串联，因此通过电流线圈的电流就是负载电流。电流铁芯采用0.35mm厚的“U”形高硅钢片叠成，电流线圈的特点是：匝数少，通常分成匝数相等的两部分，分别绕在“U”形铁芯上，其绕制方向应使电流、磁通在铁芯内部的方向相同。它的安匝数一般在60～150安匝范围内，线圈线径一般按电流密度为3～5A/mm² 考虑。根据JB 793—1978《交流电能表》标准规定，电能表单个电流线圈在通入标定电流时，所消耗的视在功率不超过2.0VA。

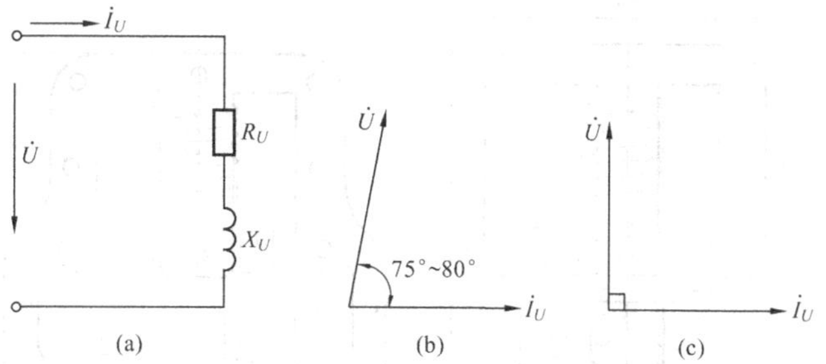

图2-2　电压电磁铁的等值电路图和相量图

(a) 等值电路图；(b) 实际相量图；(c) 理想相量图

电能表的驱动元件，从其布置形式来看，有切线式和辐射式两种。切线式的电压铁芯垂直于转盘半径方向平面放置，如图2-3 (a) 所示；辐射式的电压铁芯平行于转盘半径方向放置，如图2-3 (b) 所示。切线式驱动元件比辐射式的结构简单、体积小、便于安装及大批量生产，并具有较好的技术性能，因此，得到广泛的采用。

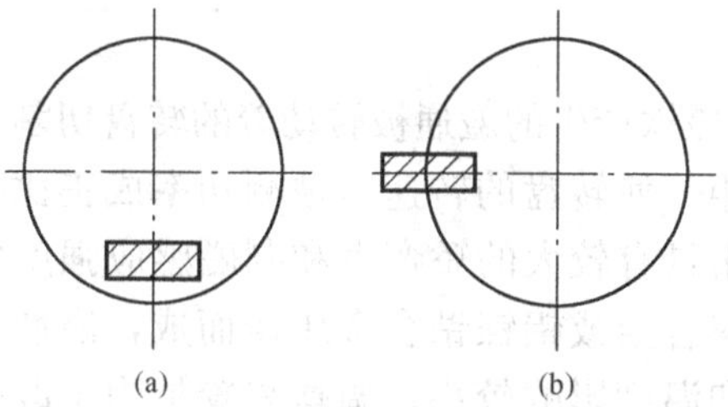

图2-3　电能表驱动元件的布置形式

(a) 切线式驱动元件；(b) 辐射式驱动元件

切线式驱动元件又分成分离式、封闭式和组合式三种基本结构，如图2-4所示。图2-4 (a) 所示为分离式结构，电压铁芯和电流铁芯是彼此分开的，并用螺钉固定在基架上。该结构耗用的硅钢片较少，而且便于检修。但是沿电压、电流铁芯的各个磁路气隙和铁芯本身的对称性不易控制，往往造成同一类型电能表的计量特性不一致，并且容易产生电压、电流潜动，因此在检修时，应尽量避免拆卸。图2-4 (b) 所示为封闭式结构，其电压、电流铁芯用整块硅钢片冲成整片，再叠成一个整体。它的主要特点是可以利用电压工作磁通磁化电流铁芯，改善轻载时的特性，同一类型电能表计量特性的重复性较好，不易产生电压、电流潜动，但是冲制铁芯耗用的钢材较多，绕制和检修电压、电流线圈比较困难。图2-4 (c) 所示为组合式结构，其电压铁芯和电流铁芯用铆钉或螺钉联结成一个整体，并另设回磁极。它比封闭式较易装配电压、电流线圈。

大批量生产的普通电能表，多采用分离式驱动元件，而精密电能表（0.2～0.5级），由于要求有相当好的误差特性，常采用封闭式或组合式驱动元件。

2. 转动元件

如图2-1所示转动元件由转盘5和转轴6组成。转盘在驱动元件所产生的驱动力矩作用下连续转动。转盘的导电率要大、重量要轻，且要保证一定的机械强度，因此转盘用纯铝板制成。转盘直径通常为80～100mm，厚度为0.5～1.2mm。转轴用铝合金或铜合金棒材制成，转轴上端装有蜗杆11和上轴承9。蜗杆11和蜗轮10啮合，将转盘的转数传递给计度器累计成kWh数。此外，转轴上还装有用钢丝绕制的防潜装置。

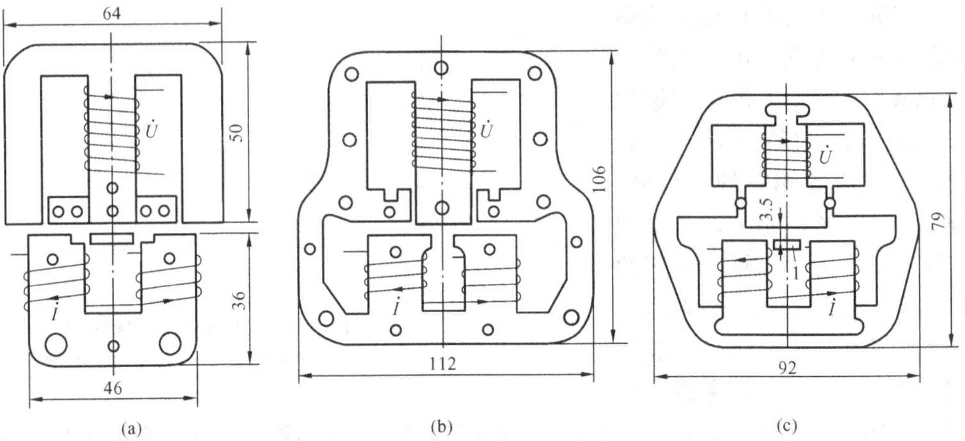

图 2-4　切线式驱动元件的结构

（a）分离式；（b）封闭式；（c）组合式

1—回磁极

3．制动元件

制动元件 7 由永久磁铁及其调整装置组成。永久磁铁产生的磁通被转动着的转盘切割时与在转盘中所产生的感应电流相互作用形成制动力矩，使转盘的转速与被测功率成正比变化。永久磁铁采用具有较大的矫弯力和剩磁感应强度的合金材料，如铝镍合金或铝镍钴合金压铸而成，磁性稳定、受外界磁场和温度影响较小。调整装置是为了改变制动力矩大小而设置的，将在第四节中详细介绍。

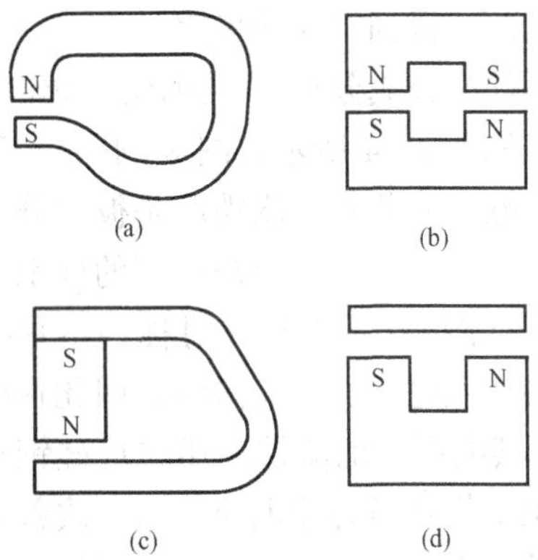

图 2-5　永久磁铁

（a）对称分布单磁通型；（b）对称分布双磁通型；（c）不对称分布单磁通型；（d）不对称分布双磁通型

永久磁铁如图 2-5 所示，按其气隙磁场分布情况（相对于转盘），可分为对称分布和不对称分布两种。对称分布者，当转盘轴向位移时，制动力矩基本不变；而不对称分布者，制动力矩变化较大。按其结构又可分为单磁通型和双磁通型两种，单磁通型永久磁铁是由低磁能合金铸成细长的整体形状，无磁轭，制动磁通只穿一次构成回路，机械强度较高，但引起转动元件的振动也较大。双磁通型永久磁铁是由高磁能的合金制成，磁铁固定在铸钢磁轭上，其磁通两次穿过转盘构成回路，磁稳定性较高，机械强度较差，但能增大制动力矩。引起转动元件的振动较小。近代电能表逐步趋向采用多磁通对称分布的结构。

4．轴承

电能表的轴承分为上轴承和下轴承，下轴承 8 位于转轴 6 下端，支撑转动元件的全部重量，减小转动时的摩擦，其质量好坏对电能表的准确度和使用寿命有很大影响。下轴承 9 位于转轴 6 上端，不承受转动元件的重量，只起导向作用。现代电能表轴承分为钢珠宝石结构和磁力结构两种。

（1）钢珠宝石结构轴承。这种结构钢珠由铬钢或不锈钢材料精磨而成，直径一般为 0.8～1.5mm。宝石用刚玉（三氧化二铝）制成，其曲率半径为 1.0～1.7mm。图 2-6 所示为钢珠宝石结构轴承的三种基本类型。图 2-6（a）和图 2-6（b）分别为正宝石轴承和倒宝石轴承。倒宝石轴承中的宝石 6 镶在轴座 3 上，宝石的凹面向下，灰尘不易落入球穴内。这种轴承的宝石与轴承相连，在宝石和钢球的相对运动中，硬度较大的宝石为主动态，故其磨损较正宝石轴承要小。图 2-6（c）为双宝石轴承，其中的钢珠在两个宝石之间自由转动，因此钢珠表面受磨损均匀，大大延长了轴承的寿命。双宝石轴承较单宝石轴承的制造工艺复杂、成本较高、易受转动元件的倾斜影响，因此，在检修和安装此类电能表时，应特别注意把电能表竖直放平。另外，钢珠宝石轴承由于钢珠和宝石之间的机械磨损、润滑油老化等原因，也影响了电能表的一次使用寿命。

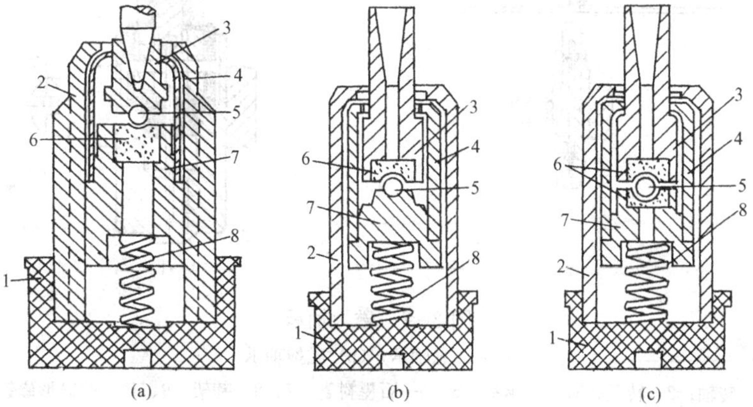

图 2-6 钢珠宝石结构轴承的三种基本类型

（a）正宝石轴承；（b）倒宝石轴承；（c）双宝石轴承

1—螺帽；2—衬管；3—轴座；4—卡套；5—钢珠；6—宝石；7—支承；8—弹簧

弹簧 8 的作用是可以减小因振动而引起的宝石和钢珠之间的相对撞击力，从而延长轴承的使用寿命；另一方面又会引起钢珠与宝石之间的相对移动和摆动，影响电能表的稳定性。所以，一些电能表的下轴承中也没有弹簧。

（2）磁力结构轴承。这是近年逐渐发展起来的一种轴承，其优点是利用磁力平衡转盘产生的重力，消除轴向压力，而采用石墨塑料等自润滑材料制造的轴承，无需润滑油便能达到润滑的目的，因而可以长期使用。

磁力轴承一般分为磁悬式和磁推式两种，如图 2-7 所示。图（a）为磁悬轴承转盘 2 全部重量由圆筒形磁铁 9 和圆柱形磁铁 14 的吸力所悬吊，使转盘悬浮在空间。转轴 1 上下两端由石墨衬管 5、6 与钢针 3、4 定位导向，当转动元件倾斜受侧压力影响时，它们之间摩擦最小。图（b）为磁推轴承，转盘 2 全部重量由上下圆筒形磁铁 9 和 15 的斥力所推顶。

5. 计度器

计度器又称积算机构，用来累计转盘的转数，以显示所测定的电能。因此，为了记录负载所消耗的电能，每一种感应式电能表不管形式如何，都有一个依靠联动机构与可动部分相连的积算机构。目前，常见的计度器有两种形式，即字轮式和指针式。

字轮式计度器的结构如图 2-8 所示，主要由齿轮联动机件、若干个 0 到 9 的 10 个数码的轮子以及遮盖联动机件和轮子的铝板组成。当转轴 10 向一定的方向转动时，固定在转轴上的蜗杆 G 带动与它啮合的蜗轮 A 转动，与蜗轮固定在同一横轴 1 上的主动轮 B 也跟着转

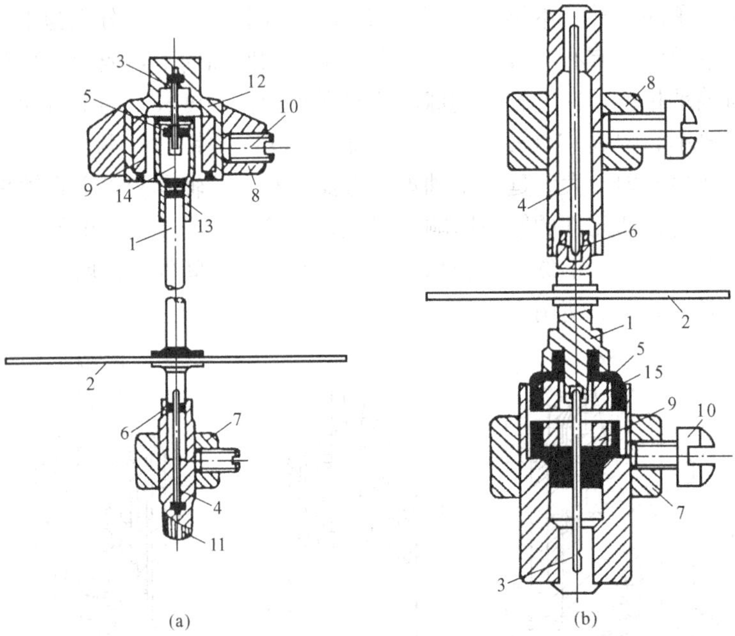

图 2-7　磁力轴承

（a）磁悬轴承；（b）磁推轴承

1—转轴；2—转盘；3、4—钢针；5、6—石墨衬管；7、8—基架；9、15—圆筒形磁铁；10—紧锁螺钉；11、12—铝合金罩；13—铝筒；14—圆柱形磁铁

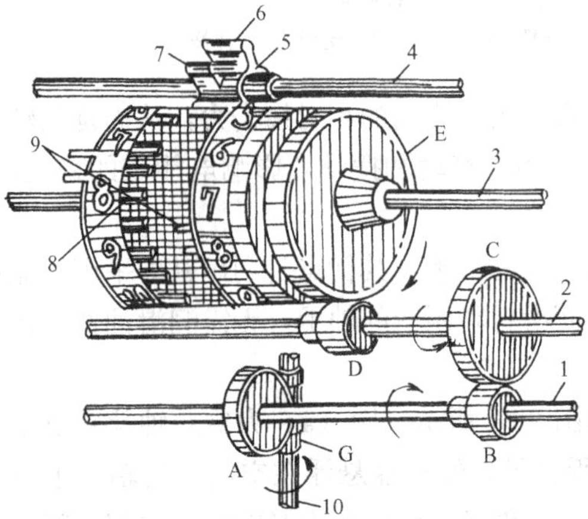

图 2-8　字轮式计度器

A—蜗轮；B、D—主动轮；C、E—从动轮；G—蜗杆；1～4—横轴；5—进位轮；6—长齿；7—短齿；8—稍齿；9—槽齿；10—转轴

动，从而带动固定在横轴 2 上的从动轮 C 和另一主动轮 D 转动，这样依次传动下去，最后字轮转动。当最小位字轮回转一周时，槽齿 9 便和进位轮的一颗长齿 6 啮合，带动进位轮回转，从而拨动了邻近的第二位字轮的稍齿 8，使第二位字轮转动一个数字，即回转 1/10 转。每当字轮进位时，其间的摩擦力增加，使转盘的转速减慢，因此遇字轮进位时，不宜测定电能表的误差。

目前，广泛采用工程塑料压制字轮和齿轮，以减小计度器的重量和摩擦力。横轴则采用耐磨的不锈钢条制造，其直径一般为 1～1.2mm。对计度器摩擦力影响较大的第一横轴，常采用 0.5mm 不锈钢轴，最细的采用 0.3mm，并相应地缩短了轴长（仅有原长的 1/2 以下），以提高机械强度。

指针式计度器的结构如图 2-9 所示（图中只画出了三位指针）。各指针套在相应的横轴上，并露在字盘表面。在字盘上方标有×1、×10、×100 等系数，表盘的实际数值应为指针指示数乘上相应的系数。相邻两指针旋转方向相反，读数时应加以注意。

（二）辅助部件

1. 基架

基架用来支撑和固定测量机构，它对电能表的技术性能有一定的影响，故基架应有足够的机械强度。基架通常用薄钢板冲压而成或采用铸铝而成，常用的基架有与底座分开的和与底座连成一个整体的两种。

2. 外壳

外壳由底座与表盖等组合而成。底座用来组装测量机构，常用钢板或塑料压制而成，表盖有用铝板冲压成的，也有用玻璃、胶木或塑料压制而成的。

3. 端钮盒

端钮盒用来连接电能表的电流、电压线圈和被测电路，其中的铜质端钮表面要有良好的镀层，整个端钮盒应有足够的机械强度和良好的绝缘。

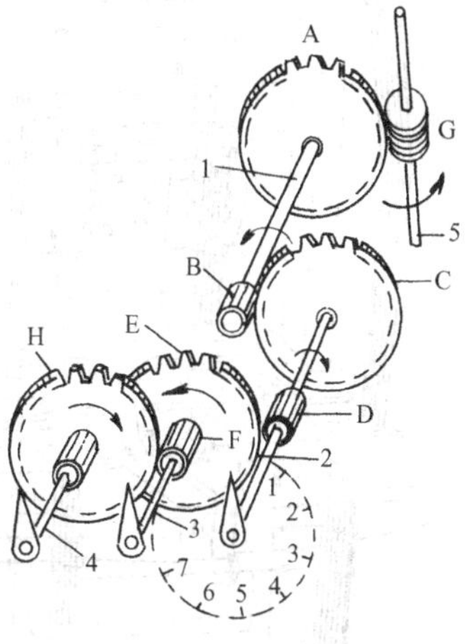

图 2-9 指针式计度器

A—蜗轮；B、D、F—主动轮；C、E、H—从动轮；G—蜗杆；1～4—横轴；5—转轴

4. 铭牌

铭牌附在表盖上或固定在计度器的框架上，它应标明制造厂、表型、额定电压、标定电流、额定最大电流、频率、相数、准确度等级以及电能表常数等。

二、单相感应式电能表的工作原理

（一）转盘转动原理与驱动力矩表达式

由电工原理得知，载流导体在磁场内受到的电磁力 f 的作用。根据左手定则确定其受力方向如图 2-10 所示。电磁力 f 的大小表示为

$$f = C\phi i \tag{2-1}$$

式中 ϕ——磁场中的磁通量；

i——载流导体中的电流；

C——比例系数。

运行中的电能表，其转盘所以能转动，就是因为受到电磁力所形成的驱动力矩的作用。即转盘是个导体，在转盘上穿过磁通，导体中便有电流通过，在磁场作用下受到电磁力所形成的驱动力矩的作用而转动。

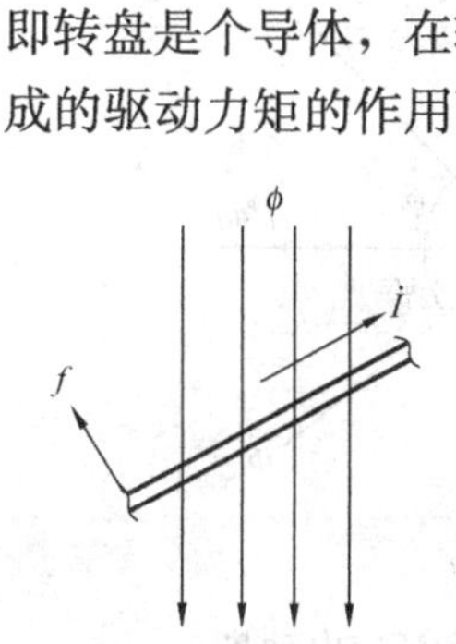

图 2-10 载流导体在磁场中的受力情况

1. 穿过转盘的磁通

图 2-11 所示为电能表内各磁通分布情况。电压线圈 2 加上电压 U 时，线圈中有电流通过，产生了磁通 $\phi_{\Sigma U}$。它又可以分成两部分：

(1) 磁通 ϕ_{UF}，它通过的路径如下：

中心柱→上磁轭→两边柱

↑ ←下磁轭← ↓

还有一部分是经过空气隙而闭合的漏磁通。

(2) 磁通 ϕ_U，它通过的路径如下：

中心柱→上磁轭→两边柱→回磁极

↑ ←气隙←转盘←气隙← ↓

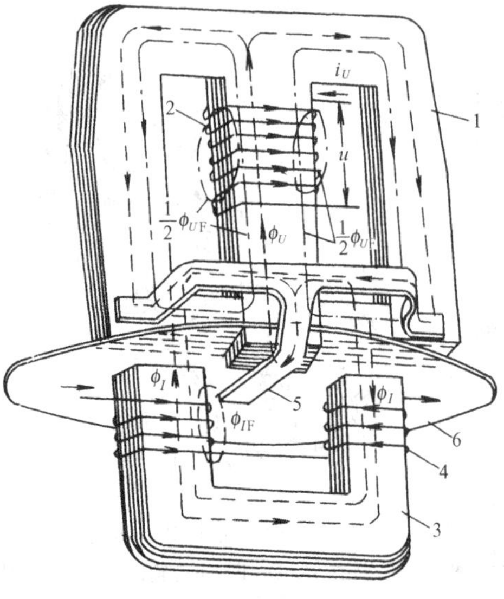

图 2-11　电能表内各磁通分布情况

1—电压铁芯；2—电压线圈；3—电流铁芯；4—电流线圈；5—回磁极；6—转盘

由磁路欧姆定律得知，磁路中的磁通与外磁动势 F 成正比，与磁路中的磁阻 R_m 成反比，即

$$\phi = F/R_m \tag{2-2}$$

式中　F——磁动势；

R_m——磁阻。

气隙的磁阻大，铁芯的磁阻小，因此磁通 ϕ_{UF} 约大于磁通 ϕ_U 3～6 倍。

从上面磁通通过的路径分析中得到：磁通 ϕ_U 是穿过转盘的，称为电压工作磁通。磁通 ϕ_{UF} 不穿过转盘，称为电压非工作磁通。

当负载电流 I 通过电流线圈 4 时，产生了磁通 $\phi_{\Sigma I}$。它也可以分成两部分：

(1) 磁通 ϕ_{IF}，它通过的路径一部分是沿电流铁芯、回磁极到电流铁芯另一边柱构成回路；另一部分是电流线圈的漏磁通。

(2) 磁通 ϕ_I，它通过的路径为

电流铁芯→气隙→转盘→气隙→电压铁芯
↑　←气隙←转盘←气隙←　↓

同理，穿过转盘的磁通 ϕ_I 称为电流工作磁通；不穿过转盘的磁通 ϕ_{IF} 称为电流非工作磁通。

由此可见，电压工作磁通 ϕ_U 一次穿过转盘，电流工作磁通 ϕ_I 从不同位置两次穿过转盘构成回路，对转盘而言，相当于有大小相等方向相反的两个电流工作磁通 ϕ_I 和 ϕ_I' 穿过转盘，因而构成“三磁通”型感应式电能表。如图 2-12 所示的三个磁极 A1、A2 和 A3，规定磁通方向由下向上为“·”，磁通方向由上向下为“×”。

交变的工作磁通 ϕ_I、ϕ_I' 和 ϕ_U 穿过转盘时，各工作磁通产生相应的滞后 90°的感应电动势 e_{PI}、e_{PI}' 和 e_{PU} 以及感应电流 i_{PI}、i_{PI}' 和 i_{PU}。

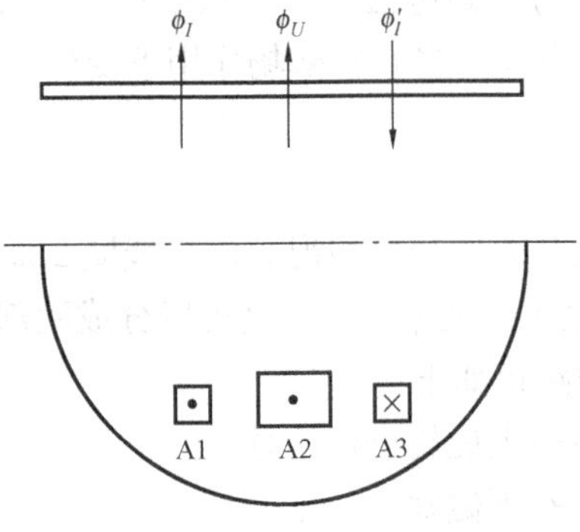

图 2-12　三磁通型电能表的磁极分布

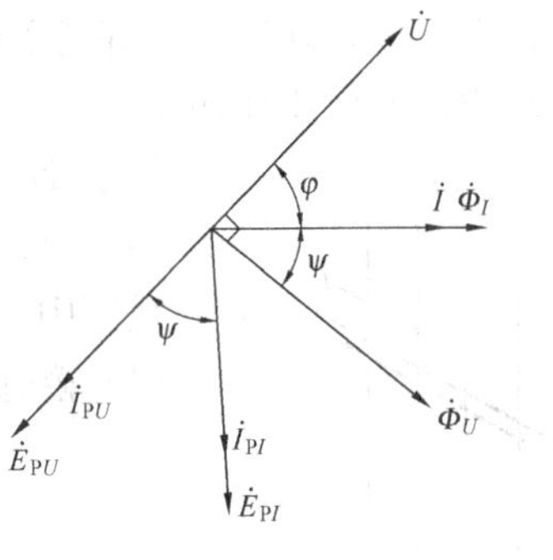

图 2-13　磁通和感应电动势、感应电流相量图

2. 移进磁场

做如下假设：

（1）电压铁芯和电流铁芯工作在不饱和状态，则在正弦交流电压和电流作用下，各工作磁通的波形按正弦规律变化。

（2）忽略电流磁通回路中的损耗，则电流磁通 ϕ_I 与负载电流 I 同相位。

（3）电压线圈的感抗很大，电压工作磁通 ϕ_U 滞后电压 U 约 90°。

（4）负载为感性，其功率因数角为 φ。

以电流工作磁通作为参考轴，各工作磁通及其在转盘内感应电流间的相位关系如图 2 - 13所示。它们的瞬时值为

$$\phi_I = \Phi_I \sin\omega t \tag{2-3}$$

$$\phi'_I = \Phi_I \sin(\omega t - 180°) \tag{2-4}$$

$$\phi_U = \Phi_U \sin(\omega t - \Psi) \tag{2-5}$$

$$i_{PI} = \sqrt{2} I_{PI} \sin(\omega t - 90°) \tag{2-6}$$

$$i'_{PI} = \sqrt{2} I'_{PI} \sin(\omega t + 90°) \tag{2-7}$$

$$i_{PU} = \sqrt{2} I_{PU} \sin(\omega t - 90° - \Psi) \tag{2-8}$$

式中　ϕ_I、ϕ'_I和 ϕ_U——电流和电压工作磁通的瞬时值；

i_{PI}、i'_{PI}和 i_{PU}——感应电流的瞬时值；

I_{PI}、I'_{PI}和 I_{PU}——感应电流的有效值；

Φ_I、Φ_U——电流和电压工作磁通的最大值；

Ψ——电流工作磁通和电压工作磁通的相位角。

根据式（2 - 3）～式（2 - 8）可画出各工作磁通随时间变化的关系曲线，如图 2 - 14（a）所示。由于 ϕ_I、ϕ'_I和 ϕ_U 都是交变的，所以穿过转盘的各个磁通大小和极性，对 t_1～t_4 各瞬时来说，如图 2 - 14（b）所示。由此可见，穿过转盘的磁通最大值从磁极 A1 向磁极 A2 逐渐移进，即在一个周期内，由于 ϕ_I、ϕ'_I和 ϕ_U 所处的空间位置不同，初相角也不同，这样就形成了移进磁场。移进磁场在转盘内感应电流，产生驱动力矩来带动转盘向移进磁场的方向移动，即从相位超前的磁通位置移向相位滞后的磁通位置。

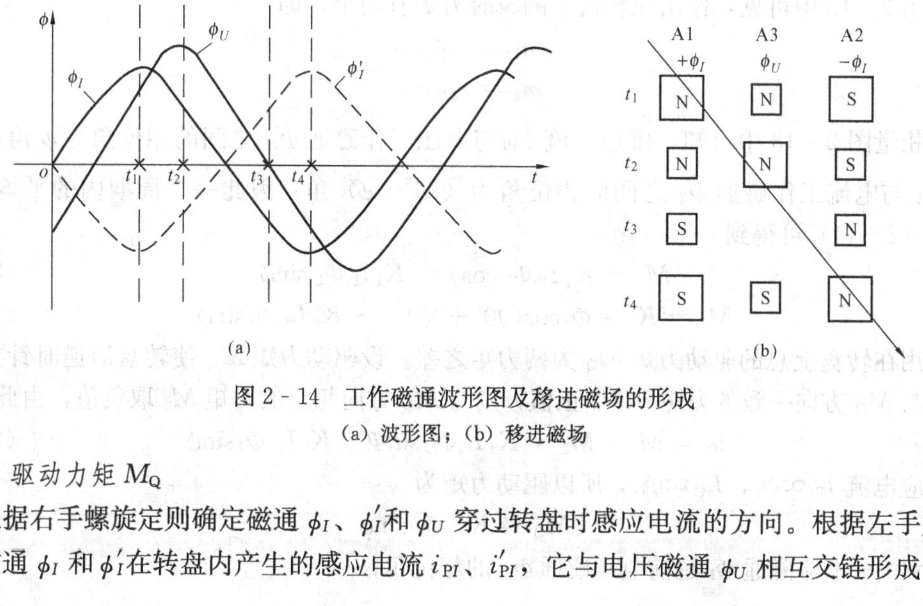

图 2 - 14　工作磁通波形图及移进磁场的形成

（a）波形图；（b）移进磁场

3. 驱动力矩 M_Q

根据右手螺旋定则确定磁通 ϕ_I、ϕ'_I和 ϕ_U 穿过转盘时感应电流的方向。根据左手定则确定，磁通 ϕ_I 和 ϕ'_I在转盘内产生的感应电流 i_{PI}、i'_{PI}，它与电压磁通 ϕ_U 相互交链形成向右方

向的电磁力 f_I，如图 2-15（a）所示；磁通 ϕ_U 在转盘内产生的感应电流 i_{PU}，它与电流磁通 ϕ_I 相互交链形成向左方向的电磁力 f_U，如图 2-15（b）所示。电磁力与其作用力臂的乘积，就是使转盘转动的驱动力矩。驱动力矩的瞬时值 m 的一般表达式为

$$m = c_P \phi_P i_P \tag{2-9}$$

式中 ϕ_P——穿过转盘磁通的瞬时值；

i_P——转盘上感应电流的瞬时值；

c_P——比例系数。

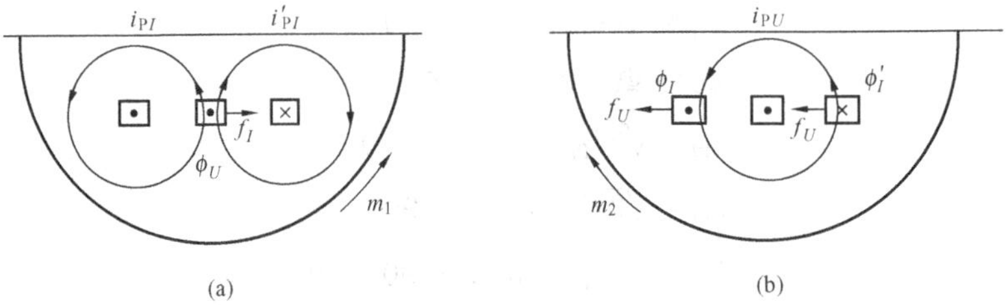

图 2-15 转盘内磁通和感应电流示意图

（a）f_I 形成；（b）f_U 形成

由于转盘的转动惯量较大，因此转盘的转动方向决定于瞬时转矩在一个周期的平均值，即

$$M = (1/T)\int_0^T m\mathrm{d}t \tag{2-10}$$

若 $\phi_P = \Phi_P \sin\omega t, i_P = I_P \sin(\omega t - \theta)$ 则

$$M = (1/2\pi)\int_0^T I_P \Phi_P \sin\omega t \cdot \sin(\omega t - \theta)\mathrm{d}\omega t = K I_P \Phi_P \cos\theta \tag{2-11}$$

式中 I_P、Φ_P——电流 i_P 和磁通 ϕ_P 的有效值；

θ——电流 i_P 和磁通 ϕ_P 之间的相位角。

从图 2-15 中可见，作用在转盘上的瞬时力矩有两个，即

$$m_1 = c_1 \phi_U i_{PI}$$

$$m_2 = c_2 \phi_I i_{PU}$$

从相量图 2-13 中可知，感应电流 $\dot{I}_{PI}$ 与电压工作磁通 $\dot{\Phi}_U$ 之间的相位角为 ψ 角；感应电流 $\dot{I}_{PU}$ 与电流工作磁通 $\dot{\Phi}_I$ 之间的相位角为（$90° + \psi$）角；因此一个周期内的平均转矩，根据式（2-11）可得到

$$M_1 = K_1 I_{PI} \Phi_U \cos\psi = K_1 I_{PI} \Phi_U \sin\psi \tag{2-12}$$

$$M_2 = K_2 I_{PU} \Phi_I \cos(90° + \Psi) = - K_2 I_{PU} \Phi_I \sin\psi \tag{2-13}$$

作用在转盘上总的驱动力矩 M_Q 为两力矩之差。设驱动力矩 M_Q 使转盘沿逆时针方向旋转，则与 M_Q 方向一致的力矩 M_1 取正值，则与 M_Q 方向相反的力矩 M_2 取负值，由此可得

$$M_Q = M_1 - M_2 = K_1 I_{PI} \Phi_U \sin\Psi + K_2 I_{PU} \Phi_I \sin\psi \tag{2-14}$$

因为感应电流 $I_{PI} \propto \Phi_I$，$I_{PU} \propto \Phi_U$，所以驱动力矩为

$$M_Q = K \Phi_I \Phi_U \sin\psi \tag{2-15}$$

式中 Ψ——电流磁通 Φ_I 超前电压磁通 Φ_U 的相位角；

K——系数，与铁芯的尺寸、转盘的尺寸以及它们之间的相对位置等因素有关。

式（2-15）是感应式电能表驱动力矩的基本公式。它表明：电能表的驱动力矩与穿过转盘的两个磁通以及它们之间相位角的正弦的乘积成正比。

4. 驱动力矩与负载功率的关系

若忽略电压线圈中的阻抗压降，则加在电压线圈上的电压 U 与电压线圈中的感应电动势 E 相平衡，即 $U \approx E = 4.44\Phi_{\Sigma U}\omega_U f$，因为电压工作磁通 Φ_U 是总磁通 $\Phi_{\Sigma U}$ 的一部分，因此可近似地认为

$$U \approx 4.44\Phi_U\omega_U f \tag{2-16}$$

式中　ω_U——电压线圈匝数；

Φ_U——电压工作磁通；

f——交流电源的频率。

在一定的电压线圈匝数和一定的电源频率下，电压工作磁通大致与外加电压成正比，即

$$\Phi_U \propto U \tag{2-17}$$

根据磁路欧姆定律，流经电流线圈的负载电流 I 和电流工作磁通 Φ_I 的关系为

$$\Phi_I = (\sqrt{2}I\omega_I)/R_M \tag{2-18}$$

式中　ω_I——电流线圈的匝数；

R_M——磁阻。

由于电流铁芯的导磁率很高，其截面较大，并且所经过的磁路有足够大的空气气隙，磁阻 R_M 近似不变，所以可以认为电流工作磁通大致与电流线圈中的电流成正比，即

$$\Phi_I \propto I \tag{2-19}$$

将式（2-17）和式（2-18）代入驱动力矩 M_Q 的式（2-15）中，则有

$$M_Q = K'UI\sin\Psi \tag{2-20}$$

单相电能表若能正确测量有功电能，就需使其驱动力矩与单相有功功率 $P = UI\cos\psi$ 成正比，即

$$M_Q = K'UI\sin\psi = K'UI\cos\psi = K'P \tag{2-21}$$

欲使式（2-21）成立，必须满足以下条件：$\sin\Psi = \cos\psi$，即 $\phi + \Psi = 90°$。

由此可见，欲使驱动力矩与单相有功功率 $P = UI\cos\psi$ 成正比，除了应满足电流工作磁通 Φ_I、电压工作磁通 Φ_U 分别与电流 I、电压 U 成正比的条件外，还必须满足 $\Psi = 90° - \psi$ 这一条件。当负载为容性时，$\Psi = 90° + \psi$。

从上面的分析中，我们可以得到：

（1）为了产生转矩，两个交变的磁通彼此在时间上应有不同的相位，在空间上应有不同的位置。

（2）转盘的转动方向是由时间上超前的磁通移向滞后的磁通。

（二）制动力矩

当电能表的负载功率不变时，转盘就受到一个大小和方向不变的驱动力矩的作用。如果转盘仅受一个驱动力矩的作用，则只要此力矩略大于转盘的固有阻力矩，转盘就开始作等加速运动，因此就不能用一个稳定的转速来正确反映一定的负载功率。为了使转盘在恒定的功率下作等速旋转，就需对转盘施加一个与驱动力矩大小相等、方向相反的反作用力矩，这个反作用力矩就是制动力矩。设置永久磁铁，就是对转盘产生一个制动力矩，使转盘转速保持

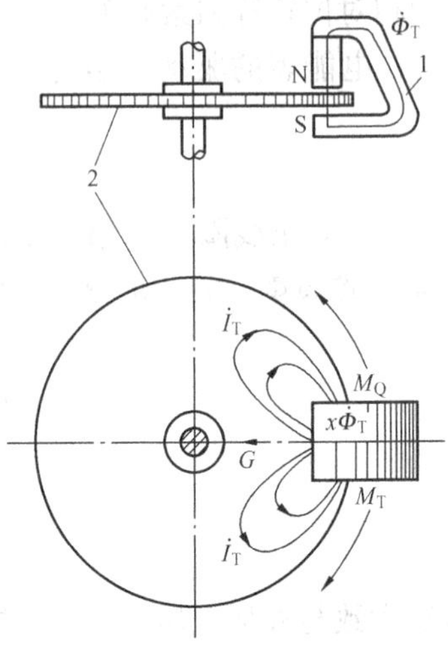

图 2 - 16 制动力矩的形成
1—永久磁铁；2—转盘

和负载功率成正比的关系。

如图 2 - 16 所示，永久磁铁和转盘的相对位置。永久磁铁中的磁通 Φ_T 从 N 极出发，经过气隙、转盘到磁铁的 S 极，沿永久磁铁的磁轭回到 N 极构成回路，该制动磁通不随时间变化。当转盘在驱动力矩的作用下转动时，切割磁通 Φ_T，就会在转盘中感应电动势 E_T，$E_T=c_T\Phi_T n$，其方向可用右手定则确定。在感应电动势 E_T 作用下，在转盘平面的磁迹范围内，产生和感应电动势 E_T 方向相同的感应电流 I_T。利用左手定则就可确定出感应电流 I_T 和制动磁通 Φ_T 相互作用产生的电磁力 F_T 的方向。F_T 的方向始终和转盘转动的方向相反，而与磁铁的极性无关，F_T 作为制动力与其作用力臂 h_T 的乘积就是制动力矩 M_T，即

$$M_T = F_T h_T \tag{2-22}$$

因为制动力 $F_T \propto \Phi_T I_T$，而感应电流 $I_T \propto \Phi_T n$，所以

$$M_T = K_T \Phi_T^2 n h_T \tag{2-23}$$

式中 h_T——力臂；

n——转盘的转速；

Φ_T——穿过转盘的制动磁通；

K_T——制动力矩常数。它与永久磁铁磁极端面的几何形状和磁极对转盘中心的相对位置有关。

式（2 - 22）表明：制动力矩总是与转速 n 成正比变化，故能阻止转盘加速转动。这正是要保证电能表正确工作必须满足的另一个重要条件。

（三）转盘转速与负载消耗电能的关系

当负载功率保持不变时，驱动力矩与制动力矩保持平衡，转盘作匀速转动。当负载功率变化时，驱动力矩也随之变化，转盘转速也变化，制动力矩也就随着变化，直到负载功率不再变化时，驱动力矩和制动力矩保持新的平衡状态，转盘在新的转速下作匀速转动。

转盘作匀速转动时，$M_Q=M_T$，由式（2 - 21）和式（2 - 23）可得

$$K'P = K_T \Phi_T^2 n h_T$$

所以转盘转速 n 与负载功率 P 的关系为

$$\begin{aligned} n &= (K'/K_T \Phi_T^2 h_T) \times P \\ n &= AP \end{aligned} \tag{2-24}$$

设在某段时间 T 内，负载功率不变；又设在时间 T 内转盘转过的转数为 N，则

$$N = nT = APT = AW \tag{2-25}$$

式中 W——负载在 T 时间内消耗的电能，kWh；

A——电能表常数。

从式（2 - 24）可以看出：在一定时间内，负载所消耗的电能和电能表转盘的转数成正比。因此，通过记录转盘转数的计度器，可以显示出负载在一定时间内所消耗的电能。

直接接入式电能表和经过电压、电流互感器接入式电能表的转数、功率和电能表常数之间的关系式为

$$A=\frac{N}{\frac{P_N}{1000}\times\frac{T}{3600}}=\frac{3600\times1000\times n_N}{P_N}\quad(\text{r/kWh})$$

$$A=\frac{3600\times1000\times n_N}{K_I K_U P_N}\quad(\text{r/kWh})\tag{2-26}$$

式中 K_I——电能表铭牌上标注的电流互感器的额定变比；

K_U——电能表铭牌上标注的电压互感器的额定变比；

P_N——电能表的额定功率，W；

n_N——电能表的额定转速，r/s。$n_N=N/T$，其中 N 是电能表在时间 T(s) 内以额定功率运行时的转数。

（四）单相感应式电能表的相量图

图 2-17 所示为单相感应式电能表的相量图，实际上就是驱动元件的相量图。它由串联电路和并联电路组成。

设负载为感性，负载电流 $\dot{I}$ 滞后电压 $\dot{U}$ 一个功率因数角 φ，由于电压回路的感抗很大，因此，通过电压回路的电流 $\dot{I}_U$ 滞后电压 $\dot{U}$ 的角度一般为 75°～80°。电压工作磁通 $\dot{\Phi}_U$ 是由电流 $\dot{I}_U$ 产生的一部分磁通，由于 $\dot{\Phi}_U$ 通过的路径上有电压铁芯的磁滞、涡流损耗和转盘中感应电流引起的损耗，因此磁通 $\dot{\Phi}_U$ 滞后 $\dot{I}_U$ 一个角度 α_U 为 20°～25°。电流工作磁通 $\dot{\Phi}_I$ 是由负载电流 $\dot{I}$ 产生的，同理，由于 $\dot{\Phi}_I$ 通过的路径上有电流铁芯的磁滞、涡流损耗和转盘中感应电流引起的损耗，因此磁通 $\dot{\Phi}_I$ 滞后 I 一个角度 α_I 为 5°～15°。电流磁通 $\dot{\Phi}_I$ 超前电压磁通 $\dot{\Phi}_U$ 的相位角为 ψ，电压工作磁通 $\dot{\Phi}_U$ 滞后电压 $\dot{U}$ 的角度为 β，即 $\beta=\varphi+\alpha_I+\psi$。

如图 2-18 所示，理想情况下，单相电能表的相量图。欲使电能表正确测量电能，必须满足：$\Psi=90°-\varphi$，由此可得：$\beta=90°+\alpha_I$。若负载为容性时，则 $\beta=\varphi+\alpha_I-\psi=90°+\alpha_I$。尽管电压线圈有较大感抗，但欲使电压工作磁通与加在电压线圈上的电压之间的相位角 β 大于 90°是办不到的。因此，要适当地选择电压线圈的参数及磁路的参数，调整 α_I 和 α_U 的角度，来满足 $\beta>90°$的要求。

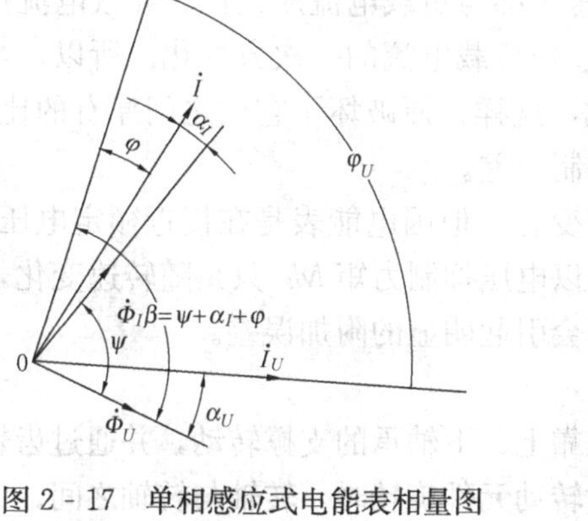

图 2-17 单相感应式电能表相量图

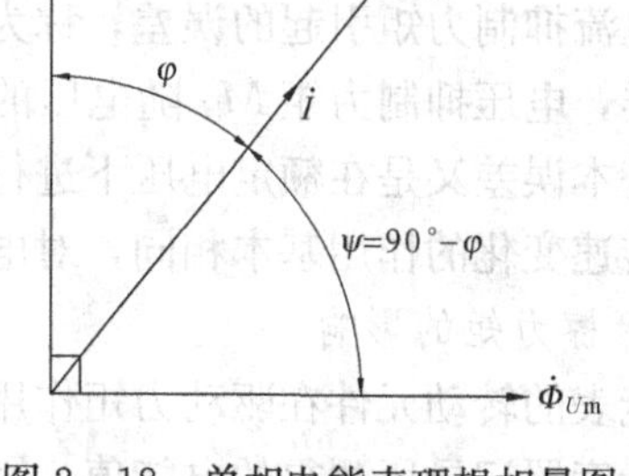

图 2-18 单相电能表理想相量图

第二节 感应式电能表的误差特性

由电能表的工作原理可知，在任何负载条件下，只有与负载功率成正比的驱动力矩和制动力矩作用在转盘上，电能表才能正确计量电能。但是，实际上除了这两个基本力矩外，还有抑制力矩、摩擦力矩和补偿力矩等附加力矩的作用，这样，便破坏了转盘的转速和负载功率成正比的关系，引起电能表的误差。电能表在规定的电压、频率和温度的条件下，测得的相对误差值为基本误差。电能表在运行中，由于电压、频率和温度等外界条件变化所产生的误差为附加误差。下面简述这两类误差的特性。

一、电能表的负载特性曲线

（一）影响负载特性曲线的因素

电能表的基本误差随着负载电流和负载功率因数而变化的曲线，通常称为电能表的负载特性曲线或基本误差特性曲线。影响负载特性曲线的因素有以下几个方面。

1. 抑制力矩的影响

转盘在驱动力矩的作用下连续转动时，除了切割制动磁通而形成的制动力矩外，还切割交流电流、电压工作磁通，在转盘中产生感应电流，与交变的磁通相互作用，也会形成阻碍转盘转动的力矩。同样，此力矩与所作用的磁通的平方成正比。我们把这类力矩称为抑制力矩。此力矩在一个周期内的平均值和式（2 - 23）相似，即

$$M_I = K_I \Phi_I^2 n \tag{2-27}$$

$$M_U = K_U \Phi_U^2 n \tag{2-28}$$

式中 M_I——电流抑制力矩（由电流工作磁通 Φ_I 形成的）；

M_U——电压抑制力矩（由电压工作磁通 Φ_U 形成的）；

n——转盘的转速；

K_I、K_U——比例系数，与转盘的电导率、厚度以及磁通 Φ_I、Φ_U 通过的磁迹在转盘上的相对位置有关。

抑制力矩阻碍转盘的转动，使电能表出现负误差。

电流抑制力矩 M_I 比驱动力矩 M_Q 随负载电流变化的速度快得多，但电流抑制力矩的绝对值是远小于驱动力矩的。因为磁通 Φ_I 和转速 n 都与负载电流成正比，导致电流抑制力矩 M_I 随负载电流的三次方变化，而驱动力矩 M_Q 随负载电流的一次方变化。所以，当负载电流变化时，这两个力矩按各自的变化速率变化，这样，便破坏了它们之间原有的比例关系，出现了电流抑制力矩引起的误差，称为电流抑制误差。

同样，电压抑制力矩 M_U 随电压的三次方变化，但因电能表是在接近额定电压下运行，而测定基本误差又是在额定电压下进行的，所以电压抑制力矩 M_U 只是随转速变化，和制动力矩随转速变化的作用基本相同，对电能表不会引起明显的附加误差。

2. 摩擦力矩的影响

电能表的转动元件在驱动力矩作用下，依靠上、下轴承的支撑转动，并通过齿轮传动机构带动计度器记录所测得的电能值。因此，当转动元件旋转时，转轴与转轴之间、计度器的传动齿轮之间，必然产生一个与驱动力矩方向相反的力矩，这就是摩擦力矩 M_M，即

$$M_M = a_m + b_m n + c_m n^2 \tag{2-29}$$

式中　a_m——轴承和计度器的摩擦力矩，与转速无关，为静摩擦力矩或不变分量；
$b_m n$、$c_m n^2$——转动元件与空气的摩擦力矩，与转速有关，为动摩擦力矩或可变分量。

由此可见，摩擦力矩包括以下几个方面：

（1）钢珠宝石结构的下轴承、钢珠和宝石之间的摩擦力矩，约为2～3mg·cm；

（2）上轴承和转轴之间的摩擦力矩，约为1～2mg·cm；

（3）计度器的传动摩擦力矩，约为0.5～1.0mg·cm；

（4）转盘转动的摩擦力矩是随着转盘转速 n 改变的。当电能表的额定转速为0.1r/s时，这部分摩擦力矩约为3～40mg·cm。

摩擦力矩总是阻碍转盘的转动，使电能表出现负误差。随着驱动力矩的增大，由摩擦力矩引起的误差比例将减小。反之，当电能表在轻载下运行时，摩擦力矩的相对影响较大。

3. 电流铁芯磁化曲线的非线性影响

由于铁芯材料的磁阻随着磁通密度而变化，电流变化引起磁通的变化，磁阻也随之变化，使得电流工作磁通不随负载电流成正比变化，即电流铁芯磁化曲线是非线性的，如图2-19电流铁芯的磁化曲线中的曲线1所示。我们在分析电能表的工作原理时，假定电流工作磁通随负载电流成正比变化，即电流铁芯磁化曲线是线性的，如图2-19中曲线2所示。假定在额定最大电流时的磁通密度选择在磁化曲线1上的b点，则连接坐标原点0与b点的直线2即为理想的磁化曲线。设直线2与曲线1的交点a的电流值与电能表的标定电流值相对应。

轻载时，即负载电流小于标定电流时，实际获得的电流工作磁通沿曲线0a变化，比理想的计算值要小，使得电能表实际的驱动力矩比计算值小，电能表的转速降低，出现负误差；当负载电流增大时，实际获得的电流工作磁通沿曲线ab变化，比理想的计算值要大，使得电能表实际的驱动力矩比计算值大，电能表的转速增大，出现正误差；当负载电流继续增大时，实际获得的电流工作磁通又比理想的计算值要小，使得电能表实际的驱动力矩比计算值小，电能表的转速降低，出现负误差。

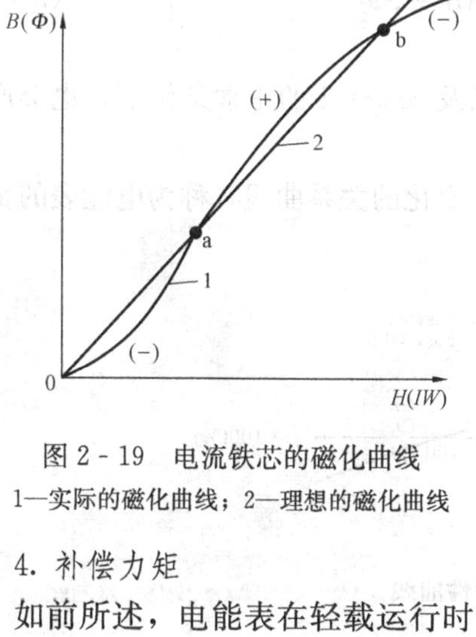

图2-19　电流铁芯的磁化曲线

1—实际的磁化曲线；2—理想的磁化曲线

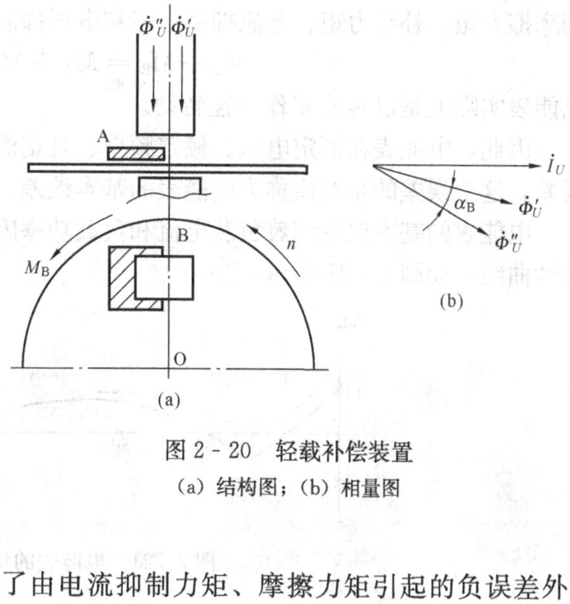

图2-20　轻载补偿装置

(a) 结构图；(b) 相量图

4. 补偿力矩

如前所述，电能表在轻载运行时，除了由电流抑制力矩、摩擦力矩引起的负误差外，还有电流铁芯磁化曲线的非线性影响所引起的负误差。若不设法补偿，电能表就不能准确地工作。因此，在电能表的结构中设置轻载调整装置，使其产生和驱动力矩方向相同的附加力矩，以补偿上述因素引起的负误差，该附加力矩称为补偿力矩。

由于摩擦力矩基本上不随负载电流变化，故补偿力只能利用电压工作磁通产生。可在电压磁极的下面设置铜片 A，如图 2-20（a）所示，由于铜片 A 的位置对通过电压磁极中心的转盘 OA 不对称，使得电压工作磁通分成 $\dot{\Phi}'_U$和$\dot{\Phi}''_U$ 两部分。$\dot{\Phi}''_U$ 穿过铜片时，在铜片中产生涡流损耗，因而滞后磁通 $\dot{\Phi}'_U$一个 α_B 角，如图 2-20（b）所示。这两个磁通穿过转盘时，由于它们的空间位置不同，时间上有相位差，因而形成补偿力矩。其平均值为

$$M_B = K_B\dot{\Phi}'_U\dot{\Phi}''_U\sin\alpha_B \tag{2-30}$$

式中 α_B——磁通 $\dot{\Phi}'_U$超前$\dot{\Phi}''_U$ 的相位角。

由于磁通 $\dot{\Phi}'_U$及$\dot{\Phi}''_U$ 均正比于电压工作磁通 $\dot{\Phi}_U$，而 $\Phi_U \propto (U/f)$，所以式（2-30）可写成

$$M_B = K_BU^2\sin\alpha_B \tag{2-31}$$

从式（2-31）可知，补偿力矩与加在电能表上的电压和铜片 A 的位置有关。当电能表在额定电压下运行时，补偿力矩只决定于铜片 A 的位置。所以不管电能表是否接有负载，补偿力矩都是存在的，与负载电流的大小无关。补偿力矩的方向是由相位超前的磁通 $\dot{\Phi}'_U$移向相位滞后的磁通 $\dot{\Phi}''_U$。

综上所述，电流抑制力矩、摩擦力矩、电流铁芯磁化曲线的非线性影响以及补偿力矩，是使电能表产生基本误差的主要原因，此外，转盘位置的倾斜、驱动元件安装是否准确等因素，也影响电能表的基本误差。

（二）负载特性曲线

1. 负载特性曲线

由电能表的工作原理可知，在一定的负载功率下，驱动力矩和制动力矩保持平衡，则转盘在一定的转速 n 下作匀速转动。实际上，电能表除了受到这两个基本力矩的作用外，还受到摩擦力矩、补偿力矩、电流抑制力矩和电压抑制力矩等影响。当这些力矩达到平衡时，即

$$M_Q + M_B = M_T + M_M + M_I + M_U \tag{2-32}$$

电能表实际上是以转速 n' 作匀速转动。

因此，电能表在额定电压、额定频率、规定温度以及 $\cos\varphi=1$ 的正常条件下，也会产生误差，这个误差的相对值称为电能表的基本误差。

电能表的基本误差随着负载电流和负载功率因数而变化的关系曲线，称为电能表的负载特性曲线，如图 2-21 所示。

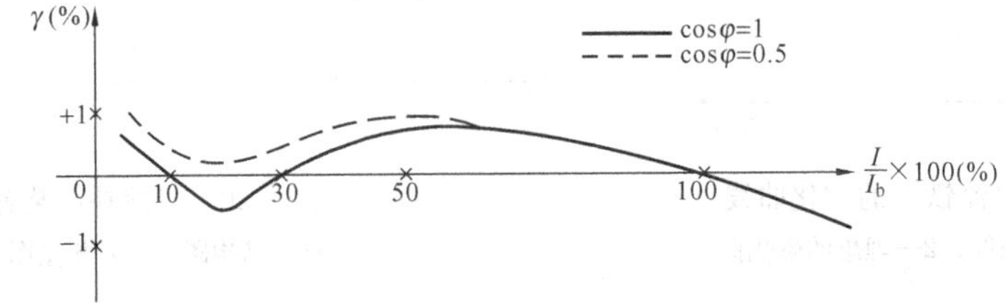

图 2-21 电能表的负载特性曲线

从图中可以看出：

(1) 当负载电流低于标定电流的5%时，电能表的误差为“+”值，且误差值大，特性不稳定。这是因为在低负载时，驱动力矩很小，若补偿力矩大于摩擦力矩，使得电能表的转盘转速加快，使电能表出现很大的正误差。由于 $\cos\varphi=0.5$ 时的驱动力矩是 $\cos\varphi=1.0$ 时的1/2，所以 $\cos\varphi=0.5$ 时，这部分的正误差值更大。

(2) 负载电流在标定电流的10%～30%时，各部分因素引起的误差与5%标定电流时的误差相比，可得：

1) 由电流铁芯非线性影响引起的负误差的影响增加。

2) 摩擦力矩引起的负误差和补偿力矩引起的正误差的影响变化不大。因此使电能表的误差呈现负值。

(3) 负载电流在标定电流的30%～100%时，各部分因素引起的误差与上一种情况相比，可得：

1) 电流铁芯非线性影响引起的负误差的影响减小了。当负载电流为标定电流时，误差为零（相当于图2-19中的a点）。

2) 摩擦力矩引起的负误差的影响相对很小了。

3) 补偿力矩引起的误差仍是正误差。

4) 电流抑制力矩引起的负误差的影响很小。

因此使电能表的误差呈现正值。在标定电流时，误差为零。

(4) 负载电流大于标定电流的100%时，各部分因素引起的误差与上一种情况相比，可得：

1) 电流抑制力矩正比于负载电流的三次方，所以当负载电流增加时，由电流抑制力矩引起的负误差的影响急剧上升。

2) 摩擦力矩引起的负误差的影响相对更小了，可以忽略不计。

3) 电流铁芯非线性影响引起的误差趋向正值，但在过了b点后，误差变为负值。因此电能表的误差呈现负值。

现代电能表的发展，要求电能表在较宽的负载范围内使用，以适应于各种用户的需要。因此，我们希望负载特性曲线较为平直，且 $\cos\varphi=0.5$ 和 $\cos\varphi=1.0$ 的两条曲线能尽量靠近，如图2-22所示。这就需采取措施改善负载特性曲线，使电能表在较宽的负载范围内误差不超过允许值。

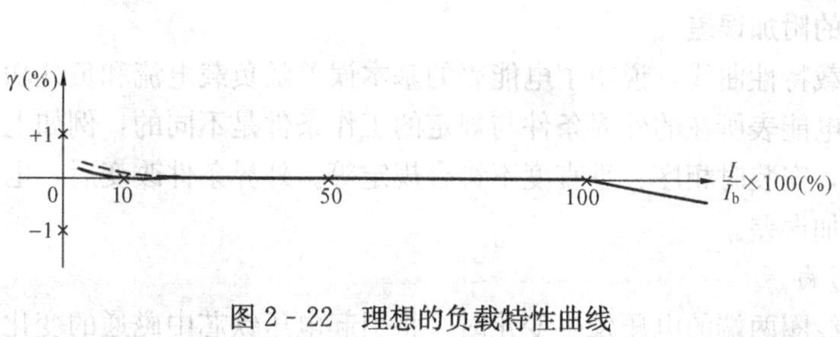

图2-22　理想的负载特性曲线

2. 改善负载特性曲线常用的方法

(1) 改善轻负载电流范围的负载特性曲线常用的方法。在轻负载电流范围，电能表的负载特性主要取决于电流铁芯非线性影响引起的负误差。所得的特性是不够理想的，甚至是不够稳定的，因此可采用以下方法改善：

1）电流铁芯选用初始导磁率高且比较稳定的材料，如D41～D43等牌号的硅钢片。

2）增大电流铁芯截面，缩短铁芯长度，从而在同样的负载电流下，增大电流铁芯的磁通。

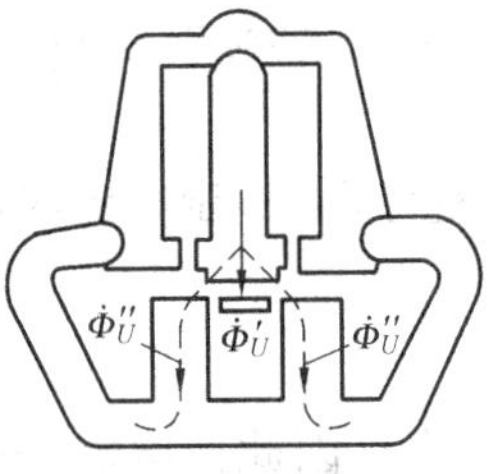

图2-23 用电压工作磁通磁化电流铁芯

3）用一部分电压工作磁通磁化电流铁芯，以提高电流铁芯的初始磁通，从而避开了磁化曲线起始的弯曲部分，减小了非线性误差。这种磁化方式如图2-23所示，电压工作磁通的主要部分Φ'_U流回磁极，另一部分Φ''_U流经电流铁芯构成回路。

（2）改善大负载电流范围的负载特性曲线常用的方法。在大负载电流范围，电能表的负载特性主要取决于电流抑制力矩引起的负误差，因此可采用以下三种方法改善：

1）增大永久磁铁的制动力矩，降低转盘的转速，这样就能相对地减小电流抑制力矩在总的制动力矩中所占的比例，从而减小了电流抑制力矩对总制动力矩的影响。

2）增加电压工作磁通。根据电能表的工作原理可知，驱动力矩与电流工作磁通、电压工作磁通乘积成正比。当驱动力矩维持不变时，增加电压工作磁通，可减小电流工作磁通，从而减小了电流抑制力矩引起的负误差。

3）电流铁芯增加磁分路，如图2-24所示，磁分路3截面小，饱和点低。

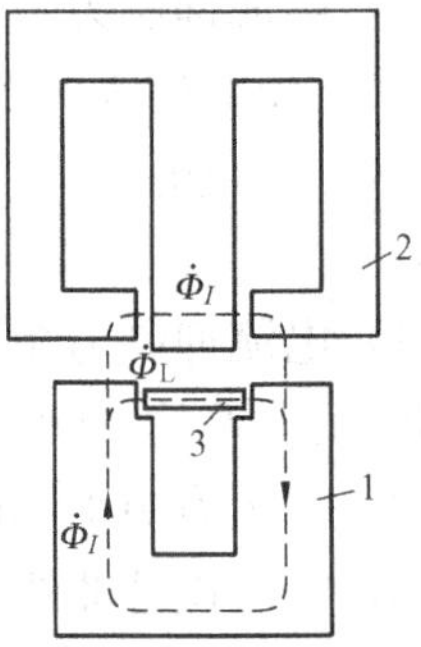

图2-24 简单型磁分路
1—电流铁芯；2—电压铁芯；3—磁分路

由电能表负载电流产生的总磁通分成两部分：一部分是穿过转盘的磁通Φ_L，另一部分是穿过磁分路的非工作磁通Φ_L。当电能表在标定电流以下工作时，磁分路工作在线性部分，磁通Φ_L和Φ_I成比例变化，使磁通Φ_I保持和负载电流成正比关系。过载时，由于材料特性和截面积的原因，磁分路饱和得比较快，因此，总磁通随负载电流增加时，磁通Φ_I增加的比例比磁通Φ_L增加得多，使得电流铁芯非线性影响引起的正误差较大，而电流抑制力矩增大的值与此相比则较小，其所引起的负误差没有非线性引起的正误差增加得快。所以用磁分路的非线性，能改善大负载电流范围的负载特性曲线。

二、电能表的附加误差

电能表的负载特性曲线，说明了电能表的基本误差随负载电流和负载功率因数而变化的关系。实际上，电能表所在的外界条件与规定的工作条件是不同的，例如电压、温度、频率可能偏离规定值，安装时相序、垂直度不符合规定等。外界条件改变后，电能表产生的误差称为电能表的附加误差。

（一）电压影响

当加于电压线圈两端的电压发生变化时，将引起电压铁芯中磁通的变化，而在磁通路径上，涡流损耗和磁滞损耗也有变化，致使电压磁通的大小以及工作磁通之间的相位关系发生变化，因而引起驱动力矩、电压抑制力矩、补偿力矩等的变化，结果使电能表产生了电压附加误差，简称电压误差γ_U。

1. 电压抑制力矩的变化

因为转盘转速 n 和磁通 ϕ_U 都与电压 U 成正比，所以从式（2－28）中得到，电压抑制力矩 M_U 随电压的三次方变化，而驱动力矩 M_Q 随电压的一次方变化。这样，电压升高时，电压抑制力矩比驱动力矩增加更快，从而引起负误差；电压降低时，电压抑制力矩比驱动力矩减小更快，引起正误差。电压抑制误差和负载电流无关，因为电压抑制力矩和驱动力矩都与负载电流成正比。当负荷电流改变时，两者之比值仍旧不变。

2. 电压铁芯磁化曲线非线性的影响

在电压铁芯中，电压总磁通 $\phi_{\Sigma U}$和外加电压 U 的关系为 $U \approx E = 4.44fW\phi_{\Sigma U}$。当电压 U 变化时，磁通 $\phi_{\Sigma U}$也随之按比例变化。但磁通 ϕ_{UF}和磁通 ϕ_U 的变化比例是不同的。前面已经介绍，在电压铁芯中。磁通 ϕ_{UF}大于磁通 ϕ_U 约 3～6 倍。当电压升高时，磁通 ϕ_{UF}通过的铁芯磁路部分呈现饱和状态，因而磁通 ϕ_{UF}增长很慢；而磁通 ϕ_U 通过的磁路部分气隙较大，因而磁通 ϕ_U 增长得快些，使驱动力矩 M_Q 增加，引起正误差。而当电压降低时，磁通 ϕ_U 比 ϕ_{UF}减小得快，引起负误差。

3. 补偿力矩的变化

根据式（2－31）可知，补偿力矩与电压平方成正比变化。电压升高时，补偿力矩比驱动力矩增加得快，引起正误差；而电压降低时，补偿力矩减小得快，引起负误差。但是，补偿力矩主要是用作轻负载补偿，故此部分误差的影响，在轻负载时较为显著。

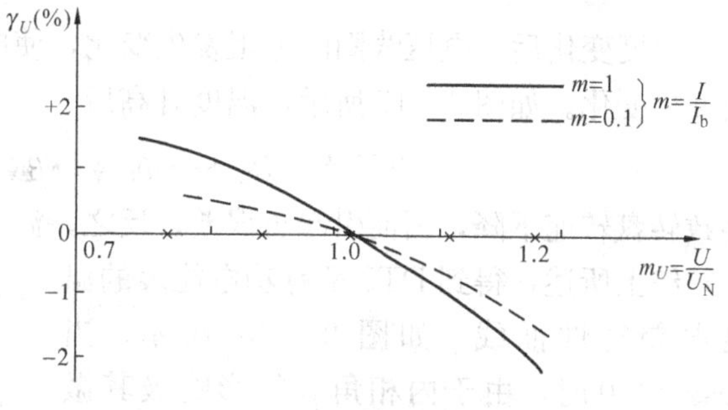

图 2－25 电压误差随电压变化示意图

综上所述，得到电能表的电压误差特性曲线，如图 2－25 所示。从图中可以看出，电压误差随着电压的升高向负的方向变化。轻载时由于补偿力矩的影响，同样的电压变化值，电能表呈现的正负误差值比额定负载下要小。

为了减小电压变化对电能表误差的影响，一般采取以下措施：

（1）在非工作磁通路径中设置饱和段，例如在电压铁芯的下部磁轭打孔或减小下部磁轭截面积，其作用是有意识地增加电压铁芯的非线性误差。当电压升高时，电压工作磁通比非工作磁通增加得更快，其结果使驱动力矩增大，补偿了由电压升高时增加的电压抑制误差。

（2）增加制动力矩，使电压抑制力矩在总的制动力矩中所占的比例下降。

（二）温度影响

环境温度改变后，制动磁通 ϕ_T 会发生变化，电流、电压工作磁通的大小及其相互间的相位角都要改变，从而引起误差，称之为温度误差 γ_T。

1. 制动磁通的变化

制动磁铁的温度系数 α_T 是负值，它的大小与磁铁材料及热处理等因素有关。一般温度系数 $\alpha_T = (-0.02\% \sim -0.04\%)/℃$。所以当温度升高时，制动磁通减小，制动力矩随之减小，使电能表的转速加快，即产生了正的温度误差。反之，温度降低时，产生负的温度误差。

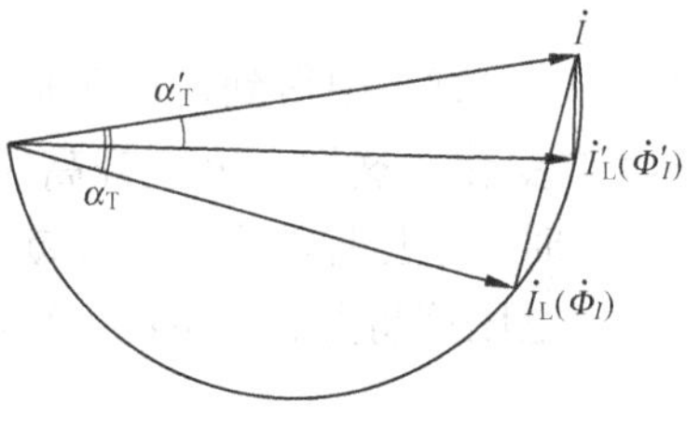

图 2-26 温度变化时对电流工作磁通的影响

2. 电流、电压工作磁通的变化

温度升高时，电能表转盘的电阻增大，电流工作磁通路径上的有功损耗减小，因而导致电流工作磁通与负载电流之间的相位角减小，如图 2-26 所示。温度升高时，相位角 α_T 减小到 α'_T，电流的激磁分量 $\dot{I}_L$ 和相应的电流磁通 $\dot{\Phi}_I$ 分别增大为 $\dot{I}'_L$和 $\dot{\Phi}'_I$，从而使电能表转速加快，产生正的温度误差。反之，温度降低，则产生负的温度误差。此外，磁通随着温度的变化，电流抑制力矩也要变化。但这种变化并不显著，其影响可忽略。

同样，温度升高时，转盘电阻增大，电压工作磁通 $\dot{\Phi}_U$ 路径上有功损耗（主要是涡流损耗）降低，可认为 $\dot{\Phi}_U$ 的这部分磁路上的磁阻随之减小。而非工作磁通 $\dot{\Phi}_{UF}$因为不穿过转盘，故其磁路磁阻的减小不大。这样便引起了磁通 $\dot{\Phi}_U$ 和 $\dot{\Phi}_{UF}$重新分配，而使磁通 $\dot{\Phi}_U$ 增加，电能表转速加快，因而引起正误差。反之，温度降低，产生负误差。

3. 内相角的变化

温度变化后，电压线圈的电阻发生变化，使电压线圈中的电流 $\dot{I}_U$ 与电压 $\dot{U}$ 之间的相位角发生变化。如图 2-17 所示，温度升高后

$$T℃\uparrow\rightarrow R_U\uparrow\rightarrow\dot{\Phi}_U\downarrow\rightarrow\beta\downarrow\rightarrow\Psi\downarrow\rightarrow M_Q\downarrow\rightarrow n\downarrow$$

导致转盘转速下降，因而引起负误差。反之，温度降低，转盘转速加快，引起正误差。

综上所述，得到 DT8 型有功电能表的温度误差特性曲线，如图 2-27 所示。当 $\cos\varphi=1.0$ 时，由于内相角 β 的影响极其微小，主要是制动力矩的变化起作用，所以当温度由低变高时，电能表的误差相应向正的方向变化。在 $\cos\varphi=0.5$（滞后）时，β 角的变化对误差的影响比制动力矩变化对误差的影响要大，所以当温度升高时，电能表的误差向负的方向变化；当温度降低时，则向正的方向变化。

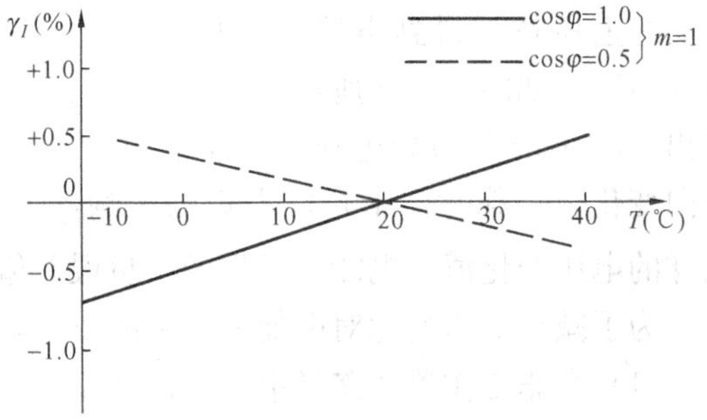

图 2-27 DT8 型有功电能表的温度误差特性

电能表的使用范围很广，不同场合的环境温度及其变化情况也各不相同。为了减小温度误差，一般采取以下措施：

（1）制动电磁铁上加装补偿片—磁性合金片。如图 2-28 所示，磁性合金片是有较高的负的温度系数，当温度升高时，导磁率很快降低，通过补偿片的磁通 $\dot{\Phi}'_T$减小，穿过转盘的磁通 $\dot{\Phi}_T$相应增加，补偿了因温度升高而减少的制动磁通。常用的磁性合金片有铜镍热磁合金和镍铬铁磁合金。

（2）电压、电流工作磁通的路径上加装补偿片。如图 2-29 所示，温度升高时，补偿片导磁率降低，使电流工作磁通路径上的磁阻增大，电流工作磁通减少，驱动力矩减小，电能表的转速减慢，从而补偿了因温度升高而使制动磁通减少引起的转速加快。

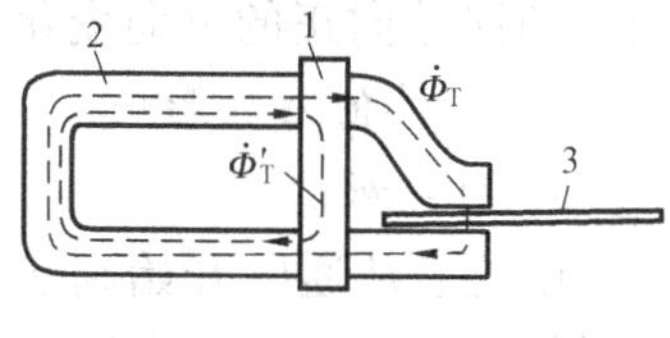

图 2-28 温度补偿方法之一

1—补偿片；2—制动电磁铁；3—转盘

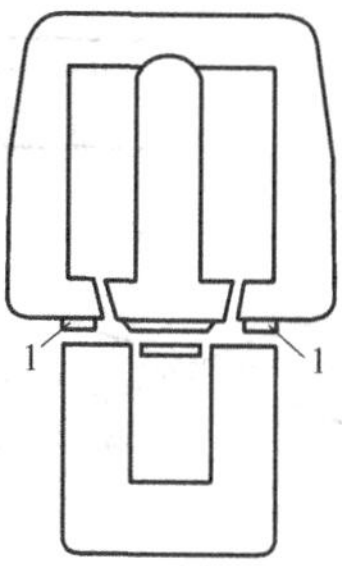

图 2-29 温度补偿方法之二

1—补偿片

（三）频率影响

电网频率与电能表的额定频率不同时，将引起电流、电压工作磁通的幅值以及它们之间的相位角的改变，致使电能表产生频率误差 γ_f。

1. 电压工作磁通的变化

电压线圈两端的电压 U 和感应电动势 E、频率 f 和电压铁芯总磁通 $\Phi_{\Sigma U}$ 之间存在的关系为：$U \approx E = 4.44 fW\Phi_{\Sigma U}$。在一定电压下，由于线圈的匝数 W 是固定不变的，所以当频率升高时，总磁通 $\Phi_{\Sigma U}$ 减小，磁通 Φ_U 和 Φ_{UF} 也随之减小，而 Φ_U 和 Φ_{UF} 减小的程度是不同的，Φ_U 减小得更快些，致使驱动力矩减小，电能表转速变慢，引起负误差。反之，频率降低，磁通增加，引起正误差。

2. 电流工作磁通的变化

电流铁芯中的有功损耗和频率的平方成正比。当负载电流不变、频率升高时，电流铁芯中的有功损耗增加，即相角 α_T 增加，使励磁电流减小，电流工作磁通减小，如图 2-26 所示，因此驱动转矩减小，转速变慢，引起负误差。反之，频率降低，引起正误差。

3. 电压抑制力矩的变化

频率升高，电压工作磁通减小，电压抑制力矩也随之减小，使电能表转速变快，引起正误差。反之，频率降低，引起负误差。

4. 轻负载补偿力矩的变化

频率升高，电压工作磁通减小，补偿力矩随之减小，使电能表转速减慢，引起负误差。反之，频率降低，补偿力矩增加，转速加快，引起正误差。

以上几种附加误差，称为幅值频率误差。

此外，频率改变时，电压线圈中的感抗 $X_U = 2\pi fL$、阻抗角 $\varphi_U = \arctan(2\pi fL/R_U)$ 以及磁通路径上的磁滞、涡流损耗等发生变化，引起电能表相量图中各个相位角 α_T、α_U 等发生变化，从而使电压工作磁通和电流工作磁通之间的相位角 ψ 也发生变化，破坏了 $\psi + \Psi = 90°$ 的相位关系，因而引起相位角误差。频率升高时

$$f\uparrow \rightarrow X_U\uparrow \rightarrow \phi_U\uparrow \rightarrow \beta\uparrow \rightarrow \Psi\uparrow \rightarrow M_Q\uparrow \rightarrow n\uparrow$$

使电能表的转速加快，引起正误差。此部分误差在 $\cos\varphi = 0.5$ 时，影响显著。

综上所述，得到 DD28 型单相电能表的频率误差特性曲线如图 2-30 所示。当 $\cos\varphi = 1.0$ 时，$\varphi = 0°$，相角 β 的变化对驱动力矩的影响极小，所以频率由低变高时，电能表的

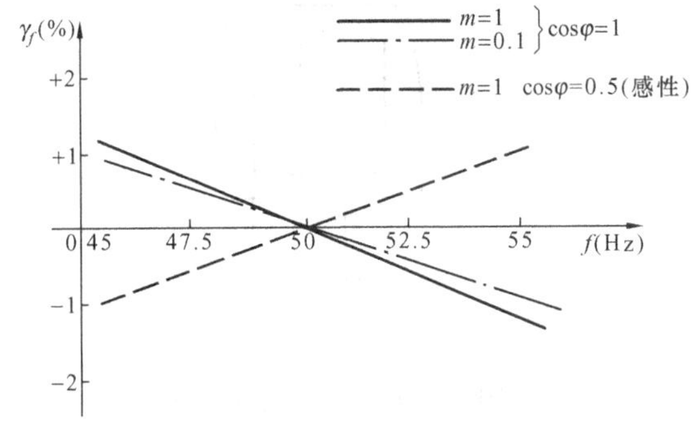

图 2-30 DD28 型单相电能表的频率误差特性

误差向负的方向变化。当 $\cos\varphi=0.5$（滞后）时，$\varphi=30°$，相角 β 的变化对驱动力矩的影响较大，所以频率由低变高时，电能表的误差向正的方向变化。

（四）其他附加影响

1. 自热影响

电能表从通电开始到热稳定需要一定的时间，电能表误差在这段时间内也不断发生变化，这一过程称为自热。此过程中，电能表误差的变化与产生温度误差的原因相似，但是并不完全一样。电能表自热的稳定性是由其本身的功率损耗以及由于这种损耗引起的各部分元件达到热平衡状态的时间长短所决定。一般电能表接入 2h 后误差才能稳定，而误差变化的主要部分约在 1h 之前就完成。

自热影响分为电压自热和电流自热。电能表实际投入使用中，总是在额定电压下运行，因此电压自热影响不大。而电流自热与负载电流的大小、通电线路持续时间有关。特别在过负载的电能表中，影响较为明显。例如过负载 6 倍的电能表，突然加大负载，在达到热平衡的过程中，误差在不断变化。

2. 电流、电压波形畸变的影响

若加在电能表上的电流和电压均为正弦波，由于铁磁材料的非线性影响，使电流和电压工作磁通的波形为非正弦波。若外加电流和电压本身是非正弦波，那么磁通的波形将会发生更大的畸变。

非正弦波可分解为基波和一系列不同频率的高次谐波，除了产生基波电压和电流工作磁通的驱动力矩外，还含有同频率谐波的电压、电流工作磁通产生的驱动力矩。此外，高次谐波电流还会形成附加的电流抑制力矩等，最终导致电能表的转盘转速变化，引起附加的波形畸变误差。

3. 倾斜影响

电能表在使用和校验时，如果偏离垂直位置，也会产生误差，这就是倾斜误差。产生倾斜误差的根本原因如下：

（1）由于转盘对电磁铁的相对位置改变时，就会产生一个附加力矩，其作用原理与补偿力矩相似，从而引起驱动力矩的改变。

（2）由于电能表安装倾斜，使转动元件对上下轴承的侧压力增大，从而引起摩擦力矩的增大。

总之，电能表的附加误差除了上述因素的影响外，还有不稳定运行的影响、负载功率因数的影响、三相电压不对称的影响、相序的影响等。

第三节 感应式电能表的调整装置

设计制造电能表时，虽然使用材料相同，但由于每批材料性能并不相同，以及零部件的制造和装配工艺与计算值有偏差等原因，每只表的负载特性也不相同。因此，每只电能表都应备有调整装置，以便将电能表的误差调到满足预定的负载特性曲线，或者根据需要，在一定范围内改变负载特性曲线。每只单相电能表应有满载调整装置、相位角调整装置、轻载调整装置及防潜装置。三相电能表还应有平衡调整装置。各种调整装置应满足下列要求：

(1) 应有足够的调整范围及调整精度。

(2) 调整装置之间的相互影响要小。

(3) 应保证调整方便、操作简单、固定牢靠和足够稳定等。

下面介绍各种调整装置的调整原理及结构实例。

一、满载调整装置

在额定电压、额定频率、标定电流和 $\cos\varphi=1.0$ 的条件下，调整电能表的制动力矩，改变转盘转速的机构，称为满载调整装置。实际上就是靠调整制动磁铁来改变制动力矩，使电能表的负载特性曲线上下平行移动。由电能表的工作原理可知，欲使电能表的转盘匀速转动，必须使驱动力矩等于制动力矩。为了不使摩擦力矩在总的制动力矩中所占比例过大，并考虑到电流抑制力矩随负载变化而改变的影响，一般都在额定负载下进行调整。由式（2-23）得知制动力矩 $M_T=K_T\Phi_T^2nh_T$；从式（2-24）得知 $n=(K'/K_T\Phi_T^2h_T)\times P$。

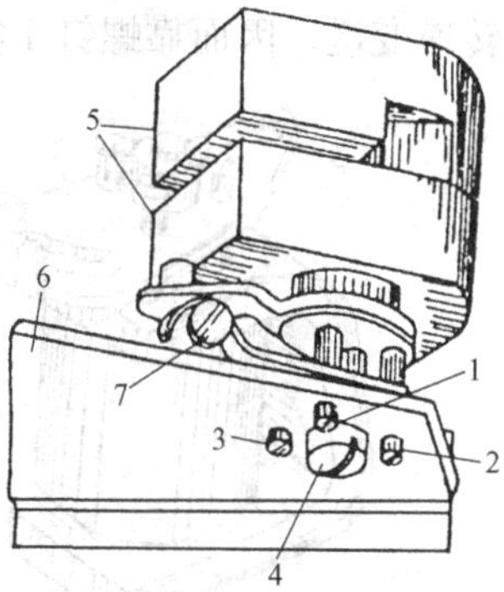

图 2-31 旋转整个制动磁铁满载调整装置

1～3—平衡螺钉；4—固定螺钉；5—制动磁铁；6—支架；7—满载调整装置的细调螺钉

由此可见，当负载功率 P 不变时，增大制动力矩的作用力臂 h_T 或增加穿过转盘的制动磁通 Φ_T，会使转速变慢；要是减小 h_T 或 Φ_T，会使转速加快；或者同时改变 h_T 和 Φ_T，以达到调整转速的目的。因此，可以把满载调整装置分为如下三种基本类型。

（一）改变作用力臂的满载调整装置

可用转动或平移的方法移动制动磁铁的位置，改变作用力臂，而制动磁铁的整个磁通实际上没有变化。

如图 2-31 所示，电能表采用的是旋转整个制动磁铁满载调整装置。它是用三颗平衡螺钉（1、2、3）和一颗固定螺钉 4，将用塑料包住的制动磁铁 5 固定在支架 6 上。拧动螺钉 7 便能平稳地调整制动磁铁的位置，以进行转速的细调；松动固定螺钉 4，则可将整个制动磁铁向某个方向转动一个角度，实现转速的粗调。三颗平衡螺钉是用来调整磁铁的磁极端面，使其与转盘平面平行，并使转盘位于磁铁工作气隙的中间位置。

如图 2-32 所示的满载调整装置，其制动磁铁 2 形体细长，没有磁轭。采用两个相同的制动磁铁，是为了得到必要的制动力矩和减小转动元件的振动。拧动满载调整螺钉 1，使制动磁铁沿转盘半径方向平移，改变磁铁磁极对转盘中心的距离来改变制动力矩以调整转速。应当注意，如果磁铁向转盘边缘平移到某个位置，磁铁产生的磁通没有全部穿过转盘，其有效制动磁通因此减小，而作用力臂虽然增加，但不足以使制动力矩增大，反而减小时，不但不会使转速变慢，反而会使转速变快。遇到这种情况，应将磁铁向转盘中心移动，才有可能得到所需要的

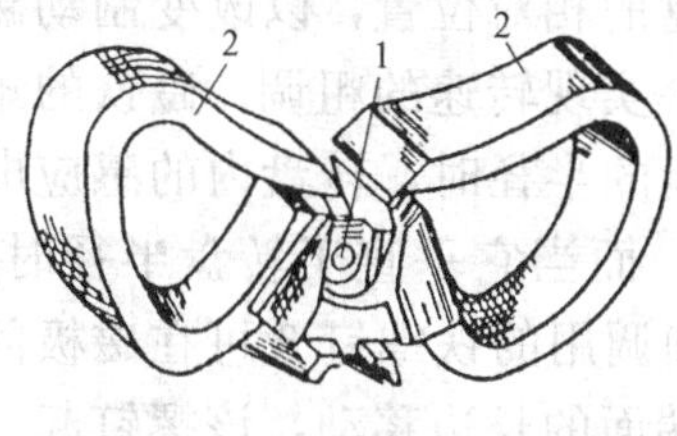

图 2-32 平移整个制动磁铁调整转速

1—满载调整螺钉；2—制动磁铁

转速。

（二）改变制动磁通的满载调整装置

图 2 - 33 所示为 DS1 和 DD1 型电能表采用的满载调整装置。它是用三根平衡螺钉和一根固定螺钉，将单磁通圆柱形磁铁 1 和磁轭 2 固定在夹板 3 上。松动螺钉 4 后即可用手拨动夹板 3 带动整个制动磁铁对支点 5 旋转，从而改变穿过转盘的制动磁通。当圆形极面的磁铁向转盘边缘方向移动时，穿过转盘的制动磁通减少，使转速变快；当磁铁向转盘中心移动时，穿过转盘的制动磁通增加，使转速变慢。

图 2 - 34 所示为 DS2 和 DT2 型电能表采用的满载调整装置。松动螺帽 2 后可用手拨动回磁极 3 实现转速的粗调；向右拨动时，回磁极与磁极间的气隙增大，其磁阻增加，穿过转盘的制动磁通减少，使转速变快；向左拨动时，会使转速变慢。沿着顺时针方向拧动螺钉 1，将带动螺钉上的铁质滑块移进双磁极间的气隙（图中未画出），分流很少一部分磁通，穿过转盘的制动磁通稍有减少，使转速变快；沿逆时针方向拧动螺钉 1，分流的磁通减少，将使转速变慢。因而靠螺钉 1 实现对转速的细调，大约能使转速改变±1.0%。

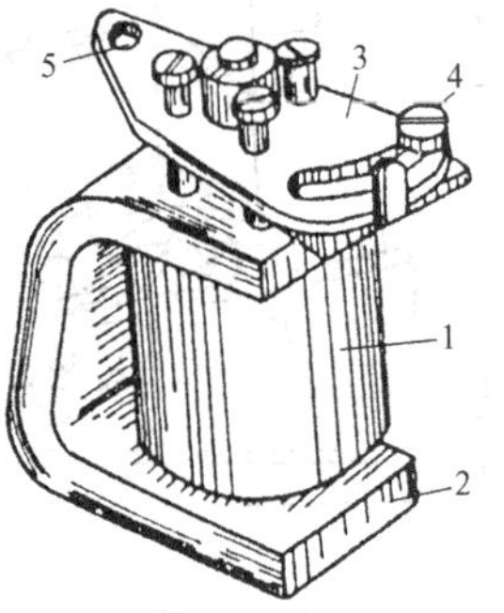

图 2 - 33　改变制动磁通调整转速

1—圆柱形磁铁；2—磁轭；3—夹板；4—固定螺钉；5—支点

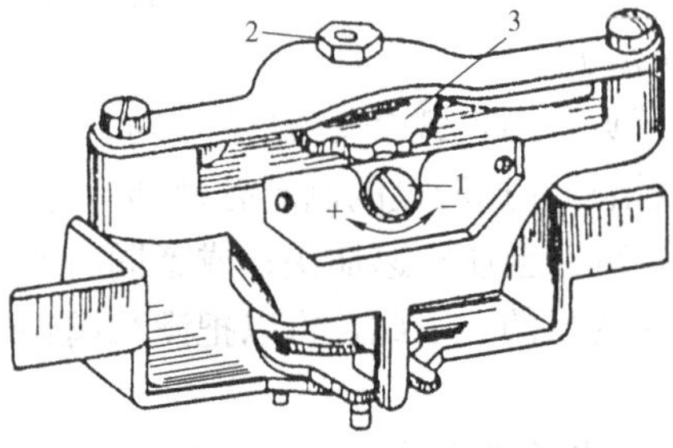

图 2 - 34　用磁分路和改变磁铁工作气隙调整转速

1—螺钉；2—螺帽；3—回磁极

（三）改变制动磁铁的磁通在转盘中感应电流大小的满载调整装置

图 2 - 35 所示为 DT8 型电能表的满载调整装置。其中，双磁通型制动磁铁铸在铝合金套内，用螺钉 1 将 U 形磁铁和回磁极 2 连接。磁铁的磁极端面为矩形，两个磁极（图中未画出）具有不同极性。拨动齿形翼板 4，就能改变整个制动磁铁对转盘的相对位置，以改变制动磁通在转盘内感应电流的大小实现转速的粗调。磁铁的矩形磁极的长边，平行于转盘的半径时，转盘内的感应电流最大，则制动力矩最大；而当它垂直于转盘半径时，制动力矩最小。此外，供细调用的铁螺钉 3 可在磁极间的气隙内平行于矩形磁极端面的长边移动，该螺钉起着磁分路的作用，进入气隙越多，分流的磁通增加，使通过转盘的磁通减少，因此转速变快。

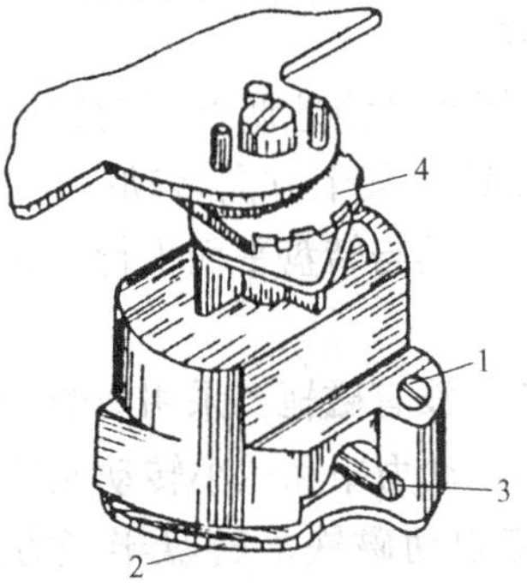

图 2 - 35　改变制动磁铁的磁通在转盘中感应电流大小的满载调整装置

1、3—螺钉；2—回磁极；4—齿形翼板

二、相位角调整装置

在额定电压、标定电流和 $\cos\varphi=0.5$ 的条件下，调节电流工作磁通与电压工作磁通之间的相位角，使其满足 $\psi=90°\pm\varphi$ 的关系，称为相位调整装置。一般通过调整 α_I 和 α_U 的相位，改变磁通路径上的有功损耗，来实现相位角的改变。

相位角调整装置有两种：一种是用绝缘铜线绕制的线圈，与可调电阻组成闭合回路并附加铜（铝）短路匝组成；另一种是在磁场中设置铜片构成。改变可调电阻阻值，增减短路匝或移动铜片位置，均能达到增大或减小有关磁通路径上的有功损耗，从而改变磁通的相位角。在现代电能表中各种相位角调整装置，能使电流工作磁通与电压工作磁通之间的相位角改变 1°～3°。相位调整装置可分为以下三种类型：

（一）改变电流工作磁通相位角的调整装置

如图 2-36（a）所示，相位角调整装置，由绝缘铜线在电流铁芯 2 上绕制附加线圈 3（3～5 匝），串接电阻线 4（如康铜线）构成。移动电阻线上的短路滑块 5 改变回路的有效长度，也就改变了回路电阻，从而改变回路的感应电流。因为串联电路的总磁通是由电流线圈中的负载电流决定的，当电流和附加线圈的匝数一定时，附加线圈内感应电动势也就不变。当滑块向“+”移动时，回路的电阻值增加，回路中的电流减小，使电流工作磁通路径上的有功损耗减小，磁通 $\dot{\Phi}_I$ 变成 $\dot{\Phi}'_I$，并且滞后电流 $\dot{I}$ 的角度由 α_I 减小到 α'_I，如图 2-36（b）所示（电能表在感性负载下）。要是原来的转速较慢，这时电流工作磁通与电压工作磁通之间的相位角由 Ψ 增加到 Ψ'，驱动力矩增大，转盘转速变快。反之，若滑块 5 向“－”移动，由于回路电阻减小，电流增大，使转盘转速变慢。

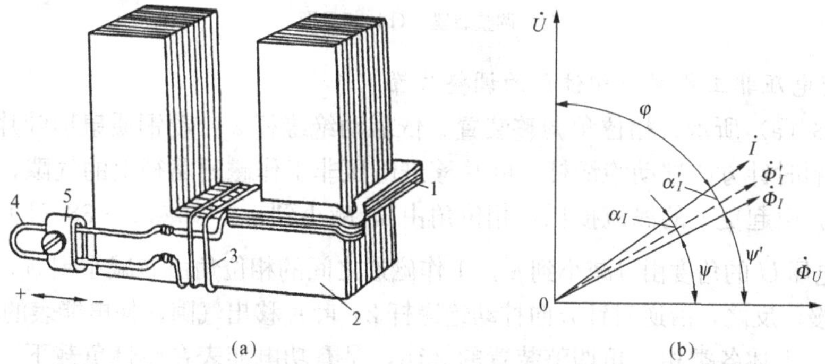

图 2-36　改变电阻值和短路匝数调整 α_I 角

（a）调整装置；（b）相量图

应当注意，移动滑块改变电阻线的有效长度，调整 α_I 角的范围较小，一般只能使转速改变±1.0%左右。因此可在电流铁芯上套 4～6 片铝（铜）短路匝 1，作为相位角的粗调。如果转速变慢，减少短路匝的匝数，可以减小工作磁通路径上的有功损耗，将使转速变快。增加短路匝的匝数，将使转速变慢。

上述相位角调整的优点，就在于移动滑块的方式比较简单，而且和轻载调整装置没有相互影响。但是操作麻烦（松动滑块上的螺钉后移动滑块，再紧固螺钉）。尽管如此，国产电能表和其他许多电能表还是被广泛采用。

（二）改变电压工作磁通相位角的调整装置

如图 2 - 37（a）所示，相位角调整装置，在电压工作磁通路径上设置附加线圈经电阻线 1 闭合，当电阻线上的滑块 2 向“+”移动时，短接电阻线的电阻减小，回路中的电流增加，有功损耗增大，使磁通由 $\dot{\Phi}_U$ 变成 $\dot{\Phi}'_U$，而相位角由 α_U 增大到 α'_U，如图 2 - 37（b）所示。工作磁通之间的相位角由 ψ 增加到 ψ'，驱动力矩增大，使转速变快；反之，当滑块 2 向“−”移动时，会使转速变慢。此外，还可以在附加绕组处增减铝（铜）短路匝，对转速进行粗调。

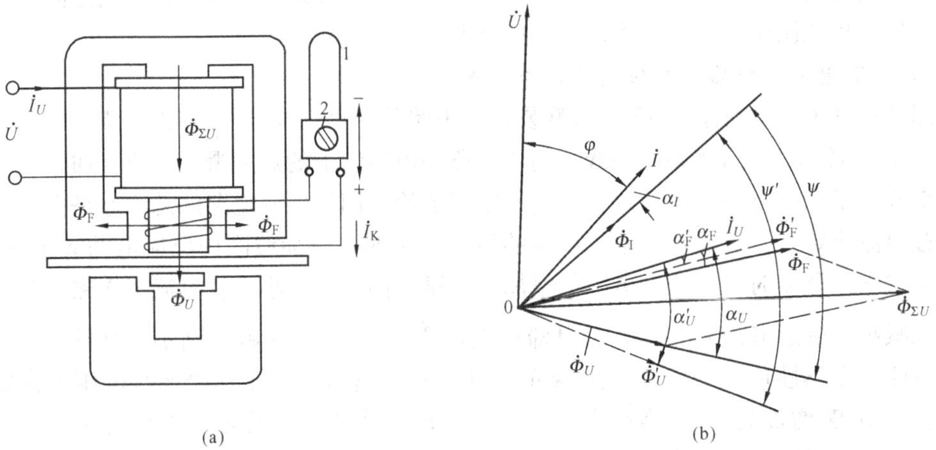

图 2 - 37 改变环形电阻线的电阻调整 α_U 角

（a）调整装置；（b）相量图

（三）改变电压非工作磁通相位角的调整装置

如图 2 - 38（a）所示，相位角调整装置。依靠动绝缘杆 2 带动铜质扇形叶片 1 来实现相位角调整。沿顺时针方向拧动绝缘杆，叶片移进电压非工作磁通路径上的气隙，则有更多的磁通穿过叶片，引起更大的涡流损耗，相位角由 α_U 减小到 α'_U，如图 2 - 38（b）所示。于是磁通 $\dot{\Phi}_U$ 滞后电压 $\dot{U}$ 的角度由 β 减小到 β'，工作磁通之间的相位角由 ψ 减小到 ψ'，驱动力矩减小，使转速变慢。反之，沿逆时针方向拧动绝缘杆 2，叶片移出气隙，使电能表的转速变快。

应当指出，上述各类相位角调整装置的规律，是有功电能表在感性负载下，经调整后得出使转速变快或变慢的结论，是与调整前的电能表转盘转速相比较而言的。有功电能表在容性负载下的调整规律，则同感性负载下的情况完全相反。

三、轻载调整装置

为了改变轻负载范围的负载特性曲线而调整补偿力矩的机构，称为轻载调整装置。利用补偿力矩产生的正误差，补偿摩擦力矩和电流铁芯磁化曲线的非线性所产生的负误差。但是这些负误差不是固定不变的，因为新制造或经过检修的电能表，不但摩擦力矩会稍有差异，而且由于测量机构的制造和装配不够准确和对称，会使并联电路的磁通对转盘的相对位置出现不对称分布，产生促使转盘正转或反转的潜动力矩。这些附加力矩的大小和方向都是不确定的，具有偶然性。因此，补偿力矩除了补偿电流抑制力矩、摩擦力矩和电流铁芯非线性引起的负误差外，还要补偿这些潜动力矩，这就要求补偿力矩是可调整的。

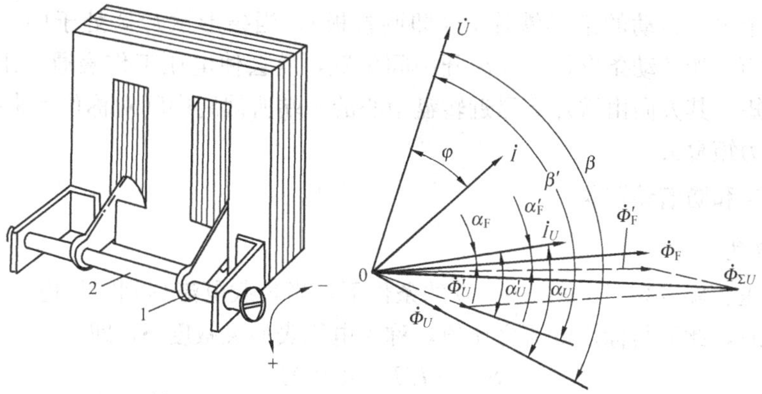

(a) (b)

图 2 - 38 转动叶片调整 α_F 角

(a) 调整装置；(b) 相量图

轻载调整装置的原理与产生补偿力矩的原理相同，即在电压铁芯的磁极附近设置可移动的导磁或不导磁的金属部件，以使电压磁通对转动元件的对称轴成不对称分布，导致两部分电压工作磁通在时间和空间上不同，从而形成移进磁场，产生补偿力矩。常用的轻载调整装置有下述两种类型。

（一）移动金属框（片）的轻载调整装置

常见的轻载调整装置是在电压工作磁通路径上设置铜短路框（片），如图 2 - 39 所示。铜短路框 2 被螺钉 3 固定在电压铁芯 1 上。拧动螺钉后，短路框可沿转盘的切线方向移动，如图中的箭头所示。短路框左右两侧平行转盘平面的框边，都可看成是配置在电压铁芯磁极下面的铜片，与本章第二节形成补偿力矩的原理相似，电压磁通分为 $\dot{\Phi}'_U$ 及 $\dot{\Phi}''_U$，设没有穿过框边的磁通为 $\dot{\Phi}'_U$，穿过框边的磁通为 $\dot{\Phi}''_U$，则要引起涡流损耗。因此，$\dot{\Phi}''_U$ 在相位上，要滞后没有穿过框边的磁通 $\dot{\Phi}'_U$ 一个角度 α_B。所以形成补偿力矩的方向是由 $\dot{\Phi}'_U$ 指向 $\dot{\Phi}''_U$，即由电压磁极中心指向框边。当短路框位于对称位置时，两侧框边被同样多的电压磁通 $\dot{\Phi}''_U$ 穿过，形成的两个补偿力矩大小相等、方向相反，对转盘的作用相互抵消。当短路框向某一侧移动后，则有差值补偿力矩，它由远离对称位置的框边，指向接近对称位置的框边。短路框偏离对称位置愈远，差值补偿力矩愈大。

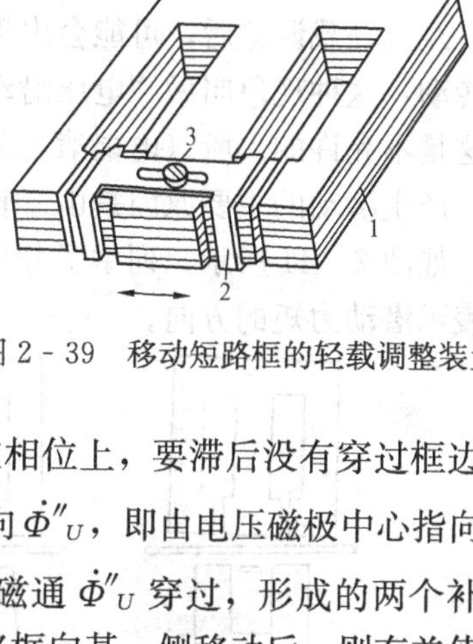

图 2 - 39 移动短路框的轻载调整装置

这种轻载调整装置的主要缺点是操作复杂（松动螺钉—移动短路框—紧固螺钉）。因此，在 DD10 型电能表中，采用一种拧动螺杆以带动短路框平行移动的轻载调整装置，就可较为简单而平稳地调整补偿力矩。

（二）移动铁磁部件的轻载调整装置

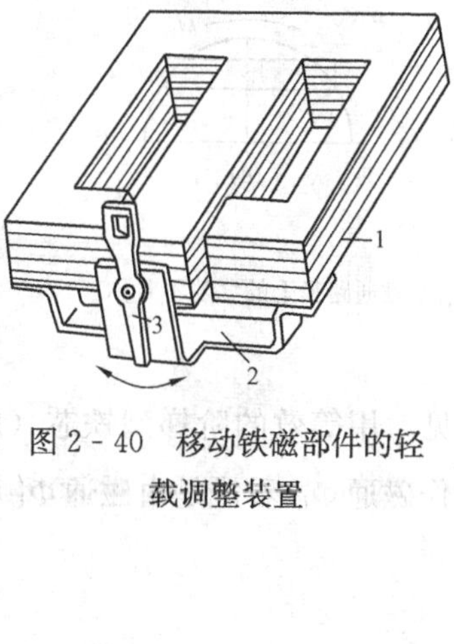

图 2 - 40 移动铁磁部件的轻载调整装置

图 2 - 40 所示为这种装置其中一种，这是一种称为轻载调整板的轻载调整装置。它是在电压铁芯 1 上的回磁极 2

的下方设置一个可以转动的条形铁片 3（即调整板），当条形铁片 3 处于中间对称位置时，不产生补偿力矩，如转动条形铁片 3 离开中间位置，就会使电压工作磁通分出一部分磁通，而产生补偿力矩。其方向由铁片 3 靠近转盘中心的一端所偏离中间对称位置来决定。偏离角度愈大，补偿力矩愈大。

四、灵敏度和防潜动装置

（一）灵敏度

在额定电压、额定频率、$\cos\varphi=1.0$ 的条件下，当负载电流达到能使电能表开始不停转动的启动电流时，此值与标定电流之比值，称为电能表的灵敏度 S，即

$$S=(I/I_b)\times 100\%$$

电能表的灵敏度规定见表 2-1。

在规定的灵敏度范围内，即在规定的启动电流下，转盘能不停地转动。

轻载误差调整得是否恰当，决定了电能表能否满足必需的灵敏度。

表 2-1　　电能表的灵敏度规定

准确度等级	0.5	1.0	2.0	3.0
S（%）	0.3	0.5	0.5	0.5

（二）潜动及防潜装置

经过轻载调整后，可能会出现这样一种现象，即当负载电流为零时，电能表转盘仍然连续转动，这种现象叫做“电压潜动”，简称“潜动”。电能表在潜动状态下的转速显然很小，但这是不允许的。所以电能表标准和有关检验规程，都规定了电能表应完全没有潜动的要求。产生潜动的主要原因是由于轻载时补偿力矩过大或电磁元件装配倾斜等引起的。

如图 2-41 所示，列举了分离式驱动元件电能表产生潜动力矩的四种基本情况，图中箭头表示潜动力矩的方向。

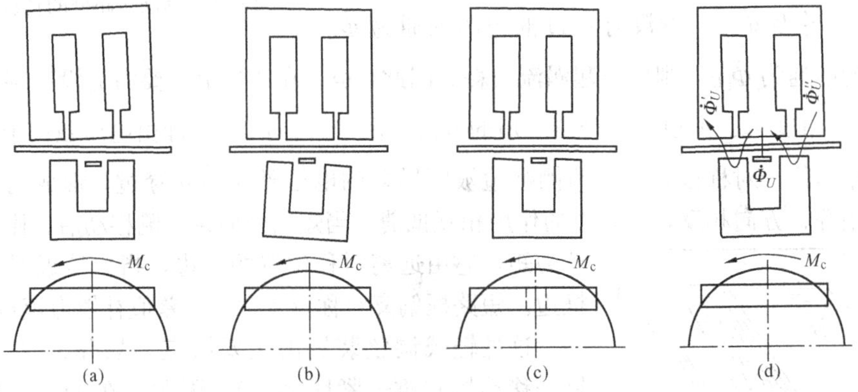

图 2-41　产生潜动力矩的原因

（a）电压铁芯倾斜；（b）电流铁芯倾斜；（c）回磁极位移；（d）电压辅助磁通路径上的气隙不对称

1. 电压铁芯倾斜

图 2-42 所示为电压铁芯倾斜形成潜动力矩。为简单起见，用等效的阶梯型铁芯（虚线）代替实际倾斜的铁芯。这样，可把电流 $\dot{I}_U$ 产生的电压工作磁通 $\dot{\Phi}_U$ 看成是由磁通 $\dot{\Phi}'_U$ 和

$\dot{\Phi}''_U$ 组成的。$\dot{\Phi}'_U$因所经气隙磁阻较小，从而引起较大的有功损耗。所以 $\dot{\Phi}'_U$滞后 $\dot{\Phi}''_U$ 一个相角 δ_B，如图 2-42（a）所示。$\dot{\Phi}'_U$和 $\dot{\Phi}''_U$ 在时间上和空间上都不同，从而形成了在相位上超前的磁通 $\dot{\Phi}''_U$ 指向滞后磁通 $\dot{\Phi}'_U$的潜动力矩。

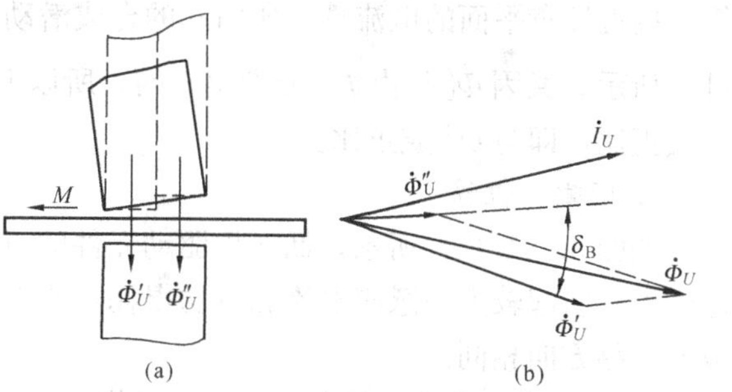

图 2-42　电压铁芯倾斜形成潜动力矩

（a）电压铁芯倾斜图；（b）相量图

2. 电流铁芯倾斜

图 2-43 所示为电流铁芯倾斜形成潜动力矩。在转盘平面上靠近电压铁芯磁极 1 平面上设置部件 C，磁通 $\dot{\Phi}_U$ 在转盘内引起的感应电流 $\dot{I}_{PU}$所产生的二次交变磁通 $\dot{\Phi}'_U$和$-\dot{\Phi}'_U$，垂直盘面从不同方向经过铁磁部件 C 构成闭合回路。铁磁部件被交变磁通切割时，将产生磁滞涡流损耗，所以磁通 $\dot{\Phi}'_U$在相位上要滞后电流 $\dot{I}_{PU}$一个角度 δ_B，如图 2-43（b）所示。结果，导致 $\dot{\Phi}_U$ 和 $\dot{\Phi}'_U$在时间上和空间上都不同，从而形成了在相位上超前的磁通 $\dot{\Phi}_U$ 指向滞后磁通 $\dot{\Phi}'_U$的潜动力矩，即

$$M_{C1}=K_B\dot{\Phi}_U\dot{\Phi}'_U\sin(\delta_B+90°)=K_B\dot{\Phi}_U\dot{\Phi}'_U\cos\delta_B$$

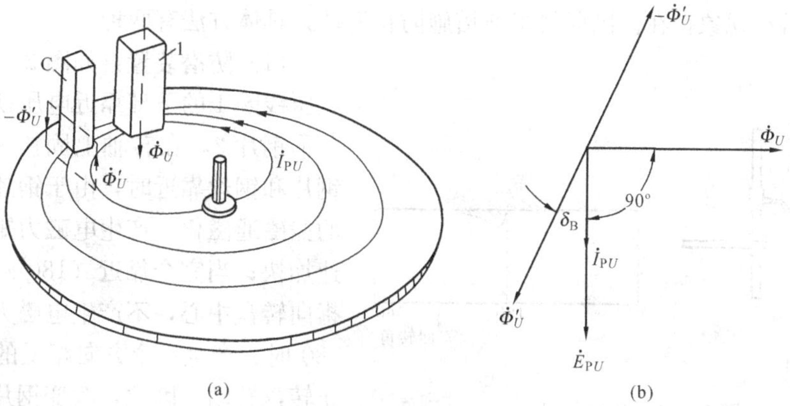

图 2-43　用铁磁部件形成潜动力矩

（a）铁磁部件配置图；（b）相量图（略去转盘感抗时）

同理，$\dot{\Phi}_U$ 和$-\dot{\Phi}'_U$在时间和空间上都不同，从而形成了在相位上超前的磁通$-\dot{\Phi}'_U$指向滞后磁通 $\dot{\Phi}_U$ 的潜动力矩，即

$$M_{C2}=K_B\dot{\Phi}_U\dot{\Phi}'_U\sin(\delta_B+270°)=-K_B\dot{\Phi}_U\dot{\Phi}'_U\cos\delta_B$$

M_{C1}和 M_{C2}方向相反，但由于$-\dot{\Phi}'_U$通过的地方所感应的电流密度较小，而使 $M_{C1}>M_{C2}$，故合成潜动力矩 $M_C=M_{C1}-M_{C2}$。这也就决定了它的方向，由电压铁芯磁极指向电流铁芯磁极。但是电流铁芯有两个磁极。每一个磁极就相当于图 2-43（a）中的一个铁磁部件 C，因而就会产生两个合成潜动力矩。当电流铁芯的两个磁极端面与转盘平面平行时，两个合成潜动力矩的大小相等、方向相反，而相互平衡。当电流铁芯倾斜时，两个力矩的大小就不相

等，接近转盘平面的电流铁芯所引起的合成潜动力矩较大，就决定了潜动方向，如图 2 - 43（b）所示。又因 $\dot{\Phi}'_U$是由 $\dot{\Phi}_U$ 分裂出来的，所以上述潜动力矩，实质上是与电压磁通 $\dot{\Phi}_U$ 的平方成正比，即与 U^2 成正比。

3. 回磁极位移

如图 2 - 41（c）所示，回磁极驱动元件的对称轴向右位移。电压工作磁通在转盘的右边范围内，引起较大的感应电流和有功损耗，所以形成的潜动力矩由左边指向右边，即同回磁极的位移方向相同。

4. 电压辅助磁通路径上的气隙不相等

如图 2 - 41（d）所示，右边的辅助气隙大于左边的辅助气隙，因此右边穿过转盘的磁通 $\dot{\Phi}''_U$ 比左边的磁通 $\dot{\Phi}'_U$大。这两部分磁通由于所经路径的有功损耗较小，在相位上均超前电压工作磁通 $\dot{\Phi}_U$，与 $\dot{\Phi}_U$ 相互作用形成潜动力矩，它们分别由超前的磁通 $\dot{\Phi}'_U$、$\dot{\Phi}''_U$ 指向滞后的磁通 $\dot{\Phi}_U$，即都指向电压电磁铁的磁极。但因为磁通 $\dot{\Phi}''_U$ 和 $\dot{\Phi}_U$ 形成的潜动力矩，比磁通 $\dot{\Phi}'_U$和 $\dot{\Phi}_U$ 形成的潜动力矩大一些，所以合成潜动力矩的方向由磁通 $\dot{\Phi}''_U$ 指向 $\dot{\Phi}'_U$，即由辅助气隙较大的一侧指向辅助气隙较小的一侧。

综上所述，潜动力矩的大小和方向，都是不确定的，具有偶然性的特性，因此不但不能把它预定为补偿力矩，而且还要设法减小或补偿它。这就要求当负载电流为零时（$I=0$），电压线圈加电压 $U=$（80%～110%）U_N 时，电能表转盘的转动应不超过一转。若超过一转，则认为潜动现象存在。因此要采取措施防止潜动，具体方法有两种。

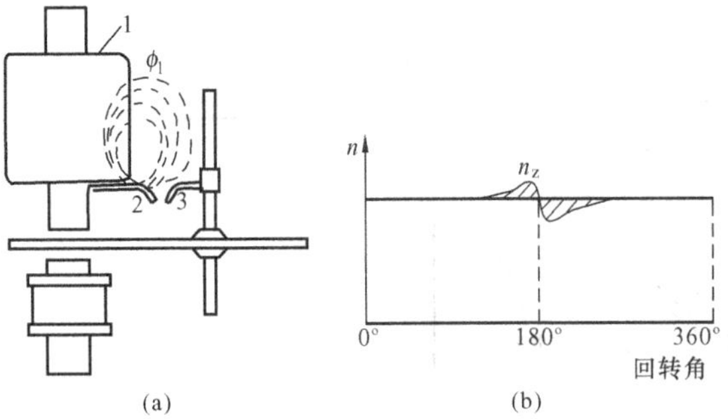

图 2 - 44　防潜装置

（a）产生防潜动力矩的装置；（b）防潜装置对转速的影响

（1）防潜装置：如图 2 - 44 所示，在电压线圈 1 的下部靠近电压铁芯固定一个角形钢片 2，在转轴上固接一钢丝 3。当钢片和钢丝靠近时，由于钢片被电压铁芯的漏磁通磁化，产生电磁力矩，使转盘转速加快；当完全靠近（180°）时，电磁力指向转盘中心，不产生电磁力矩；稍大于 180°时，产生一个方向相反的电磁力矩阻止转盘转动。因此，改变钢片和钢丝的距离或钢片面积，就能改变漏磁通的大小，以调整电磁力矩的大小，达到防潜的目的。

（2）电能表的转盘上钻孔：如图 2 - 45 所示，在转盘上钻个直径为 1.5～2.0mm 的防潜孔，防止转盘潜动。假定转盘沿逆时针方向潜动，距转盘中心某个位置有一个防潜孔，该孔随着转盘转动逐渐接近铁磁部件 C，假设移至位置 1 并在位置 1 阻碍感应电流 $\dot{I}'_{PU}$流通，减小了二次磁通$-\dot{\Phi}'_U$和电流 $\dot{I}'_{PU}$形成的力矩，使总的补偿力矩和转速有所增加。当防潜孔移至位置 2 时，又阻碍感应电流 $\dot{I}'_{PU}$流通，二次磁通$-\dot{\Phi}'_U$和电流 $\dot{I}'_{PU}$形成的力矩减小。如果防潜孔足够大，则总的补偿力矩将变为负值，转盘随即停止潜动。

应当注意，防潜力矩和补偿力矩一样，都与电压的平方成正比。所以对经过正确调整的电能表而言，电压在一定范围内改变，不会破坏它们之间的平衡关系。

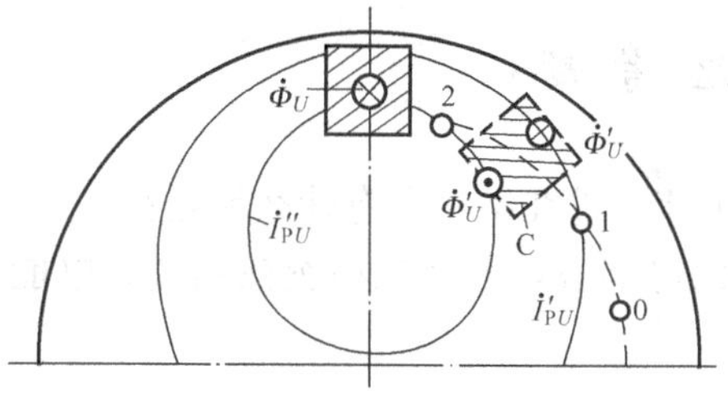

图 2-45　利用转盘上防潜孔防止潜动

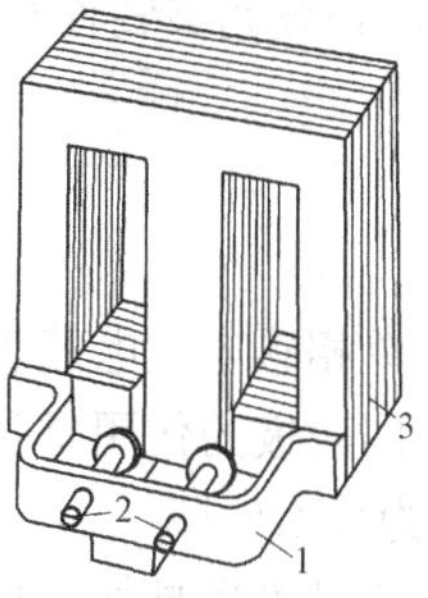

图 2-46　改变电压工作磁通的平衡调整装置

五、平衡调整装置

三相电能表中除了有单相电能表的那些调整装置外，各组驱动元件还配有平衡调整装置。利用这种调整装置，将各组驱动元件在相同负载功率下的驱动力矩调到相等，在不对称的三相负载或电压下运行时，使三相电能表的误差不致超过允许范围。

如图 2-46 所示，在弓形铁带 1 上拧入两颗铁螺钉 2，每颗螺钉的圆头部分正对着电压铁芯 3 的辅助气隙。则有一部分电压非工作磁通经过螺钉和弓形带构成回路。当顺时针方向拧动螺钉，螺钉的圆头向气隙移近时，电压非工作磁通增大，电压工作磁通减小，因而进行调整的这组驱动力矩也随着减小；当螺钉的圆头远离气隙时，相应的驱动力矩增加。应当注意两颗螺钉的位置应大致相同，否则可能会引起电压潜动。

小　　结

电能表是用来测量电源输出能量和负载所消耗能量的一种计量仪表，即 $W=\int_{t_1}^{t_2}p\mathrm{d}t$。它是由驱动元件、转动元件、制动元件、轴承和计度器等组成的，电能表之所以能够转动是由于交变的磁通 $\dot{\Phi}_I$、$\dot{\Phi}_I'$和 Φ_U 所处的空间位置不同、初相角也不同，两者结合形成移进磁场，使得电能表的转盘转动，其转动方向是由时间上超前的磁通移向滞后的磁通。当电能表在驱动力矩的作用下转动时，设置永久磁铁，对转盘产生一个制动力矩使转盘转速与负载功率成正比的关系。当驱动力矩和制动力矩相等时，转盘匀速移动，则在 T 时间内转盘转过的转数为：$N=nt=APT=AW$。实际运行中，电能表除了受到驱动力矩和制动力矩这两个基本力矩的作用外，还有抑制力矩、摩擦力矩和补偿力矩等附加力矩的作用，还会受到电流铁芯非线性的影响，使电能表的转速发生变化，从而产生电能表的基本误差。当外界条件发生变化时，如电压、频率、温度等，电能表产生的误差是附加误差。当电压由低变高时，电能表的电压误差向负的方向变化。当温度从低变高时：在 $\cos\varphi=1.0$ 时，电能表的温度误差向正的方向变化；在 $\cos\varphi=0.5$（滞后）条件下，温度误差向负的方向变化。当频率由低变高时：在 $\cos\varphi=1.0$ 时，电能表的频率误差向负的方向变化；在 $\cos\varphi=0.5$（滞后）条件下，频率误差向正的方向变化。电能表的负载特性曲线，就是说明了电能表的基本误差随负载电流和负载功率因数而变化的关系。每只电能表的负载特性都是不相同的，都应备有调整装置，以便将电能表的误差调到满足预定的负载特性曲线。单相电能表有满载调整装置、相位角调整装置、轻载调整装置及防潜装置，三相电能表还有平衡调整装置。

复习思考题

2-1 单相感应式电能表的电压元件和电流元件在结构上有什么特点?

2-2 回磁极的作用是什么? 正在运行的电能表，若回磁极突然断裂，电能表的转速有何变化? 为什么?

2-3 移进磁场是如何形成的?

2-4 电能表的转盘转动的条件是什么? 转动方向如何?

2-5 制动力矩是如何形成的? 电能表在没有接入负载时，制动力矩是否存在? 制动力矩的方向与制动磁铁的磁极性有何关系?

2-6 为什么计度器的读数能反映负载所消耗的电能?

2-7 绘出感应式电能表的实际相量图和理想相量图，并说明电能表能正确测量电能的条件。

2-8 为什么各分电能表每月要为总电能表交 1kWh 的电费?

2-9 什么是电能表的基本误差和附加误差?

2-10 电能表的附加力矩有哪些? 造成的误差是基本误差还是附加误差?

2-11 补偿力矩是如何形成的? 补偿力矩与负载电流有何关系? 为什么?

2-12 什么是电能表的负载特性曲线? 怎样用负载特性曲线分析电能表的特性?

2-13 电能表的附加误差有哪些? 误差方向是如何变化的?

2-14 大用户电能表每三个月左右校表一次。若冬天校表夏天使用，那么调整时，应使电能表的误差偏负些还是偏正些? 为什么?（$\cos\varphi=1.0$ 的条件下）

2-15 电能表的调整装置有哪些?

2-16 满载调整装置调哪个力矩? 为什么?

2-17 为什么要设置相位角调整装置?

2-18 若电流铁芯选用了更优质的硅钢片，它的磁滞和涡流损耗很小，此时应如何调整电压铁芯的 α_U 角，才能满足 $\varphi+\psi=90°$?

2-19 什么叫潜动? 产生潜动的原因是什么? 如何检查潜动是否存在? 如何采取措施防潜?

第三章　电子式电能表及特种电能表

电子式电能表诞生于20世纪60年代，由于受到当时技术水平的限制，电子式电能表的价格很高，仅供标准表用。随着微电子技术和计算机技术的发展，80年代出现了应用微处理机的电能表，不仅用于标准表，且广泛应用于安装式电能表，安装式电子电能表因准确度高、体积小、重量轻、功能多，且性价比高，已席卷西欧、北美等地，目前在我国各地也得到了快速推广和普及。可以预言，将来必定是电子式电能表的天下。

第一节　电子式电能表的结构和原理

电子式电能表的结构如何呢？先来看一下它的工作原理。

一、电子式电能表的工作原理

电能的基本表达式如式（3-1）所示，即

$$W(t)=\int p(t)\mathrm{d}t=\int u(t)i(t)\mathrm{d}t \tag{3-1}$$

式中：$u(t)$，$i(t)$，$p(t)$分别为瞬时电压、瞬时电流、瞬时功率值，测量电能的基本方法是将电压、电流相乘，然后在时间上再累加（即积分）起来。电子式电能表中实现积分的方法，是将功率转换为脉冲频率输出，该脉冲称为电能计量标准脉冲f_H（或f_L），其频率正比于负荷功率。

二、电子式电能表的组成

为了能将被测电压、电流变为代表被测功率的标准脉冲，并显示所计电能值，电子式电能表一般由输入级、乘法器、P/f变换器、计数显示控制电路、直流电源等几部分组成，如图3-1所示。其中乘法器和P/f变换器组成电能计量单元电路。

1. 输入级

输入级的作用，是将被测的高电压（几十伏或几百伏）和大电流（几安至几十安）转换成电子电路能处理的低电压（几十毫伏至几伏）和小电流（几毫安）输入到乘法器中，并使乘法器和电网隔离，减小干扰。

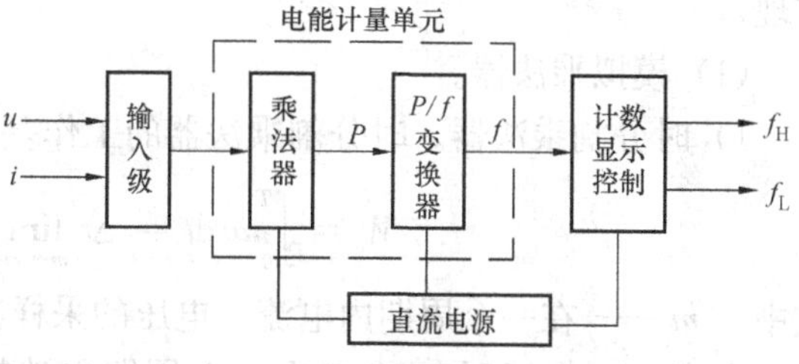

图3-1　电子式电能表的基本组成

输入电流i经输入电路变换成U_X弱电信号，输入电压u经输入电路变换成U_Y弱电信号。然后将U_X和U_Y送到模拟乘法器进行运算，因此输入变换电路的变换精度直接影响到电能计量的准确性。

(1) 精密电阻输入变换电路：安装式电子电能表，为了降低造价及便于大批量生产，一般采用精密电阻（锰铜板分流器）分流的输入变换电路。

采用精密电阻分压和分流的输入电路不会引进相角误差，而对电子式电能表的测量误差的调整基本上都是通过调节电阻分压器和电阻分流器的阻值来进行的，因此都设置了一个可变电阻器以便于调节。对输入变换电路的电阻要求具有足够高的准确度、足够大的功率温度系数和较好的长期稳定性。

(2) 电压互感器、电流互感器输入电路：在电子式电能表输入电路中也常采用互感器输入电路。尤其是在电流输入电路中，较多、较普遍地采用了电流互感器输入电路。另外，三相电子式电能表由于存在线电压，不便采用精密电阻直接取样，又如具有数个电流量程或电压量程的电子式标准电能表，也多采用互感器输入电路。

为了保证电子式电能表的测量准确度，要求输入电路有较高的精度，因此不能采用常规的电压互感器和电流互感器。

0.5 级以下的电子电能表用的电压互感器、电流互感器基本上与常用的互感器的结构原理一致，不同的只是电子式电能表的互感器二次负载要比感应式电能表的负载小很多，因此可以做得很小，铁芯采用高导磁率系数的坡莫合金或优质硅钢带制成，以尽量减小铁芯损耗和有限导磁率所产生的相角差。电压互感器的相角差可以采用无源补偿方法补偿，用这种方法补偿的角差可小于万分之一，至于比差的补偿一般比较容易。

在电子式电能表（尤其是三相数字电能表）中，往往采用电子电路的有源补偿式电流互感器的输入电路。带有源补偿器的互感器比普通不带有源补偿器的互感器的角差、比差小两个数量级。

近年出现的全自动量程的输入方式也被应用于智能式电子标准电能表中。这类电能表在测量刚开始时，输入电路总是位于电压高的和电流大的量程上限挡，通过对电压、电流测量的数据进行计算，CPU 根据计算机软件计算的结果，发出电压输入变换或电流输入变换的程控码，切换到合适的输入量程挡上。如同人工改换接线端或切换开关改变测量挡一样，使其置于合适的测量量程挡上。

2. 乘法器

乘法器是实现被测电压、电流相乘，输出为功率的器件，它是电能表的关键电路。常用的乘法器分为模拟乘法器和数字乘法器，模拟乘法器又分为时分割乘法器和霍尔乘法器等，数字乘法器又分为硬件乘法器（由移位寄存器和加法器组成）和软件乘法器（利用乘法指令实现）。

(1) 模拟乘法器。

1) 时分割乘法器。时分割乘法器的工作基于计算式

$$W=\int_0^T ui\,dt=\Delta t\lim_{m\to\infty}\sum_{k=1}^{m}u_k i_k\approx\Delta t\sum_{k=1}^{m}u_k i_k \tag{3-2}$$

式中 m——在一个周期内电流、电压的采样次数。

由式（3-2）可知，负载在一个周期内消耗的电能近似等于 m 个电压、电流相乘再求和。m 取值越大，上述近似计算产生的误差越小。由此，时分割乘法器的基本思想有两个，即分割和相乘。

分割就是在时间上把正弦波的周期分为 m 份，每份所占的时间为 Δt，当 m 很大时，Δt 非常小，小到可以认为在 Δt 内电压、电流的瞬时值 u、i 都可看作常数，即直流量 U、I。

相乘是在 Δt 内分别用 U、I 调制脉冲的宽度和幅度，使脉冲的面积正比于 U、I 的乘

积，实现相乘。时分割乘法器又称 PWM 乘法器，即脉宽、幅度调制器。

时分割乘法器分为电压型时分割乘法器和电流型时分割乘法器，电压型由于尖峰电压的干扰现在基本不用，现在使用的多为电流型时分割乘法器。所谓电流型时分割乘法器是指被测电压、电流都变成电流形式然后相乘，其乘积即功率大小也以电流形式表示。

电流型时分割乘法器的原理电路如图 3-2（a）所示。虚线上面为调宽电路，下面为调幅电路。

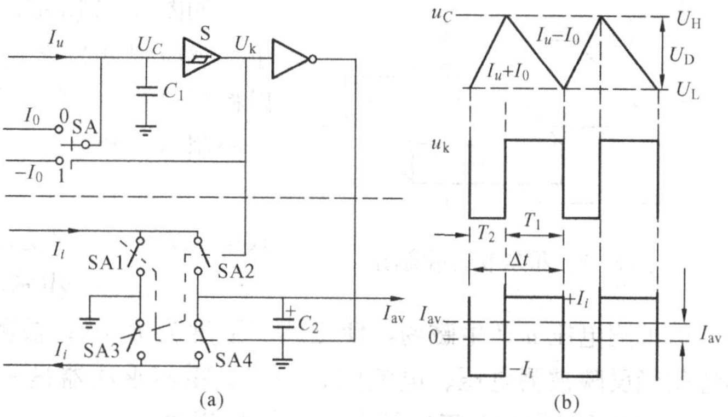

图 3-2　时分割乘法器

（a）原理电路；（b）波形

调宽电路的工作原理如下：

输入电流 I_u 为反映被测电压 U 的电流信号，C_1 为积分电容，S 为施密特电路，它有两个转换电平 U_H 和 U_L，回差电压为 $U_D=U_H-U_L$，I_0 为正、负恒流源，开关 SA 受施密特输出电压控制。电路工作波形如图 3-2（b）所示。

假设开始时，反映被测电压的 I_u 和正恒流 I_0 一起对 C_1 积分（充电），则 $U_C\uparrow$，当 $U_C\uparrow>U_H$ 时，施密特电路翻转，输出高电平。当 U_k 为高电平时，开关 SA 接下边，将 $-I_0$ 接入积分电路，这时 I_u-I_0 对 C_1 积分（放电），$U_C\downarrow$，当 $U_C\downarrow$ 到 $<U_L$ 时，施密特电路又翻转为低电平，使 $+I_0$ 接通，电路恢复开始状态。以后电路周而复始，不断充电与放电。

电路平衡时，电容在一周（Δt）内充得的电荷和放掉的电荷相等，据此可得

$$(I_u+I_0)T_2+(I_u-I_0)T_1=0$$

即

$$\frac{T_1-T_2}{T_1+T_2}=\frac{I_u}{I_0} \tag{3-3}$$

可见，随着 I_u 的变化，T_2 与 T_1 的宽度跟着改变，即 I_u 调制了方波 U_k 的宽度。当 $I_u=0$ 时，U_C 为对称三角波。

调幅电路为四个受控开关（SA1～SA4），I_i 为反映被测电路的电流信号。当 U_k 为正方波时，SA2、SA3 闭合，电流 I_i 从 SA2 流入，经 C_2 到地，从 SA3 流出；当 U_k 为负方波时，SA1、SA4 闭合，电流 I_i 从 SA1 流入，经地到 C_2，从 SA4 流出。这样，流过电容器 C 的电流波形如图（b）所示，其幅度为 I_i，故称调幅。考虑到式（3-3），在一周内流过电容器的电流平均值 I_{av} 为

$$I_{av}=\frac{1}{\Delta t}(T_1I_i-T_2I_i)=\frac{T_1-T_2}{\Delta t}I_i=\frac{I_uI_i}{I_0}$$

由此可见，I_{av} 正比于被测电路的功率（I_uI_i），I_{av} 送入下级 I/f 变换电路。

时分割乘法器原理较为先进，制造技术比较成熟，具有较好的线性度，在最好情况下，准确度最高可作到 0.01 级。

2）霍尔乘法器。霍尔效应自 1879 年被发现以来至今已有 100 多年的历史，随着微电子技术发展及制造工艺的进步，霍尔器件已得到了很广泛的应用。各种霍尔传感器在控制、测

量领域发挥了重大作用。瑞士兰地斯基公司（LANDIS & GYR）基于霍尔效应的 DFS 传感元件（Direct Field Sensor）测量电能就是一个成功的例子。

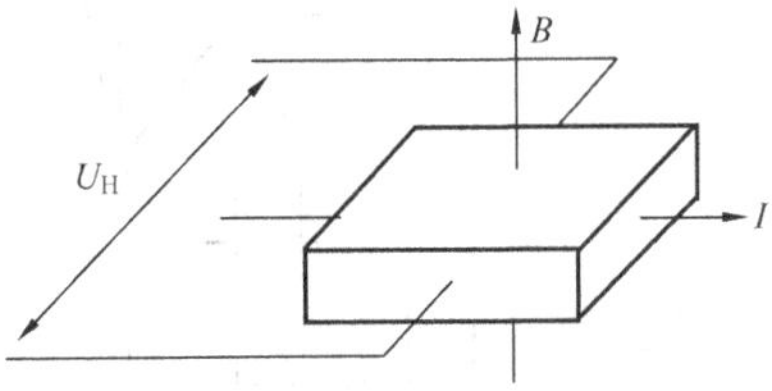

图 3-3 霍尔效应示意图

如图 3-3 所示，霍尔元件是半导体薄片，当它处于磁感应强度为 B 的磁场中，如果在它相对的两端通以控制电流 I，则在半导体另外两端将会产生一个大小与控制电流和磁感应强度乘积成正比的电压 U_H

$$U_H = K_H IB$$

式中 K_H——霍尔元件的灵敏度；

U_H——霍尔电动势。

由被测电压 u 产生磁场，使磁感应强度为 $B \propto u$；被测电流 i 通过霍尔元件，则霍尔电动势就能反映被测电压、电流的相乘积。霍尔乘法器是一个四象限乘法器，其相乘精度甚佳，可达 0.3%左右。工作频率在 10kHz 以内。

霍尔乘法器实现的静止式电能表主要优点是：频率响应宽，准确度能长期保证；能在较恶劣环境下工作，抗干扰能力强；静止式电能表可以不需要电流互感器，不存在互感器引入的误差。其主要缺点是：工艺复杂，准确度也不容易达到很高。

（2）数字乘法器：将数字量相乘，首先将被测电压、电流的模拟量变为数字量，然后相乘，如图 3-4 所示。实现数字量相乘有两种方法：

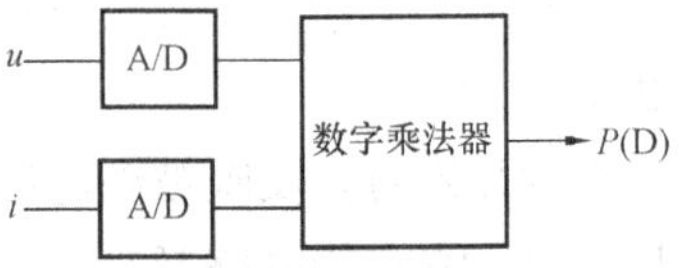

图 3-4 数字乘法器

1）采用硬件乘法电路。硬件乘法电路是由移位寄存器、加法器和时序控制电路组成的，在时序电路控制下，根据每位乘数是“1”或是“0”，来决定是否累加被乘数，每进行一位运算后，需要将累加和（即乘积）右移一位。采用硬件乘法器运算速度高，但需提供硬件电路。

2）采用软件乘法器。利用计算机的乘法指令实现数字量相乘，这实际是利用一系列的累加和移位完成运算的，采用这种方法运算速度较慢，但可节约硬件。若计算机的 CPU 里含有硬件乘法器或者采用 DSP（数字信号处理器）作控制运算器，运算速度也非常快。

总之，采用数字乘法器来实现电能计量时，电路里必须有 A/D 转换器，这是数字乘法器和模拟乘法器最根本的区别。数字乘法器的工作过程是，首先把被测电压、电流同步采样，将连续信号变为离散的数字信号，然后实现数字相乘，有功功率可表示为

$$P(k) = u(k)i(k)$$

式中：$u(k)$、$i(k)$ 为电压、电流每次采样值。

3. P/f 变换器

P/f 变换器是把乘法器输出的代表有功功率的信号变为标准脉冲，并且用脉冲频率的高低来代表功率大小的电路。它和计数器一起实现电能测量中的积分运算，亦即式（3-2）中的求和运算。不同的乘法器后面应跟不同的 P/f 变换器。

模拟乘法器输出的有功功率送给电压频率 U/f 变换（或电流频率 I/f 变换）电路，从而产生频率正比于有功功率的电能脉冲。U/f（或 I/f）变换器在极低频时误差较大，为了获得线性好而且稳定的频率信号，通常是把电压变换为较高的频率信号 f_H，然后分频为低频信号 f_L，分频器属于数字逻辑电路，正常工作时不会产生误差。

数字乘法器输出的有功功率送给数字频率 D/f 变换电路，D/f 变换也可由软件实现。

4. 计数、显示、控制电路

计数器对 P/f 变换器的输出脉冲计数，累计电能，从而完成积分运算；显示器显示电能表所测量的电能，显示器有字轮计度器、液晶显示器（LCD）和发光二极管显示器（LED）几种类型；控制电路用于实现电子式电能表的各种功能。

5. 直流电源

除上述几部分外，电子式电能表中还包括直流稳压电源，为各部分电子电路的工作提供合适的直流电压。

直流稳压电源由降压电路、整流电路、滤波电路、稳压电路等几部分组成。

三、电能计量模块

为适应电子式电能表的需要，现在国内外许多公司都研制了多种电能计量专用集成电路，这种专用电能计量模块不仅集成了乘法器、P/f 变换电路，而且还包含有其他电路，如相位调整电路、电源监测电路、接口电路等，采用这些模块只需配以少量的外围电路就能制造出满足各种需要的电子式电能表，准确度一般在 1 级以内，并符合 IEC1036 标准。表 3-1给出了几种电能计量模块的基本性能。有关这些芯片的详细内容，后面电能表用到它时将会给予介绍。

表 3-1　几种电能计量模块的基本性能

名　称	公　司	准确度	基本原理	主要功能	特　点
BL0932	上海贝岭		时分割	可测 P、E	能计反向功率，防窃电，防潜动
ADE7755	美 AD	0.1%	数字乘法	测 P、E	有相位校正环节
CS5460	美 Cirrds Logic	0.1%	数字乘法	可测 I、V、(rms) P、E	有串口
SPM3-20	德 Easy Meter	0.5%	数字乘法	测 P、E	内有稳压电路，允许使用泵电源
SA9604	南非 SAMES	0.5%	数字乘法	测 P、E	三相，有 SPI 接口

电子式电能表的核心计量芯片按工作原理可分为两种。一种是采用 DSP 技术、以数字乘法器为核心的数字式计量芯片，它运用高准确度的、快速 A/D 转换器，可编程增益控制等最新技术；另一种是以模拟乘法器为核心的模拟计量芯片。这两种芯片的基本工作原理有根本的不同，数字式芯片在计量准确度、线性度、稳定性、抗干扰、温度漂移和时间漂移等方面远远优于模拟式芯片。

数字式计量芯片由于采用了数字乘法器，使得芯片本身的精度和一致性得到保证。在电能表的设计阶段完成后，开始投入大批量生产时，可以做到芯片免检，而模拟式计量芯片由于基本原理的固有原因，很难做到这一点。

数字式电能计量芯片的线性度相当优越，采用这种芯片的电子式电能表在调试、校验时，只需要单点校准，即在某一负载下校准后，在整个负载范围内能保证准确度要求。采用模拟式芯片的电子电能表则需要多点校准，多次调试，降低生产效率，增加生产成本。

在抗干扰方面，数字式计量芯片更加显露出其巨大的优越性，能使电能表很容易地通过电磁干扰、传导干扰和静电干扰的测试。

除表 3-1 列出的电能计量芯片外，还有 ADE7754、ADE7753、ADE7752（与 ADE7755 相对应的三相电能计量芯片）、AT73C500、AT73C501 等。

第二节　脉冲电能表和最大需量电能表

一、脉冲电能表

脉冲电能表是一种将电能参数转换为脉冲输出的表计。由于脉冲信号在计算和传输等方面有很多优点，在全电子式电能表大量使用之前，是将感应式电能表转盘的转数转换为脉冲送至电子电路进行处理，从而构成机电一体式预付费电能表、多功能电能表等表计。脉冲电能表主要由感应式测量机构、光电转换器和分频器、计数器三大部分组成，如图 3-5 所示。

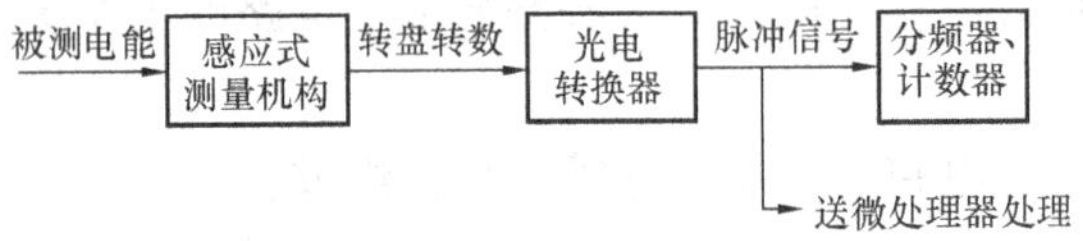

图 3-5　脉冲电能表组框图

感应式测量机构的主要功能是将电能量转变为转盘的转数，具体的结构及工作原理前文已介绍，此处不再赘述。

光电转换器的功能是将正比于电能的转盘转数转换为电脉冲，此脉冲数也正比于被测电能，即应满足关系式

$$W=\frac{1}{K_c}N=\frac{1}{K_c}mn'$$

式中　W——被测电能，kWh；

m——转换后输出的总脉冲数，imp；

n'——每输出一个脉冲转盘应转动的圈数，r/imp；

K_c——电能表常数，r/kWh。

例如，某种机电脉冲式电子电能表的转盘每转一圈发出 2 个脉冲，即 $n'=0.5$r/imp，其 $K_c=1500$r/kWh，则每输出一个脉冲代表的电能数为

$$W=\frac{1}{1500}\times1\times0.5=\frac{1}{3000}=0.000\,33(\text{kWh})$$

即这种机电脉冲式电子电能表每输出一个电脉冲代表负载耗电0.000 33kWh。

分频器和计数器的主要功能是将经光—电转换器转换成的脉冲信号进行分频、计数，从而得到所用电能量。

由以上分析可以看出，光—电转换器是机电脉冲式电子电能表的关键部分，因此下面将着重介绍光—电转换器。

光—电转换器（又称光电头）由发光器件和光敏器件组成。发光器件采用发光二极管（以下简称“发光管”），光敏器件采用光敏三极管（以下简称“光敏管”），这样外界的电磁波、可见光等干扰都不会影响信号的检测。具体的方法是通过在感应系测量机构的转盘上进行分度并做标记，如打孔、铣槽或印上黑色分度线条等，用穿透式或反射式光电头发射光束，采集转盘旋转的标记得到初始脉冲。

两种典型光电头的安装结构如图 3-6 所示。图 3-6（a）为穿透式光电头，在转盘上钻有若干个孔，发光管与光敏管分别安装在转盘的上、下两侧，光敏管通过接收透射光，产生脉冲输出。图 3-6（b）是反射式光电头，在转盘边缘均匀地印有黑色分度线，发光管和光敏管安装在转盘的同一侧，光敏管通过接受反射光，产生脉冲输出。

经过简单的光—电转换得到的初始电能脉冲信号，由于波形不理想，必须先经过整形放大、限幅限宽等处理，才能送至计数器计数或微处理机处理。

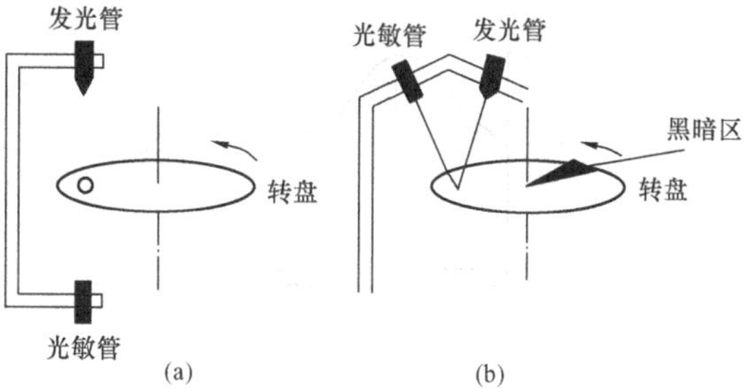

图 3-6　光电头安装结构图
(a) 穿透式光电头；(b) 反射式光电头

二、最大需量电能表

最大需量电能表（以下称最大需量表）是一种用来计量用户最大需量的电能表。早期的最大需量表都是感应式表，目前国内已不再生产这种感应式最大需量表。计量最大需量一般作为多功能电能表的一种功能存在。

本节主要介绍最大需量的概念、计量最大需量的意义及最大需量的计量方法；由于感应式最大需量表还在一些地区使用，本节也对感应式最大需量表作一简单介绍。

1. 最大需量的概念

(1) 用户需量：由于生产的特点，用户负载（功率 P）是随时间变化的，如图 3-7 所示。将一天 24h 分为若干段，每一段时间为 t，在每一 T 内的平均功率，称为用户需量。

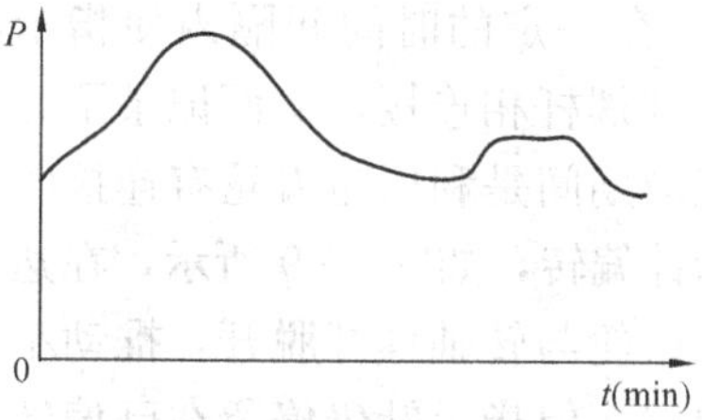

图 3-7　负荷随时间变化曲线

我国规定：$T=15\text{min}$，T 又称为需量周期。

例如：8：00～8：15　用户需量：3kW
　　　8：15～8：30　用户需量：5kW
　　　8：30～8：45　用户需量：7kW
　　　⋮　　　　　　⋮

(2) 最大需量：在一定结算期内（如一个月），所有用户需量中的最大值，即为该用户的当月最大需量，可用 MD 表示。每次抄表后，最大需量应复位（清零）。

2. 计量最大需量的意义

大工业用户（配变容量为 320kVA 或大于 320kVA 的大型工矿企业）申请接电时，必须申报其变压器装机容量及最大需量，供电部门根据容量或最大需量设计、敷设新线路及配置供电设备。

若申请需量大，实际负荷小，则供电容量占空，投资浪费；若申请需量小，实际负荷大，则设备线路过负荷，影响供电质量，甚至使设备损坏造成事故。为鼓励用户计划用电，降低高峰负荷，使发、供、用电设备发挥最大的经济效益，国家对大工业用户实行两部制电价。两部制电价为

(1) 电度电价：按用户用电度数（kWh）计算的电价。

(2) 基本电价：按用户最大需量或变压器容量（kVA）计算的电价。

3. 最大需量测量方法

最大需量的测量方法有区间式和滑差式两种。

区间式：每隔 15min 依次测量平均功率，如图 3-8 (a) 所示，然后对每个平均值进行比较取得最大值（每小时只求 4 次）；

滑差式：每隔 1min（称为滑差时间）计算一次 15min 的平均功率（平均每小时求 60 次），如图 3-8 (b) 所示。

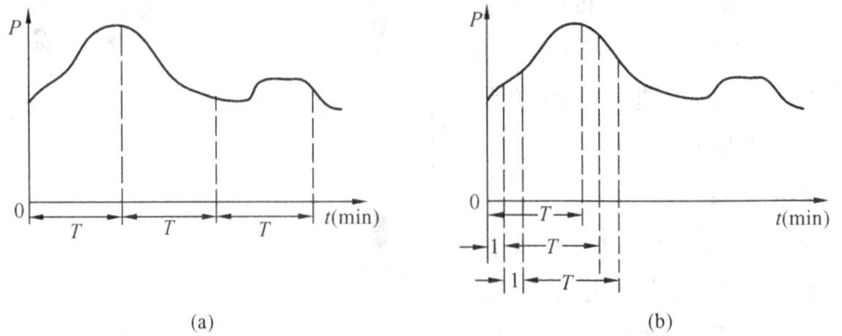

图 3-8 最大需量的测量方法

(a) 区间式求 MD；(b) 滑差式求 MD

由图 3-8 可见，对图 3-7 所示功率曲线采用滑差式所得到的需量值更准确、合理，即采用滑差式测量方式得出的最大需量更趋接近实际。

4. 感应式最大需量表

感应式最大需量表，是在原感应式电能表上附加一个最大需量指示器，指示器利用外附（或内附）时间机构，在一定的时间间隔内使指示器通过齿轮与电能表转轴螺杆相连接，从而记录了此间隔内平均功率；在记录期间是利用与齿轮有连接的推动小针推动一个指示针偏转，如图 3-9 所示，在达到设定的间隔时间后，齿轮与转轴螺杆脱开，推动小针受游丝的影响返回位置，但指示针仍停留在已偏转的位置。此段脱开间隔很短，很快又开始第二个时间间隔，推动小针又开始偏转。若这一间隔的平均功率小于已指出的功率，则推动小针达不到指示针的位置，指示值不变；若这一间隔的平均功率大于原指示值，则推动小针将继续偏转，并带动指示针向前移动直至这个间隔的平均功率数值处为止。

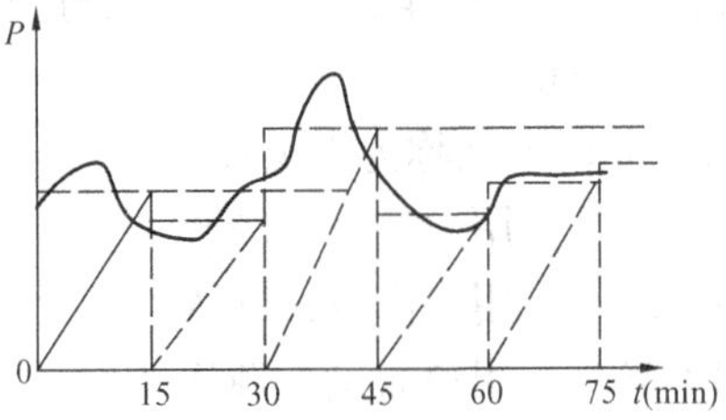

图 3-9 需量表推动指示针运行曲线

5. 多功能电能表测量最大需量

多功能电能表采用滑差式方法测量最大需量。

假设计算窗口时间为 15min，滑差时间为 1min。15min 需量就是 15min 内的平均功率。我们把每分钟采集的电能脉冲数 N_i 存到如表 3-2 中所示的表格中，第 1min 有 N_1 个脉冲，第 2min 有 N_2 个电能脉冲，第 3min 有 N_3 个脉冲，依次类推，第 15min 为 N_{15} 个脉冲。

表 3-2 每分钟采集的脉冲数

分钟数（min）	脉冲计数（1）
1	N_1
2	N_2
3	N_3
4	N_4
⋮	⋮
14	N_{14}
15	N_{15}
16	N_{16}
17	N_{17}

从第 $j$min 开始的 15min 平均功率需量为

$$P_{15}=\frac{1}{\Delta T}\sum_{i=j}^{j+14}N_i\frac{1}{K}$$

式中　ΔT——计算需量的窗口时间，h；

K——脉冲表常数，imp/kWh；

N_i——第 $i$min 的脉冲数。

即把从 $j$min 开始的脉冲数加起来，乘上每个脉冲的电能量，再除以 15min，如表 3-2 中第一次计算 1～15min 的平均功率 P_1，并保存到最大需量的单元 PM 中，第二次计算 2～16min 的平均功率 P_2。如果 $P_2 >$ (PM)，则将 P_2 取代 PM 中的值，依次类推。PM 中始终保持 15min 平均功率的最大值——最大需量。

第三节　预付费电能表和分时计量电能表

一、预付费电能表

预付费电能表又称购电式电能表，是一种用户必须先付电费，然后才可用电的电能表。

预付费电能表最早起源于第二次世界大战后的欧洲，20 世纪 80 年代初开始在我国出现，首先在东北投入使用，进入 20 世纪 90 年代以后，天津、南京、北京、贵州等地相继较大规模地使用了预付费电能表，目前全国大多数省份均开始使用。

电能是一种特殊的商品，预付费电能表实行的是“先买电后用电”的商品交换原则。用电户通过介质将所购电能数预置到该电能表中，电能表据此数据经处理、识别后提供用户用电。当剩余电能量将要用尽时，电能表可预先给出警告信号。当剩余电能量为零时，电能表发出断电信号从而控制断电机构断电。

介质，是用来存储和传输信息的物件。按使用介质的不同，预付费电能表的发展大抵经历了投币式、磁卡式、电卡式、IC 卡式等几个阶段。投币式的投币易被仿制；磁卡式的磁卡读/写器太贵且易失磁；电卡式是用金属条来传递数据，金属条易弯折、携带不便，且时间久了接触不良。这几种方式都先后被淘汰，现在普遍采用的是 IC 卡式预付费电能表。

IC 卡即集成电路卡（Integrated Circuit Card），其形式上是一张将集成电路芯片镶嵌在塑料基片上封装而成的卡片。IC 卡的概念是 20 世纪 70 年代提出来的，于 80 年代进入我国。IC 卡的核心是电擦除可编程只读存储器芯片 EEPROM，EEPROM 中存有用户编码、密码及数据。EEPROM 是近年来发展起来的新型器件，其主要特点是能在计算机系统中进行在线修改，并能在断电情况下保持修改的结果。IC 卡根据其与阅读器的连接方式可分为接触卡和非接触卡两种类型，接触卡又分存储卡、智能卡和超级智能卡。存储卡是将存储器芯片嵌入塑料基片内；智能卡和超级智能卡不仅嵌入了存储器，还带有 CPU，除了可大容量存储外，还具有保密、识别等智能功能。非接触卡则采用光电耦合来取代接触卡的八点接触方式。在 IC 卡式电能表中，所采用的 IC 卡一般为 IC 存储卡。

电子式 IC 卡预付费电能表由两个主要功能模块组成：一是电能计量部分；二是微处理器控制（即单片机）部分。单相 IC 卡预付费电能表的组成框图如图 3-10 所示。各部分的工作原理及功能如下。

1. 电能计量部分

电能计量部分使用单相电能测量专用集成电路。其工作原理为：由分压器完成电压取样，由取样电阻完成电流取样，取样后的电压电流信号由乘法器转换为功率信号，经 U/f 变换后，产生表示用电多少的脉冲序列，其中的高频电能计量脉冲 $P(f_H)$，代表瞬时有功功

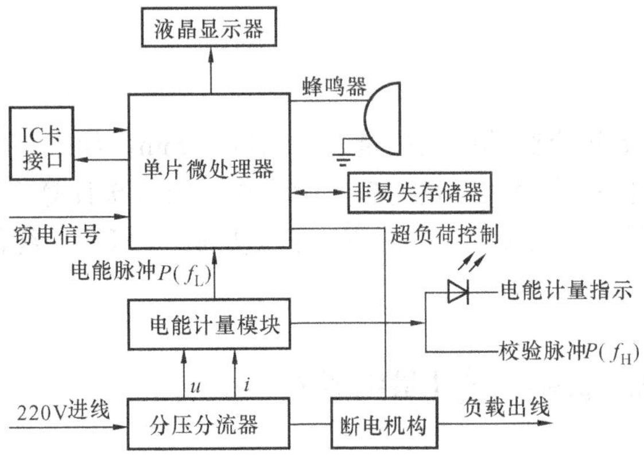

图 3-10　预付费电能表组成框图

率，经光偶隔离后输出，用作校验脉冲，与光偶相串的发光二极管（LED）可用于电能计量指示。高频脉冲 $P(f_H)$ 经 16 分频和驱动后成为低频电能脉冲 $P(f_L)$，累计此脉冲即可计算有功电能，所以此脉冲经光偶隔离后送给单片机，进行电能计量。电能测量专用集成电路内部设置了反潜动逻辑和反窃电功能，当电能脉冲低于一定值时，关断其输出以反潜动；电流通道设有斩波电路，使得乘法器的输出不仅与被测电流、电压的大小有关，且与其相位有关，能识别正反向有功功率，并且在反向有功功率时，也输出电能计量脉冲，照常计量。

2. 单片微处理器

微处理器（即单片机）作 IC 卡及显示器接口，同时兼作窃电检测和超负荷控制。有窃电或超负荷时，蜂鸣器鸣叫；超负荷时，输出控制信号给断电机构，使预付费电能表除具有计量电能的基本功能外，还可控制负荷，并防止窃电。

微处理器通过 IC 卡接口与加密 IC 卡传递数据。对于用户来说，是采用一表一卡（购电卡）制，卡上的内容除有每次的购电量外，还有购电次数、装电次数，以便与表内数据相对照，并且数据进行算法加密，以防窃电。对于售电部门尚有：设置卡、抄表卡、换表卡及万用卡。设置卡，可设置电表常数或将表内数据归零；抄表卡可抄回表内数据，如累计电量、剩余电量、超负荷电量、最大负荷等，一次可抄 100 块表中的数据。换表卡可将被轮换表的数据转换到轮校替换表上。万用卡供调试用，可设置电量，以便测试。为了区别这些卡，尚有两个信号，即设置信号和换卡信号。

售电管理系统保存有用户的所有原始数据，当电能卡遗失损坏时，可到售电系统网点申请补卡。

微处理器经运算后，提供状态显示和报警信号等。用户需在供电部门交款购电，所购电量在售电机上被写进用户 IC 卡，由 IC 卡传递给电表，IC 卡经多次加密可以保证用户可靠地使用。当所购电量用完后，表内断电机构将自动切断供电回路。

3. 非易失存储器

为了在交流断电时，能永久保存重要数据，并且上电时能恢复数据，微处理器经串行外围接口外扩非易失数据存储器。非易失数据存储器采用串行 EEPROM，它具有在线快速读/写功能，可擦写 100 万次以上，数据可保持 20 年。

4. 液晶显示器

显示器采用液晶显示器（LCD），液晶显示器分通用型和专用型。通用型一般除有 LCD 显示屏外，还带有自己的控制器和驱动器，使用简便，价格较高；专用型一般仅有 LCD 显示屏，显示屏是根据应用场合，自己设计显示的字符与符号，它本身不带控制器和驱动器，专用型价格便宜，编程较麻烦，需另配控制器和驱动器。电能表的液晶显示器大部分是专用型。

5. 超负荷断电和防窃电功能

(1) 超负荷断电：微处理器内部的计数器对电能计量部分送入的电能计量脉冲计数、计算功率和电能。当发现超负荷（电流过大）时，就输出超负荷控制脉冲信号，控制断电机构切断供电，单片机累计超负荷次数，若在三次以内，则延迟一段时间后就可自动恢复供电。

(2) 防窃电：预付费电能表可防止下述几种窃电方式。

1) 电流反进。电能测量专用集成电路内部设置反窃电功能：电流通道设有斩波电路，使得乘法器的输出不仅与 V_I，V_U 有关，且与相位有关，能识别正反向有功功率，并且在反向有功功率时，也输出电能计量脉冲，照常计量。

2) 伪造购电卡。购电卡的数据经算法加密，难以仿造，购一次电只能装入一次，购电卡上有购电次数与装入次数，单片机会判断是否为伪卡。

3) 非法破坏 IC 卡表。为防止有人用铁皮短路 IC 卡卡座电源，损坏卡表，使其无法正常计量，从而达到窃电目的，IC 卡表设有卡座电源隔离电路，当卡座电源短路时，内部电源仍能正常工作，丝毫不影响电能计量。

4) 跳闸断电后"跨接"偷电。电流取样电阻很小（小于 2mΩ），正常供电时用跨接方法很难窃电，为防止超负荷跳闸后进行跨接窃电，特加一光偶电路，一旦有人用跨接方法窃电，便产生一窃电信号。当单片机检测到窃电信号时，就同时进行声光报警，并记录窃电次数。

另外，在电能表的标牌上装有红色功率指示灯，用以指示用户用电功率状况。用电负荷功率越大，该指示灯闪亮的频率越快，反之越慢。当用户不用电时，该指示灯亦可停在常亮或常灭状态下，均属正常；用电恢复后，该灯继续随负荷功率的大小闪亮。

(3) 预付费电能表其他需要说明的：

1) 用户携带 IC 卡到供电部门指定的售电系统购电后，将购电后的 IC 卡插入电表，保持 5s 后方可拔出电卡，即可用电。卡内装有集成电路，为防止静电损坏，IC 卡一定要妥善保管，不应放入易产生静电的物体中（如纤维、塑料），并注意保持电卡插头的清洁。如 IC 卡丢失，应及时到售电部门补配。

2) 电表在额定电压、额定频率及功率因数为 1 的条件下，当负载电流为 0.4%I_b（1.0）级或 0.5%I_b（2.0）级时，电能表应能连续计量电能。

3) 当施加 115%额定电压，电流回路断开时没有电能脉冲输出。

4) 电能表配有一套管理系统，主要用于把用户购买的电量加密记录于 IC 卡上，以实现电量信息安全可靠地传输进电能表内。

5) 用户持 IC 卡在供电部门购买电量后，将 IC 卡内的电量输入到电能表内。显示器将显示出当前电量和所购买电量与购电前的剩余电量之和。

6) 数据保护采用全固态集成电路技术，无需使用电池，断电后数据可以保存 10 年以上。

7) 当电能表中剩余可用电量小于 200kWh 时，LED 常显，提醒用户购电；当可用电量为零时，将切断电源，直至插入有效购电 IC 卡为止。

8) 供电部门可通过管理软件对 IC 卡设置限定电流，当用户把 IC 卡内的电量送入电能表时，限定电流值同时输入电能表。当负荷超过限定电流的 20%并持续 8min 时，电能表自动断开停电，提醒用户减轻负荷，断电 8min 后自动恢复供电。

9) 在用户拔下电卡约 30s 后，电表进入隐显状态。当电表电量小于 10kWh 时，电表由隐显变为常显状态，提醒用户电量已剩余不多。当用户电量剩至 5kWh 时，电能表断电报警，此时用户将电卡重新插入表内一次，可继续使用5kWh电量。此功能用于再次提醒用户及时购电。

二、分时计量电能表

分时计量电能表又称为复费率电能表，是一种按不同时段分别计量用户用电情况的电能表。按照电力负荷的大小，一天24h分为用电的顶、平、峰、谷等不同时段，供电部门对不同时段的用电实行不同电价，用经济手段鼓励用户主动采取避峰填谷的措施，从而使电力负荷曲线变缓，以提高发电设备的利用率，同时减小由于负荷曲线变化太大而引起的不安全因素。20世纪30年代，国外就开展了电力负荷控制方面的研究。实行分时计费是一种经济有效地调节负荷曲线的方法。

近几年，随着我国国民经济稳步发展，城市居民家庭用电不断增加，用电管理方式也随之不断改革，上海、武汉等国内大中城市逐步推出分时优惠电价政策，分时电价方式已在国内各大城市得到迅速推广。分时段计费的复费率电能表用户逐渐由工业用户为主转向居民用户为主，单相复费率电能表的市场需求量不断增长。并且随着我国电业市场化改革，国家电力公司体制改革、结构调整、厂网分开、独立核算等，也必将为复费率电能表（包括三相高准确度仪表）提供更广阔的发展前景。据全国电工仪器仪表标准化技术委员会秘书处统计，近一年来，办理复费率电能表产品型号注册的企业近300家，注册频率呈上升趋势。据不完全统计，居民用户“一户一表”所使用的长寿命电能表增长53%，分时计量电能表增长238%，多功能电能表增长197%；其他传统电能表已大幅度减少，比去年同期下降74%。由此看出，分时计量电能表成为长寿命电能表之后的又一市场主流产品。

分时计量电能表的框图如图3-11所示。它主要由电能计量电路、看门狗电路、实时时钟电路、单片机系统和显示器等几部分组成。为了便于校表、抄表和正确使用该表，电路还包含有校验脉冲输出、时段切换信号输出电路和RS485及红外通信口。各部分电路的工作原理分述如下。

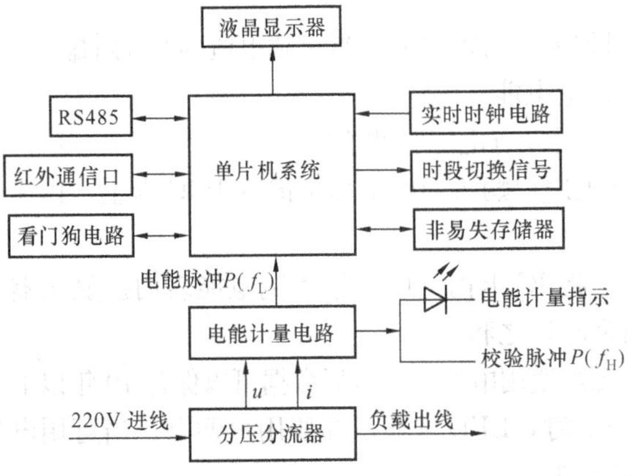

图3-11 分时计量电能表框图

1. 电能计量电路

电能计量电路的工作情况与预付费电能表的电能计量部分相同，由分压器完成电压取样，由取样电阻完成电流取样，取样后的电压电流信号由乘法器转换为功率信号，经U/f变换后，产生表示用电多少的脉冲序列。其中的高频电能计量脉冲$P(f_H)$，代表瞬时有功功率，经光耦隔离后输出，用作校验脉冲，与光耦相串的发光二极管（LED）可作电能计量指示。高频脉冲$P(f_H)$经16分频和驱动后成为低频电能脉冲$P(f_L)$，累计此脉冲即可计算有功电能，所以此脉冲经光耦隔离后送给单片机，进行电能计量。电能测量专用集成电路内部设置了反潜动逻辑和反窃电功能，当电能脉冲低于一定值时，关断其输出以反潜动；电流通道设有斩波电路，使得乘法器的输出不仅与V_I，V_U有关，且与相位有关，能识别正反向有功功率，并且在反向有功功率时，也输出电能计量脉冲，照常计量。

2. 单片机系统

单片机系统是分时计量电能表的核心，其主要功能是接收电能计量电路送来的用电量信息，根据设定的时段，由存储器中内设的程序控制对电能脉冲进行计数，并换算成相应的电能量，分别计入峰、平、谷时段相应的用电量和总用电量的存储单元中，完成电能量的分时计量，然后将处理过的数据根据需要送至存储器、显示器、通信部分等设备。

3. 看门狗电路

看门狗电路（Watch Dog Timer，WDT），用于监测单片机的程序运行。为防止在工作过程中单片机内部程序运行发生错误，出现死机现象，加入了WDT。一旦发现死机，WDT立即向单片机复位端发出复位信号，使单片机从死机状态中解脱出来，恢复程序的正常运行。

4. 实时时钟电路

实行时钟电路是分时计量电能表的重要组成部分，它为电能表分时计量电能提供标准时间。实时时钟分为硬时钟和软时钟两种。硬时钟由独立的实时时钟芯片组成，较常用的实时时钟芯片有PCF8583、MC146818、MC68HC86T1、M5832、RTC4553等。这些实时时钟芯片不需要单片机干预，就能产生秒、分、时、年、月、日等时间数据，并能自动进行闰年补偿、星期操作，还有的具有产生定时中断等功能。硬时钟的优点是时钟的准确度与单片机软件无关，不易产生误差；缺点是成本较高、体积大，并且与单片机通信时可能会受到外界的干扰。软时钟是利用单片机内部或外部产生定时中断，由软件程序通过对定时中断计数，计算出实时时间。软时钟的优点是产生的日历时钟放在单片机内部RAM中，单片机可以方便地读取；缺点是当单片机发生故障时，时钟也容易遭到破坏。因此，智能化分时计量电能表一般采用独立的硬时钟芯片。

5. 显示器

目前，用于分时计量电能表的显示器有三种，较常用的是数码管LED和液晶显示板LCD，第三种是荧光数码管FIP。

6. 两个通信接口

复费率表是一种需要设定运行参数（底度、时段、费率等），并需定期观测和抄表的仪表，为方便用户使用，现备有两种通信接口，一种为接触式RS485接口，一种为非接触式红外接口。

(1) RS485接口。RS485接口用于远距离高速传输信号，可实现远程抄表。RS485接口标准为差分平衡的电气接口，可克服RS232地端电位的影响，可在1200m传输距离内把传输速度提高到100kbit/s。使用一对平衡差分信号线可以连接多个表，只可半双工工作，即任意时间只一个端口可发送数据。

(2) 红外接口。红外接口是20世纪70年代发展起来的新兴电子技术，现在广泛地用在电视机、空调上，它是一种非接触式近距离通信技术。可通过手持终端对分时计量电能表实现编程和抄表功能。红外通信的基本原理是：在发送端，先将数据编码，然后将其调制到40kHz左右的载波上，以便抑制环境可见光和红外线的干扰，最后由红外发射管将电信号以光波的形式发送出去。在接收端先用光敏管把光信号接收下来，还原为电信号，然后用解调器解出数据编码，最后由译码器译出信息内容。所以这种通信方式既有电信号，又有光信号，既有调制解调，又有编码译码，理论上还比较复杂。但对于使用者来说，只需了解一般概念即可。

7. 时段切换信号

为了便于校验电能表的投切时段是否准确，电能表可在规定的时间输出投切时段信号。

校表时，可通过通信口，要求电能表输出一投切时段信号，校验其是否准确。

8. 软件功能

在分时计量电能表中，除了硬件电路，软件部分也相当重要。单片机系统所作的任何工作都是在程序控制下完成的。控制程序是一个循环执行程序，一般由两部分组成。一部分是系统主程序，包括被它调用的各类子程序；另一部分是中断服务程序，它由单片机内部或外部中断信号启动执行。单片机控制程序对各类外部信号的处理可以采用查询的方式进行，也可采用中断的方式处理。电业部门可通过 RS485 接口或红外接口进行远程和现场自动编程、抄表和控制。

编程可对下列工作参数进行修改：日期、时间、费率、数据结算周期、操作密码、电表编号、用户编号等。

（1）费率设置：一年可分为 16 个时区，并可指定 14 个节假日，每周的每一天都可指定为工作日或公休日。

可按顶、平、峰、谷四种费率把每天分为 12 个时段，最小的时段为 15min。每天这 12 个时段共允许有 8 种分法，称为时套，时套即是分时计量参数的组合。

每个时区或每个节假日、公休日都可选这 8 个时套之一作为计量标准。

（2）每月的任一天的整点时间可设定为电表结算的分割点，默认值为月末日的 23 点。

图 3-12　DDSYF998 系列电能表外形图

目前，出现一种新型电能表：电子式单相分时预付费电能表。它综合了预付费电能表和分时电能表的功能，如 DDSYF998 系列电能表。其外形图如图 3-12 所示，具有下述主要功能：

1）单相交流多费率多时段分时有功电能的分时计量。

2）IC 卡预付费用电控制。

3）双向通信。

4）负荷控制。

5）剩余电量不足预报警。

6）紧急信贷。

7）峰谷平 3 种电价，8 个时段，4 种用电区间。

DDSYF998 系列电能表的其他参数如下：

准确度：1.0 级，2.0 级。

电压：220V。

电流：5（10）A，5（20）A，5（30）A，10（60）A。

频率：50Hz。

电表常数：1600imp/kWh、800imp/kWh。

功耗：电压线路≤1.0W（LED 点亮）；

……　电流线路≤0.3VA。

质量：1kg。

外形尺寸：178mm×128mm×58mm。

标准：IEC1036-2000。

工作环境条件：温度－25～＋65℃；相对湿度≤90％。

第四节　多功能电子式电能表

多功能电能表是指除计量有功（无功）外，还具有分时、测量需量等两种以上的功能，并能显示、存储和输出数据的电能表。

电子式多功能电能表由测量单元和数据处理单元等组成。数据处理单元一般是由单片机担任。由于单片机功能强大，外扩少许电路或用软件编程，很容易实现多功能要求。三相电子式多功能电能表的组成框图如图 3－13 所示。

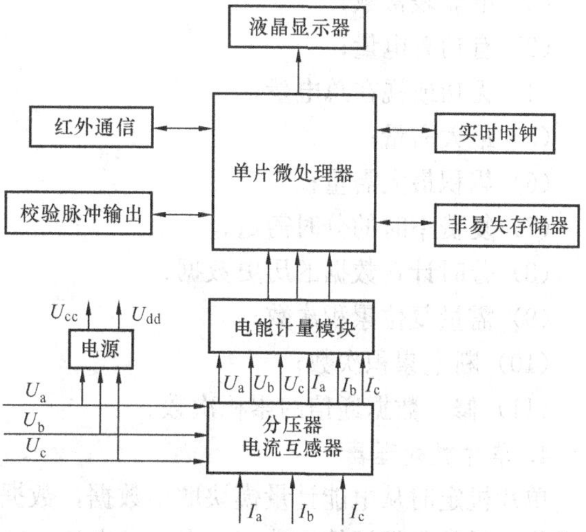

图 3－13　三相电子式多功能电能表的组成框图

这是三相四线电子式多功能电能表的组成框图，三相三线电子式多功能电能表的组成框图与它的区别在于输入部分，电流是两相，即 I_a 和 I_c。电能计量模块既可以配置为三相四线表，也可以配置为三相三线表。多功能电能表各组成部分的作用和功能如下：

1. 分压器、电流互感器

电压输入电路采用电阻分压器。电阻分压器具有非常好的线性度，可最大限度地减小在大动态范围内的相移，从而减小电压输入电路所产生的误差。电阻分压器将电压输入按比例减小到适合电能计量模块。

电流输入电路采用高精度绕组电流互感器。电流互感器按比例减小线路电流，以适合电能计量模块。

2. 电能计量模块

电能计量模块采用专用电能计量芯片（IC），该芯片内置模—数转换器（A/D）和数字信号处理器（DSP）。电能计量芯片按一定的速率对电压、电流进行采样，并将其转换为数字量。采样速率决定电能表的准确度，速率越高，准确度也就越高。DSP 对电压、电流进行乘积和其他各种运算。

电能计量模块具有三相电压、三相电流输入端和标准总线接口，电阻分压器输出的各相电压分别送入它的对应电压输入端；电流互感器输出的各相电流分别送入它的对应电流输入端，电能计量模块可测量分相的有功功率、分相的无功功率、各相频率以及各相电压，并且提供逆相序等状态信息。所有数据均存放在对应的寄存单元中，通过标准总线的访问，一次可访问一个寄存单元或将所有数据全部读回。电能计量模块和单片微处理器不停地互相通信，以处理电压、电流的输入信号，并把测得的有功、无功数据经标准总线接口送给单片机进行数据处理，最后存储、显示。

三相三线电子式多功能电能表采用两表法来测三相三线电路的有功及无功的电能，三相四线电子式多功能电能表采用三表法来测三相四线电路的有功及无功的电能。

3. 非易失存储器

非易失存储器采用 EEPROM，用于保存所有与需量运算、分时运算有关的关键数据。这些数据包括：

（1）编程数据；

（2）电能表常数；

（3）有功总电量；

（4）无功或视在总电量；

（5）最大需量；

（6）累积最大需量；

（7）复费率时的分时需量；

（8）分时计费数据的历史数据；

（9）需量复位累积次数；

（10）断电累积次数；

（11）修改数据通信的累积次数。

4. 单片微处理器

单片机定时从电能计量模块取出数据，数据经过修正运算以后送入电量累加单元，同时根据修正后的数据计算出功率、电压、电流、功率因数等参数，并计算出统计量，如断相欠压累计时间、累计次数、电能表累计工作时间等，并将这些数据存入非易失存储器 EEPROM，以供显示和查询。同时，单片机检测电源电压告警信号，如发现电压低至门槛以下，立即进行现场保护，将运行数据存入 EEPROM，并进入低功耗工作模式，直到电压恢复正常。若检测到电池电压不足（BAh—OFF），就发出告警提示，以便及时更换新电池。

电子式多功能电能表的许多功能是通过软件实现的。

（1）软件调试：电能表的准确度和线性调整，可以通过调整分压器中的可调整电阻进行，也可以通过软件进行。软件调试的原理是，单片机从电能计量模块读出的原始数据乘一个修正系数，使测量值与真实值基本一致，由于测量值有足够的有效位，单片机运算速度又高，所以经 1～2 次修正就可到位。对用户来说，在校验时更无元件可调，简化了校验手续，节约了校验时间，提高了工作效率。

（2）软件产生校验脉冲：为便于用户校验电能表，必须由单片机产生并输出一个频率和功率成正比的标准校验脉冲。标准脉冲可由硬件产生，也可由软件产生。软件产生标准脉冲的方法是：单片机每隔 Δt 时间从电能计量模块读一次数据（功率 P），每读一次数据，电量累加单元就累加一次电能，即

$$W = W + P\Delta t \tag{3-4}$$

当电能累加到

$$W \geqslant 1000/K_C(\text{Wh}) \tag{3-5}$$

其中，K_C 为电能表常数，K_CkWh/imp，1000/ K_C 为脉冲当量，单片机就输出一个脉冲，并从电量累加单元的电能值 W 中减去脉冲当量；当电能 W 再次累加到满足式（3-5）时，再

输出一个脉冲……，由此产生标准校验脉冲，经光耦隔离后输出。

(3) 计量电能：

1) 按四种费率时段计量正向、反向的有功电能及无功电能，累计总有功、无功电能。

2) 实时测量并显示电压、电流、功率、总功率及总功率因数。

(4) 计量最大需量：每隔一定时间，按累计的电量，计算一次平均功率，并与上次计算值比较，记下最大值，同时记录最大需量发生的日期与时间。

(5) 记录负荷曲线：电能表能记录一定时间周期（如最近 60 天）内每隔 30min 的正向有功需量值（kW），可在计算机系统终端绘制负荷曲线，并浏览数据。

(6) 断电检测：可检测断电事件。记录断电的累积次数。断电次数自动由 0 开始累计一直到 9999 后重新开始。

(7) 每相失压检测：可检测任意一相的失压，只要电表有一相电压存在，当某相电压低于所设门槛值时，即认为此相失压。电表一或两相失压时，仍可工作，因为失压相不计电量。每相失压检测可用于检查输入回路或窃电行为。

电能表记录每相累计失压时间（不包括三相均断电时间）。

(8) 记录事件：记录欠压事件，当某相电压低于门限值时，即记录为一次欠压事件，同时记录发生时间与恢复时间，共可记 25 项。

记录反向功率事件，同时记录发生与恢复时间，共可记 75 项。

在使用感应式电能表进行电能计量的情况下，常有不法分子采用各种手段进行窃电。尽管电力部门加大用电稽查力度，但窃电情况仍是防不胜防。不法分子采用的各种窃电手段，不外乎是使接入电能表的某一相电压或电流为零（即缺相），或故意错接线而使驱动力矩小于负荷功率。由于电子式多功能电能表的断电检测功能、每相失压检测功能、记录事件功能以及为光口通信和远方通信分别设定专用密码、对各项参数设定写保护，因而能将所有可能的窃电行为记录在案，并保护电能表的重要数据不被篡改，使传统的针对感应式电能表的窃电方式均告失败，电子式多功能电能表具有防窃电性能。

(9) 结算：电表具有自动结算功能，结算日期可编程设置。电表可保存最近 12 个月的结算数据。结算数据包括：正向、反向的有功及无功电能，当月费率下的正向有功用电量，当月电表运行时间，当月事件发生次数，最大需量及发生时间。

5. 红外通信

电表具有红外通信接口，可使用掌上电脑对其编程和抄录数据，抄录的数据可送到计算机系统终端进行数据处理。

(1) 编程：通过掌上电脑可直接对电表写入用户号和编程密码。可编程的内容为：当前日期与时间、费率、累积的总有功和无功电量、累积的正向有功总需量、事件发生总次数、编程次数等。

按多种费率，每天可划分为若干个时段。

(2) 抄录数据：可抄录电表 12 个月的结算数据；抄录累积总电量（有功、无功）、累积正向有功总需量、事件发生次数、编程次数、最近一次的编程日期和时间及电表错误状态字；抄录事件记录数据。

6. 电源

电源即直流稳压电源，由三相变压器降压、全波整流、电容滤波、三端集成稳压器组

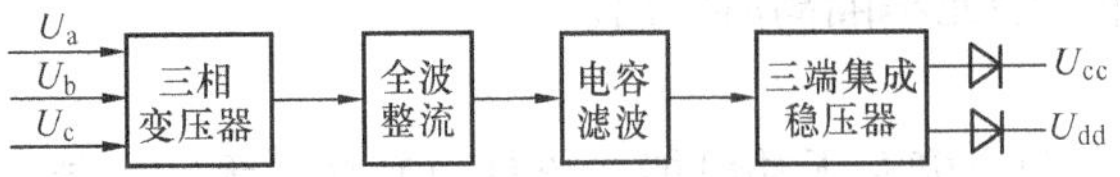

图 3-14　电源组成框图

成，如图 3-14 所示，经二极管隔离分为两组分别供给单片机和计量模块及其他电路。交流断相信号取自直流电压，当直流电压降低时，结合测量 U_a、U_c 的结果判断是哪一相断电并提示。

第五节　电子式电能表的误差特性及调整

电子式电能表的误差来源，主要是由表内分流器或电流互感器 TA、表内分压器或电压互感器 TV 和乘法器等部分引起的。

一、分流器引起的误差

目前大多数电子式表的分流器由锰铜合金板制成，其温度系数小，对铜的热电动势小。常用型号有 F1 和 F2 两种，F1 型用于准确度非常高的分流器上，电子式电能表用 F2 型即可以达到要求，其性能和特点见表 3-3。

表 3-3　分流器用锰铜合金的性能和特点

名　称	主要成分	电阻率（20℃，$\Omega \cdot mm^2/m$）	电阻温度系数		E_a（μV/℃）
			α（10^{-6}/℃）	β（10^{-6}/℃）	
F1 型（硅锰铜）	Mn　8～10，Si1～2，铜余量	0.35	0～10	0～0.25	≤2
F2 型（普通）	Mn　11～13，Ni2～5，铜余量	0.44	0～40	0～0.7	≤2

名　称	密　度 d(g/cm³)	抗拉强度 Δ（kg/mm²）	伸长率 δ（%）	工作温度（℃）	特　点
F1 型（硅锰铜）	8.4	40～55	10～30	20～80	电阻对温度曲线平坦
F2 型（普通）	8.4	40～55	10～30	20～80	电阻对温度曲线稍陡

锰铜电阻对温度的关系曲线，如图 3-15 所示。

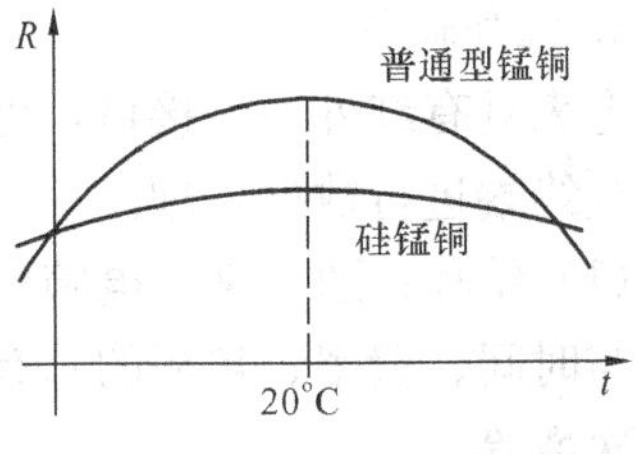

图 3-15　锰铜电阻对温度关系曲线

锰铜分流器的电阻随着温度的变化而发生非线性变化，这会引起电子式表误差对温度变化发生非线性变化。因为锰铜为纯电阻，当其阻值选择很小（电子式表一般根据不同标定电流选择 350～88$\mu\Omega$）时，电流在一定范围（标定电流的 5%～600%）变化时，其阻值不会发生变化，即其对电流的非线性几乎为零。

二、电流互感器 TA 引起的误差

电流互感器的等效电路如图 3-16 所示。图中

$$\dot{I}_1 = -\dot{I}_2' + \dot{I}_0$$

在电流互感器中，由于铁芯建立磁场需要励磁电流 I_0，使 $\dot{I}_1 \neq -\dot{I}_2'$，励磁电流 I_0 的存在造成了电流互感器 TA 的误差。

电流互感器的误差主要与一次回路电流、二次侧负载和工作频率有关。

（1）一次回路电流与误差绝对值及相位差误差成反比。

（2）二次负载与误差绝对值成正比、与相位差误差成正比。

（3）频率（25～100Hz）对误差影响很小。

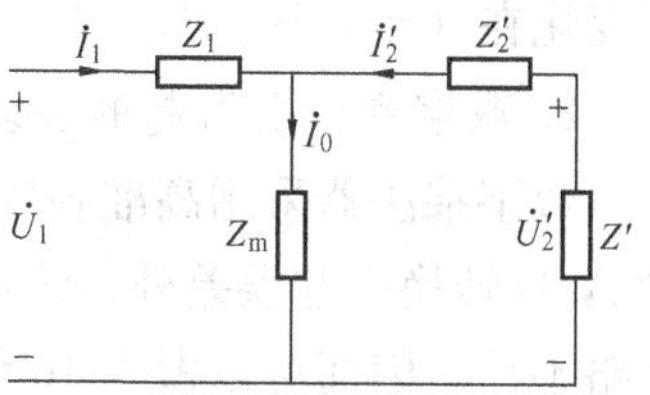

图 3-16　电流互感器的等效电路

表内电流互感器的铁芯采用高磁导率的坡莫合金或优质硅钢带制成，以尽量减小铁芯损耗和有限磁导率所产生的相角差。随着技术的发展和对准确度的高要求，出现了采用电子补偿器的高准确度互感器。

三、分压器引起的误差

1. 温度误差

电子式表内分压器一般选1%准确度的金属膜电阻，其温度系数 $\alpha \leqslant 50$ppm/℃($1/10^6$)，故而对于0.5级以下准确度的表，其误差随温度变化可以忽略不计。

2. 一次侧电压误差

因为其为电阻分压，一次侧电压变化对误差影响几乎为零。

3. 负载影响

不论是模拟乘法器还是数字乘法器，均采用CMOS大规模集成电路，其电压回路输入电路的电阻相对于几十千欧的电阻分压网络为无穷大，故而负载引起的误差几乎为零。

4. 频率影响

因为其为电阻分压，又采用金属膜电阻，频率变化（0～1kHz）对误差影响几乎为零。

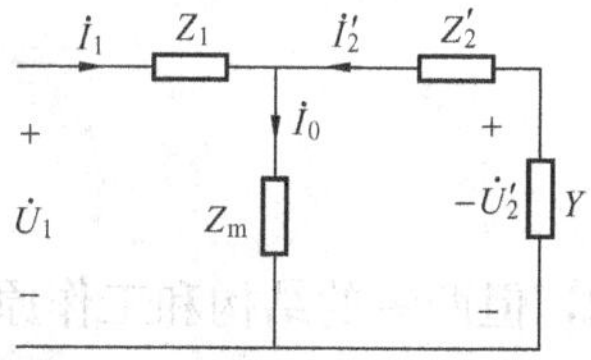

图 3-17　电压互感器的等效电路

四、电压互感器TV引起的误差

电压互感器等效电路如图3-17所示。其中

$$\dot{U}_1 = \dot{I}_0 Z_1 - \dot{I}'_2(Z_1 + Z'_2) - \dot{U}'_2$$

在电压互感器中，由于励磁电流通过一次绕组，产生一次绕组阻抗压降 $\dot{I}_0 Z_1$，同时负载电流通过一次和二次绕组，产生一次和二次绕组阻抗压降 $-\dot{I}'_2(Z_1 + Z'_2)$，故 $-\dot{U}'_2$ 的大小和相位均不等于 $\dot{U}_1$，这就造成电压互感器TV的误差。

根据对原理的分析，电磁感应电压互感器的误差特性在电压特性、负载特性、频率特性几个方面，都不如电阻网络分压器好。

五、乘法器引起的误差

1. 模拟乘法器引起的误差

（1）输入电压特性：模拟乘法器是由运算放大器和其他电路实现的，故其误差随输入电压的变化有非线性变化的特性，其输入电压特性如图3-18所示。

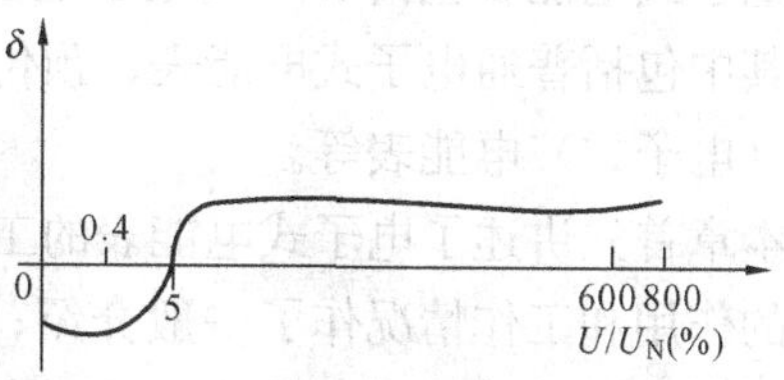

图 3-18　模拟乘法器误差的输入电压特性

（2）输入频率特性：模拟乘法器在很宽的频率范围（25～1kHz）内特性稳定，几乎不受频率影响。

（3）温度特性：模拟乘法器采用先进的大规模集成电路技术，这使其温度特性很好，温度变化在（−40～85℃）范围内，误差的改变可以忽略不计。

2. 数字乘法器引起的误差

数字乘法器采用高准确度（10位）A/D转换进行数字化，然后进行数字信号乘法运算。除A/D转换引起误差外，线性范围很宽（1∶1000），温度和频率特性很好，误差的变化可忽略不计。因而可以做到10倍以上过载的宽量程电能表。

六、电子式电能表误差的调整

电子式电能表误差的调整有两种方式。

1. 调整分压器中的可调整电阻

电子式电能表在电能计量模块的输入端对被测电压取样的分压器设有可以调整的电阻，用于在出厂前调整电能表的准确度和线性。这些电阻在出厂时一经调好，用户在校验时就不用打开内部电路进行调整，若发现不合格，整块表换掉即可，这样就简化了校表手续。

2. 采用软件调整

采用软件调整的电子式电能表的分压器没有可调整的电阻，它是采用软件调表。软件调试的原理是，单片机将从电能计量模块读出的原始数据乘一个修正系数，使测量值与真实值基本一致。由于测量值有足够的有效位，单片机运算速度又高，所以经1～2次修正就可到位。对用户来说，在校验时无可调整元件。

用户只是对电能表进行测试，用以确认表计是否达到厂家的技术指标，通常主要是测精度。为保证测试的准确性，电表周围的环境温度应在22℃左右。测试前电表应至少通电10s，以保证电源回路的稳定。

小　　结

电子式电能表和感应式电能表具有相同的计量电能的功能，但两者的结构和工作原理却截然不同。感应式电能表由电压电磁铁、电流电磁铁、转盘、轴承、制动元件等部分组成电能测量机构，利用电压电磁铁和电流电磁铁的固定交变磁场与该磁场在转盘中产生的感应电流的相互作用，产生一驱动力矩，使转盘以正比于负载功率的转速转动。电子式电能表由电子电路构成，以微电子电路的工作为基础计量电能，输出频率正比于负载功率的脉冲。电子式电能表由于没有转盘，又被称为静止式电能表、固态电能表。

电子式电能表包括安装式电子电能表和标准电子电能表，本章讨论了安装式电子电能表，其中包括普通电子式电能表、预付费（电子式）电能表、复费率（电子式）电能表、多功能（电子式）电能表等。

本章首先讲述了电子式电能表的工作原理，给出电子式电能表的组成框图，并对各组成部分的作用和工作情况作了一般介绍；接着分别介绍了脉冲电能表、最大需量表、IC卡预付费电能表、分时计量电能表、多功能电能表等表计的组成、各组成部分的作用和工作情况、表计所具有的各项功能；最后介绍了电子式电能表中误差产生的原因以及调整误差的方法。本章的主要内容基本上都在复习思考题中反映出来，请读者按照复习思考题提供的思路来学习掌握本章的内容。

复习思考题

3-1　简述电子式电能表的工作原理。

3-2　画出电子式电能表的组成框图。

3-3　电子式电能表是由哪几部分组成的？各部分的作用是什么？

3-4　本章第一节介绍了哪几种乘法器？

3-5　数字式电能计量专用芯片与模拟式电能计量专用芯片，工作原理是否相同？哪种芯片的性能更优越？为什么？

3-6　脉冲电能表由哪几部分构成？画出脉冲电能表的构成框图。

3-7　什么是最大需量表？我国规定需量周期是多少？计量最大需量的意义是什么？

3-8　测量最大需量的方法有哪几种？哪一种更准确、合理？多功能电能表采用哪种方法测量最大需量？

3-9　电子式 IC 卡预付费电能表由哪几个主要功能模块组成？各组成部分的功能是什么？

3-10　画出电子式 IC 卡预付费电能表组成框图。

3-11　用户携带 IC 卡到供电部门指定的售电系统购电后，使用时应注意什么？

3-12　预付费电能表可防止哪几种窃电方式？

3-13　非易失存储器采用哪种类型的存储器？其作用是什么？

3-14　分时计量电能的意义是什么？一天 24h 分为用电的哪几个不同时段？

3-15　为电能表分时计量电能提供标准时间的实时时钟分为哪几种？各有何特点？

3-16　分时计量电能表有哪两个通信接口？

3-17　电子式单相分时预付费电能表是一种什么样的电能表？其主要功能是什么？

3-18　电子式多功能电能表主要由哪两部分组成？

3-19　电子式多功能电能表中通过软件可实现哪些功能？

3-20　电子式多功能电能表中的非易失存储器 EEPROM 可保存哪些数据？

3-21　电子式电能表的误差主要是由哪几部分引起的？

3-22　电子式电能表误差的调整有哪几种方式？

第四章 测量用互感器

本章重点讲述测量用互感器，即电流互感器和电压互感器的结构、工作原理以及误差特性，并介绍了电流互感器和电压互感器的接线方式以及在使用中的注意事项等。从基本结构和工作原理来说，互感器就是一种特殊的变压器，可以用来扩大仪表、继电器等二次设备的应用范围，还可以与主电路绝缘，有利于设备和人身的安全。其次，对二次导线有源压降补偿的原理和使用以及电压断相计时仪的接线和使用作为选修内容进行了讲述。

第一节 电流互感器

电流互感器的结构与普通变压器相似，如图4-1所示，由两个绕制在闭合铁芯上、彼此绝缘的绕组（一次绕组和二次绕组）所组成，其匝数分别为 N_1 和 N_2。在电力系统中，由于经常将大电流 I_1 变为小电流 I_2 进行测量，所以二次绕组的匝数 N_2 大于一次绕组的匝数 N_1。工作时，一次绕组与被测电路串联，二次绕组与仪表、继电器的电流线圈相串联，形成一个回路。由于这些电流线圈的内阻很小，因此，电流互感器的二次侧接近于短路状态。二次绕组的额定电流一般为5A，也有1A和0.5A的。

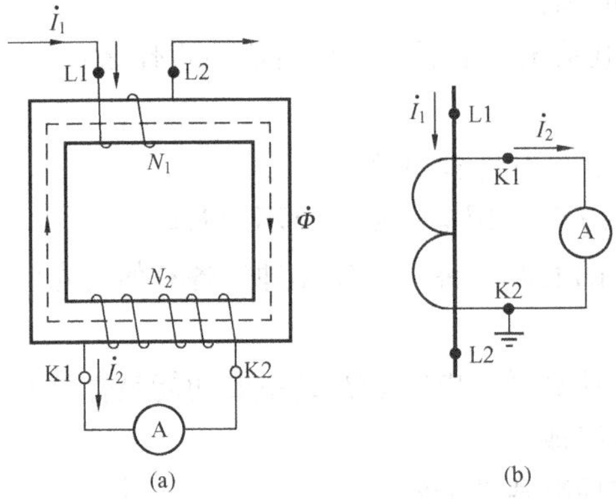

图4-1 电流互感器原理结构图和接线图

(a) 原理结构图；(b) 接线图

一、电流互感器的工作原理

电流互感器的工作原理与普通变压器的工作原理基本相同。当一次绕组中有电流 I_1 通过时，由一次绕组的磁动势 $\dot{I}_1N_1$ 产生的磁通绝大部分通过铁芯而闭合，从而在二次绕组中感应出电动势 E_2。如果二次绕组接有负载，那么二次绕组中就有电流 I_2 通过。二次绕组的磁动势 $\dot{I}_2N_2$ 也产生磁通，其绝大部分也通过铁芯闭合，因此铁芯中的磁通是一个由一、二次绕组的磁势共同产生的合成磁通 Φ，称为主磁通。根据磁势平衡原理可以得到

$$\dot{I}_1N_1+\dot{I}_2N_2=\dot{I}_{10}N_1 \qquad (4-1)$$

式中 $\dot{I}_{10}N_1$——励磁磁动势。

忽略铁芯中的能量损耗，可认为 $\dot{I}_{10}N_1\approx 0$，则

$$\dot{I}_1N_1+\dot{I}_2N_2=0$$

$$\dot{I}_1N_1=-\dot{I}_2N_2 \qquad (4-2)$$

这是理想电流互感器的一个重要的关系式。即一次侧磁动势安匝等于二次侧磁动势安匝，且相位相反，此时误差为零。进一步简化式（4-2），得到

$$K_I = I_1/I_2 = N_2/N_1 \tag{4-3}$$

由此可见，理想电流互感器的电流大小和它的绕组匝数成反比，并且等于常数 K_I，称为电流互感器的额定变比。

由式（4-3）得到：理想电流互感器的一次电流 I_1 等于仪表测得的二次电流 I_2 乘以电流互感器的额定变比。

正常工作时，电流互感器的工作状态和普通变压器有显著的区别。首先，电流互感器的一次侧电流不随二次侧的负载变化，它仅取决于一次侧电路的电压和阻抗；其次，电流互感器二次侧电路所消耗的功率随二次侧电路阻抗的增加而增加；第三，因为接到二次电路都是些内阻很小的仪表，如电流表以及电能表的电流线圈等，所以其工作状态接近于短路状态。

此外，为了保证精确测量，希望电流互感器没有误差，但实际上是不可能的。为了减小误差，要求励磁电流越小越好，这样才可以认为 $\dot{I}_{10}N_1 \approx 0$，因此一般电流互感器的铁芯磁通密度较低，在0.08～0.1T范围。普通电流互感器的铁芯通常制成芯式，材料是优质硅钢片，为了减小涡流损耗，片与片之间彼此绝缘。实验室用的高准确度等级的电流互感器的铁芯，是用坡莫合金制成的，其截面为环形，这种合金具有较高的起始导磁率、最大导磁率以及很小的损耗。

二、电流互感器的误差特性

（一）电流互感器的比差和角差

前面提出的理想电流互感器实际是不存在的，即励磁安匝 $\dot{I}_{10}N_1$ 不为零，一次侧磁动势安匝数不等于二次侧磁动势安匝数。所以，实际电流互感器存在着误差。

图4-2所示为电流互感器的简化相量图。电流互感器二次绕组的感应电动势 $\dot{E}_2$ 滞后铁芯中磁通 Φ 约90°。忽略二次绕组的漏阻抗压降，认为 $\dot{U} \approx \dot{E}$。二次回路负载的功率因数角为 φ_2。

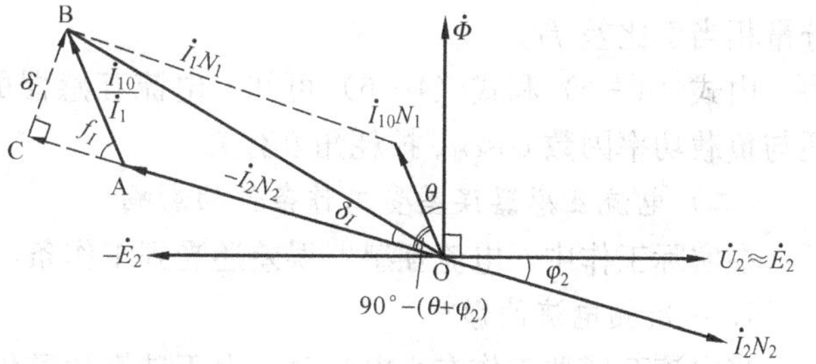

图4-2 电流互感器的简化相量图

由相量图4-2中得到，二次侧安匝数 $\dot{I}_2N_2$ 旋转180°后（即 $-\dot{I}_2N_2$）与一次安匝数 $\dot{I}_1N_1$ 相比较，大小不等，相位也不同，存在着两种误差，分别称之为比值误差和相角误差。

比值误差简称比差，用公式表示为

$$f_I = \frac{I_2N_2 - I_1N_1}{I_1N_1} \times 100\%$$

$$= \frac{I_2K_I - I_1}{I_1} \times 100\%$$

$$= \frac{K_I - K'_I}{K'_I} \times 100\% \tag{4-4}$$

式中 I_1——实际的一次侧电流；

I_2——实际的二次侧电流；

K'_I——实际的电流变比，$K'_I = I_1/I_2$；

K_I——额定电流比，即一、二次侧额定电流 I_{1N}、I_{2N} 之比，$K_I = I_{1N}/I_{2N}$。

由式（4-4）可见，实际的二次侧电流乘以额定变比 K_I 后，如果大于一次侧电流，比差为正值，反之，则为负值。

相角误差简称角差，即二次侧安匝数 $\dot{I}_2N_2$ 旋转 180°后（即 $-\dot{I}_2N_2$）与一次侧安匝数 $\dot{I}_1N_1$ 之间的相位差，用 δ_I 表示，通常用“′”（分）作为计量单位。若 $-\dot{I}_2N_2$ 超前 $\dot{I}_1N_1$，角差为正值；若滞后，角差为负值。

从相量图 4-2 可以求比差与角差的公式。

因为 δ_I 很小，所以认为 $OB=OC=I_1N_1$，其中

$$AC = I_{10}N_1\cos[90°-(\theta+\varphi_2)] = I_{10}N_1\sin(\theta+\varphi_2)$$

因为 $AC=OC-OA=I_1N_1-I_2N_2$，所以

$$f_I=\frac{I_2N_2-I_1N_1}{I_1N_1}=\frac{-I_{10}N_1\sin(\theta+\phi_2)}{I_1N_1}$$

$$=-\frac{I_{10}}{I_1}\sin(\theta+\varphi_2)\times 100\% \tag{4-5}$$

由式（4-5）可得：负号表示 I_2N_2 小于 I_1N_1，即比差一般情况下为负值。

又 $\sin\delta_I = BC/I_1N_1 = I_{10}N_1\sin[90°-(\theta+\varphi_2)]/I_1N_1 = I_{10}N_1\cos(\theta+\varphi_2)/I_1N_1$

通常 δ_I 很小，所以 $\sin\delta_I \approx \delta_I$

$$\delta_I = \frac{I_{10}}{I_1}\cos(\theta+\varphi_2)\times 3438(') \tag{4-6}$$

在三角形 ABC 中，若将 AB 以 $\dot{I}_{10}/\dot{I}_1$ 取代，则 $\dot{I}_{10}/\dot{I}_1$ 的垂直分量相当于角差 δ_I；水平分量相当于比差 f_I。

由式（4-5）和式（4-6）可知：电流互感器的比差和角差不仅与励磁电流 I_{10} 有关，还与负载功率因数 $\cos\varphi_2$、损耗角 θ 有关。

（二）电流互感器误差受工作条件的影响

在实际工作中，电流互感器误差还受到工作条件的影响。

1. 一次侧电流的影响

当电流互感器工作在小电流时，由于硅钢片磁化曲线的非线性影响，其初始的磁通密度较低，因而导磁率 μ 小，引起的误差增大。所以在选择电流互感器容量时，不能选得过大，以避免在小电流下运行。如图 4-3（a）所示，电流互感器误差与一次侧电流百分数的关系，称为电流特性。

2. 二次侧负载 Z_b 的影响

二次侧负载阻抗 Z_b 增加时，由于一次侧电流 I_1 不变（即 I_1N_1 不变），并假设负载功率因数 $\cos\varphi_2$ 不变，则二次侧电流 I_2 减小，I_2N_2 减小。根据磁势平衡方程 $\dot{I}_1N_1+\dot{I}_2N_2=\dot{I}_{10}N_1$，则 $I_{10}N_1$ 增加，因而比差及角差增大。

当二次侧负载功率因数角 φ_2 增加时，由式（4-5）可得，比差 f_I 增大，由式（4-6）可得，角差 δ_I 减小；反之亦然。但此部分比差和角差的变化很小，在实际应用中对准确度等级低的互感器而言可以忽略不计。

图 4-3（b）、（c）所示为电流互感器误差与二次侧负载之间变化的关系。

3. 电源频率的影响

式（4-5）和式（4-6）是在频率为 50Hz 下求得的。频率降低时，将使 φ_2 减小，影响

误差。图 4-3（d）所示为电流互感器误差与频率的关系。

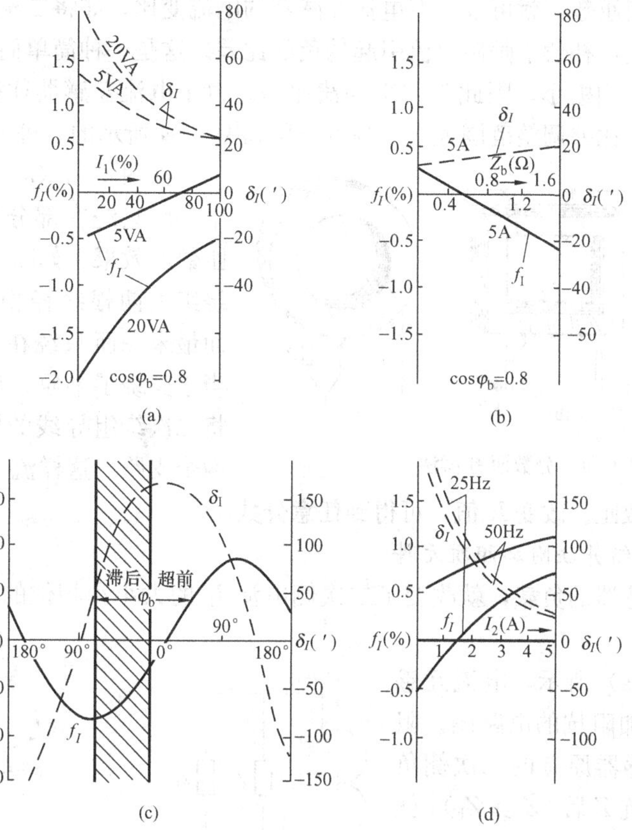

图 4-3　电流互感器的误差特性

（a）电流特性；（b）二次负载特性；（c）负载功率因数特性；（d）频率特性

此外，铁芯剩磁也影响电流互感器的误差。

根据上述情况，电流互感器误差特性变化可归纳于表 4-1 中。

表 4-1　　电流互感器的误差特性

相对与额定值的变化		变比误差	相角误差
电流特性	一次侧电流减小时	－	＋
负载特性	负载减小时	＋	－
负载功率因数特性	负载功率因数向迟后变化	－	－
电源频率变化	频率降低时	－	＋
剩磁影响	去磁时	＋	－

注　表中“＋”号表示向正的方向变化；“－”号表示向负的方向变化。

三、电流互感器误差的补偿方法

为了减小误差，提高电流互感器测量的准确度，最有效的方法是尽可能地减小励磁电流 I_{10}。I_{10} 的大小取决于铁芯的材质、尺寸、线圈匝数以及二次侧负载的特性和大小。铁芯的导磁率越高，铁芯损耗越小，则励磁电流越小。缩短导磁体的长度，并增大铁芯的截面积，使磁阻减小，也能减小励磁电流。此外，经常还采取以下三种人工调节误差的方法。

（一）匝数补偿法

改变二次绕组匝数，就可以改变电流互感器的电流变比。如将二次绕组匝数减少，使二次侧电流相应增大，补偿了励磁电流引起的负的比差。这是一种简单而广泛的方法，但是这种方法，对角差影响极小，因此常用来补偿比差。由于电流互感器往往要求补偿的比差不大，增加一匝时，比差调整范围太大，则可采用如图 4－4 所示的几种方法进行分数匝补偿。

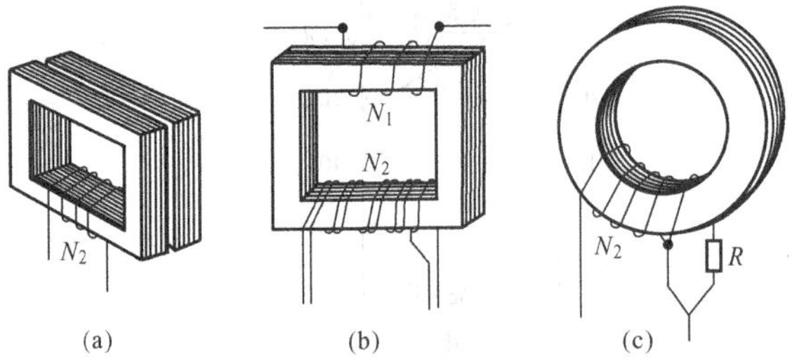

图 4－4　分数匝补偿法

如图 4－4（a）所示，分裂铁芯使其中一匝只绕在部分铁芯上，起到了少绕匝数的效果。如图 4－4（b）所示，二次绕组由两根线径相等的导线并联绕制，而最末一匝只绕在其中一根导线上，相当于少绕了半匝。如图 4－4（c）所示，将二次绕组导线的尾端分成电阻不等的两个支路，这样流过其中的电流也不等，相当于少绕了分数匝。改变 R 值，可得到任意分数匝。

（二）二次绕组并联附加阻抗元件

改变电流互感器的负载，就改变了二次侧电流 I_2 的大小和相位的关系，就可以改变电流互感器的误差。

如图 4－5（a）所示，电流互感器二次侧并联附加阻抗的电路图。阻抗 Z_b 是电流互感器原有的二次侧负载，并联附加阻抗 Z 后（$Z \geqslant Z_b$），就有附加电流 $\dot{I}_b$。此电流折算到一次侧后为 $\Delta\dot{I}_b$，它在 $-\dot{I}_2$ 相量上的水平投影相当增加一个比差分量 Δf_I，垂直分量相当于角差分量 $\Delta\delta_I$，如图 4－5（b）所示。将其与图 4－2 相比，可以看出：Δf_I 与 f_I 方向相同，比差增大；而 $\Delta\delta_I$ 与 δ_I 方向相反，角差减小。如图 4－5（c）所示，并联电容元件 C 后的相量图。其中 Δf_I、$\Delta\delta_I$ 均与 f_I、δ_I 方向相反，使比差与角差都减小，从而达到补偿比差与角差的目的。这是一种常用的补偿误差的方法。如图 4－5（d）所示，并联电感元件，Δf_I、$\Delta\delta_I$ 均与 f_I、δ_I 方向相同，使比差与角差都加大，因而不能采用。

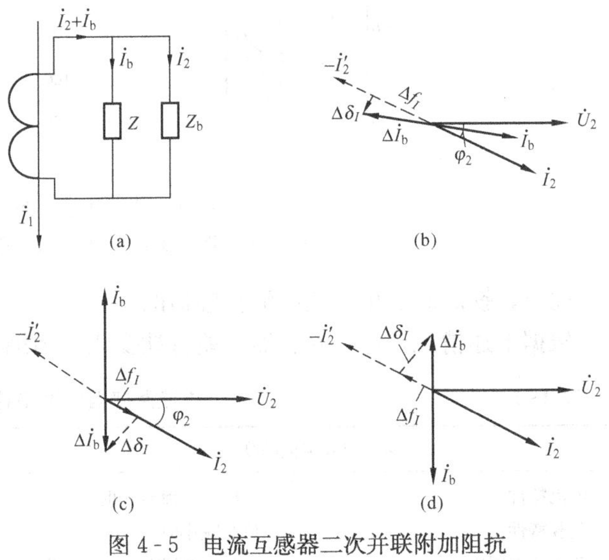

图 4－5　电流互感器二次并联附加阻抗
（a）接线原理图；（b）并联一般阻抗；（c）并联电容元件；（d）并联电感元件

（三）附加磁场

采用附加磁场法，人为地使铁芯磁化到相当于最大导磁率的程度。这时若要产生一定的磁通，励磁安匝数就可以相对减小，从而使误差降低。如图 4－6 所示，采用圆环磁分路补偿，在二次侧匝数 N_2 匝中，有 N_b 匝只绕在主铁芯Ⅰ上，其余的 N_2-N_b 匝合绕在主铁芯Ⅰ

和磁分路Ⅱ上。由于这种作法使主铁芯的部分磁通转移到磁分路中，适当选择 N_b 的匝数，使得当在 10%的额定电流时，电流互感器误差最大，磁分路的导磁率和损耗角也达到或接近最大值，以使此时的比差和角差补偿数值最大。当电流逐步增大到额定值的 20%时，磁分路饱和，其补偿作用也就随之减小。

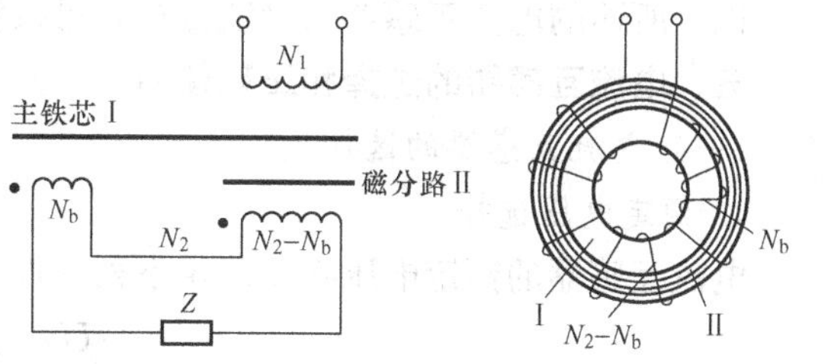

图 4-6 圆环磁分路补偿原理线路

需要指出的是：一般情况下，因为电流互感器误差补偿值都很小，故可认为在补偿前后互感器整个铁芯的磁通密度和磁场强度都不变，也就是原互感器的比差和角差基本不变。这样就可以应用叠加原理求得补偿后的比差和角差，即

$$f_I' = f_I + \Delta f_I$$
$$\delta_I' = \delta_I + \Delta\delta_I \tag{4-7}$$

四、电流互感器的接线方式

图 4-7 所示为常用电流互感器的接线方式。(a) 图为三相三线制电路中采用两台电流互感器的接线图，称为二相星形接线。A 相和 C 相所接的电流互感器的二次绕组分别流过电流 $\dot{I}_a$ 和 $\dot{I}_c$，它们的公共接线中流过的电流为 $\dot{I}_b = -(\dot{I}_a + \dot{I}_c)$。(b) 图是三相四线制电路中采用三台电流互感器的接线图，称为三相星形接线。A、B、C 三相电流互感器的二次绕组分别流过 $\dot{I}_a$、$\dot{I}_b$、$\dot{I}_c$。当三相电流不平衡时，它们的公共线中流过电流为 $\dot{I}_N = \dot{I}_a + \dot{I}_b + \dot{I}_c$；当三相电流平衡时，$\dot{I}_N = 0$。

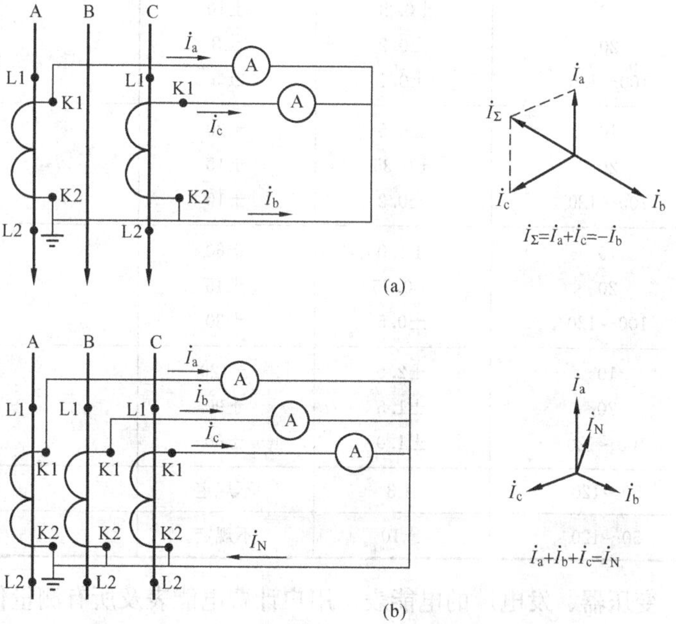

图 4-7 电流互感器的接线方式图

(a) 二相星形（V 形）接线；(b) 三相星形（Y 形）接线

以上所述的电流互感器的接线方式，可按测量电能的要求选用之。

五、电流互感器的选择和正确使用

（一）电流互感器的选择

1. 额定电压选择

电流互感器的额定电压必须满足下列条件

$$U_X \leqslant U_N \tag{4-8}$$

式中 U_X——电流互感器安装处的工作电压；

U_N——电流互感器的额定电压。

2. 额定变比的选择

长期通过电流互感器的最大工作电流应小于或等于互感器一次侧额定电流 I_{1N}，即 $I_m \leqslant I_{1N}$，最好使电流互感器在额定电流附近运行，这样测量就更准确。

3. 准确度等级的选择

依据电流互感器在额定工作条件下所产生的比值误差，规定了准确度等级。电力系统用电流互感器的误差限值见表 4-2。

表 4-2 电流互感器误差限值

准确度等级	一次侧电流为额定电流的百分数（%）	误差极限		二次侧负载为额定负载的百分数（%）
		比差（%）	角差（′）	
0.01	10～120	±0.01	±0.3	25～100
0.02	10～120	±0.02	±0.6	25～100
0.05	10～120	±0.05	±2	25～100
0.1	10 20 100～120	±0.25 ±0.2 ±0.1	±10 ±8 ±5	25～100
0.2	10 20 100～120	±0.5 ±0.35 ±0.2	±20 ±15 ±10	25～100
0.5	10 20 100～120	±1.0 ±0.75 ±0.5	±60 ±45 ±30	25～100
1.0	10 20 100～120	±2.0 ±1.5 ±1.0	±120 ±90 ±60	25～100
3.0	50～120	±3	不规定	50～100
10	50～120	±10	不规定	50～100

装设在线路、变压器、发电厂的电能表、用户计费电能表及所有测量仪表，一般均应选择准确度等级不低于 0.5 级的电流互感器。对于计量发电机发出的电能及用电量大的用户，应采用准确度不低于 0.2 级的电流互感器。0.1 级以上的电流互感器，主要用于实验室进行精密的测量或者作为标准互感器，用来校验低准确度等级的电流互感器。

4. 额定容量的选择

电流互感器的额定容量就是二次侧额定电流 I_{2N} 通过二次侧额定负载 Z_{2N} 时所消耗的视在功率 S_{2N}，即 $S_{2N}=I_{2N}^2Z_{2N}$。接入电流互感器的二次侧负载容量 S_2 应满足

$$0.25S_{2N}\leqslant S_2\leqslant S_{2N} \tag{4-9}$$

这样其误差才不会超过给定的准确度等级。

由于电流互感器的二次侧额定电流 I_{2N} 已标准化，一般 I_{2N} 为 5A。所以二次负载容量 S_2 主要取决于表计的阻抗、接头接触电阻（一般取 0.05～0.1Ω）以及导线电阻。前两者为确定值，只有导线电阻为不定值，校验时必须予以注意。

导线的电阻由导线的计算长度决定，而导线的计算长度又由测量仪表与电流互感器的电气距离和接线方式所决定。

如图 4-7（a）所示，电流互感器采用 V 形接线。设 Z_M 为表计阻抗，R_K 为分接头的接触电阻，R_L 为导线电阻。正常的情况下，A 相电流互感器的二次侧电压为

$$\dot{U}_a=\dot{I}_a(Z_M+R_L+R_K)-\dot{I}_bR_L=\dot{I}_aZ_M+(\dot{I}_a-\dot{I}_b)R_L+\dot{I}_aR_K$$
$$=\dot{I}_aZ_M+\sqrt{3}\dot{I}_a e^{j30}R_L+\dot{I}_aR_K=\dot{I}_aZ_b$$

所以电流互感器二次负载 Z_b 为

$$Z_b=\dot{U}_a/\dot{I}_a\approx Z_M+\sqrt{3}R_L+R_K \tag{4-10}$$

由此可见，当电流互感器按 V 形接线时，二次侧导线电阻变为 $\sqrt{3}R_L$，这也是相当于导线长度增加到 $\sqrt{3}L$，即所谓电气距离为 $\sqrt{3}L$。

同理，可以推导出如图 4-7（b）所示，电流互感器采用 Y 形接线时，二次导线电气距离为 L。所以其二次侧负载 Z_b 为

$$Z_b=Z_M+R_L+R_K \tag{4-11}$$

【例 4-1】 某用户用作电能计量的电流互感器为 LGF 型，其额定容量 $S_{2N}=15$VA，二次回路接有电流表、功率表、有功电能表。互感器至主控制室的铜导线长 40m，电流互感器采用 V 形接线。试确定其二次侧导线的截面积。

解 已知电流互感器二次侧负载容量的分配情况见表 4-3。

表 4-3　电流互感器二次侧负载容量的分配情况

仪表名称	电流互感器二次负载（VA）	
	A 相	C 相
电流表	3	0
有功功率表	0.75	0.75
无功功率表	0.75	0.75
有功电能表	1.5	1.5
共计	6.0	3.0

其中，最大一相负载容量为 6.0VA，所以以此来选定二次导线截面。取接触电阻 $R_K=0.1\Omega$。根据互感器二次侧容量 $S_2=I_{2N}^2(Z_M+R_K+R_L)\leqslant S_{2N}$，由此得到

$$15\geqslant 6+5^2(R_L+0.1)=6+2.5+25R_L$$

$$R_L \leqslant (15-6-2.5)/25 = 0.26(\Omega)$$

$$R_L = \frac{\rho L}{S} \leqslant 0.26(\Omega)$$

由于互感器采用 V 形接线方式，其电气距离 $L=\sqrt{3}\times 40\text{m}$，所以导线截面积为

$$S \geqslant \frac{\rho L}{0.26} = \frac{1.75\times 10^{-8}\times\sqrt{3}\times 40}{0.26} = 4.6(\text{mm}^2)$$

所以选用截面为 6mm^2 的铜导线。

（二）使用电流互感器时应注意的问题

为了达到安全和准确测量的目的，在使用电流互感器时，必须注意以下事项：

1. 运行中的电流互感器二次侧严禁开路

根据磁动势平衡方程式，二次侧开路，磁动势 $\dot{I}_2 N_2$ 为零，则 $\dot{I}_1 N_1 = \dot{I}_{10} N_1$，一次侧电流完全成为励磁电流，致使铁芯磁通急剧增加。磁通密度由正常时的 0.06～0.1T 急剧增大到 1.4～1.8T，于是感应电动势很高。此时二次绕组将会出现峰值达数千伏的高压，会危及人身安全、损坏仪表和互感器二次绕组的绝缘。此外，铁芯磁通密度增大，铁芯损耗也增大，从而使电流互感器的铁芯和绕组严重发热而烧坏。

2. 电流互感器绕组应按减极性连接

如图 4-1 所示，电流互感器一次绕组以及二次绕组的端子上有极性标志。一次绕组出线端首端标为 L1，末端为 L2；二次绕组出线端标为 K1，末端标为 K2。一次侧电流自 L1 端流向 L2 时，二次侧电流自 K1 流出，经外部回路流回到 K2。从电流互感器一次绕组和二次绕组的同级性端子（L1、K1、L2、K2）来看，电流 $\dot{I}_1$ 和 $\dot{I}_2$ 的方向是相反的。这样的关系称为“减极性”。

3. 电流互感器二次侧应可靠接地

为防止由于电流互感器一次绕组与二次绕组之间的绝缘击穿时，二次回路串入高压而危及人身安全和损坏设备，二次回路必须设置保护接地，而且只允许有一个接地点，在接近电流互感器端子的箱内，经端子接地。

第二节　电 压 互 感 器

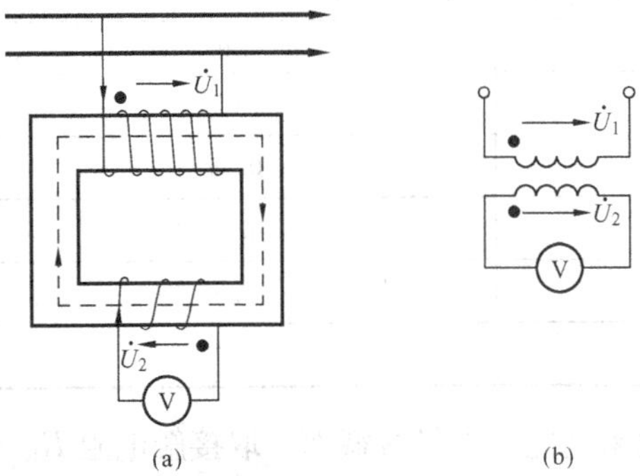

图 4-8　电压互感器的原理结构图和接线图
(a) 原理结构图；(b) 接线图

电压互感器的结构与普通变压器的相似，如图 4-8 所示。同样是由相互绝缘的一、二次绕组在公共的闭合铁芯上组成的，其匝数分别为 N_1 和 N_2。在电力系统中，由于经常将高电压 U_1 变为低电压 U_2 进行测量，所以二次绕组的匝数 N_2 小于一次绕组的匝数 N_1。工作时，一次绕组与被测电压并联，二次绕组与仪表、继电器的电压线圈相并联，形成一个回路。由于这些电压线圈的内阻很大，因此电压互感器在接近于空载的状态下工作。正常情况下，电压互感器的三个线电压都是 100V。

一、工作原理和误差特性

电压互感器的工作原理与普通变压器的原理相似。当一次绕组加上电压 $\dot{U}_1$ 时，铁芯内有交变主磁通通过，一、二次绕组分别有感应电动势 $\dot{E}_1$ 和 $\dot{E}_2$。将电压互感器二次绕组阻抗折算到一次侧后，可以得到如图 4-9 和图 4-10 所示的 T 形等值电路图和相量图。

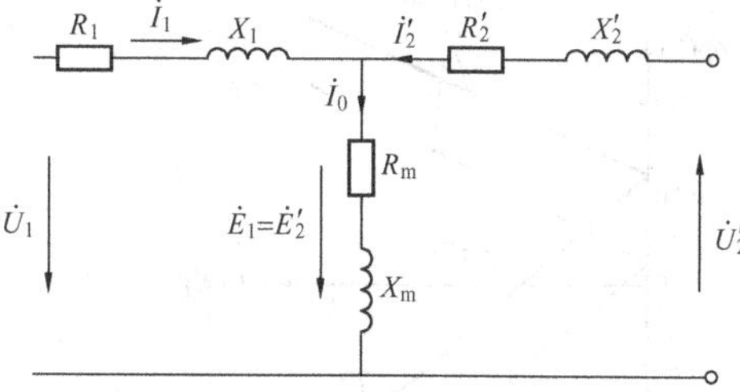

图 4-9 电压互感器 T 形等值电路图

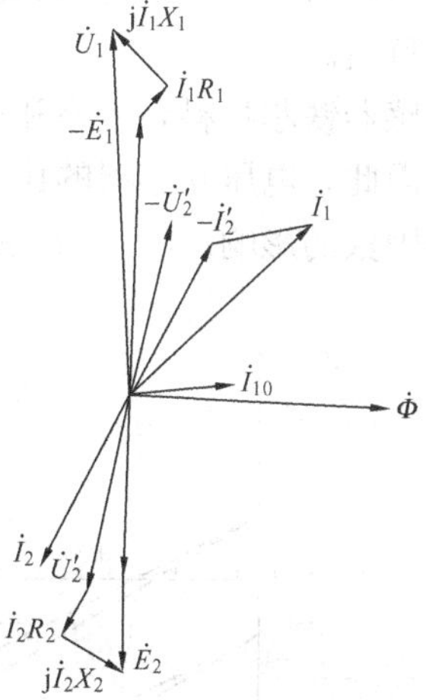

图 4-10 电压互感器相量图

从等值电路图中得到

$$\dot{U}_1 = \dot{I}_1(R_1 + \mathrm{j}X_1) - \dot{E}_1$$

$$\dot{U}'_2 = \dot{E}'_2 - \dot{I}'_2(R'_2 + \mathrm{j}X'_2)$$

式中 R_1，X_1——一次绕组的电阻和阻抗；

R'_2，X'_2——二次绕组折算到一次侧的电阻和阻抗。

如果忽略励磁电流和负载电流在一、二次绕组中产生的压降，得到

$$\dot{U}_1 = -\dot{E}_1, \dot{U}'_2 = \dot{E}'_2$$

则

$$K_U = U_1/U_2 = E_1/E_2 = N_1/N_2 \tag{4-12}$$

这是理想电压互感器的电压变比，称为额定变比，即理想的电压互感器一次绕组电压 U_1 与二次绕组电压 U_2 的比值是个常数，等于一次绕组和二次绕组的匝数比。

实际上，电压互感器存在着铁损和铜损，绕组中会产生阻抗压降。从相量图 4-10 中可见，二次侧电压 $\dot{U}'_2$ 旋转 180°以后 ($-\dot{U}'_2$) 与一次侧电压 $\dot{U}_1$ 大小不等，且有相位差，就是说电压互感器存在比值误差和相角误差。

比值误差简称比差。比差 f_U 等于折算到一次回路的二次侧电压与实际一次侧电压的差值

$$f_U = \frac{U'_2 - U_1}{U_1} \times 100\% = \frac{\frac{N_1}{N_2}U_2 - U_1}{U_1} \times 100\%$$

$$= \frac{K_U - K'_U}{K'_U} \times 100\% \tag{4-13}$$

式中 U_1——实际一次侧电压有效值；

U_2——实际二次侧电压有效值；

K'_U——实际电压变比，$K'_U=U_1/U_2$；

K_U——额定电压变比，$K_U=U_{1N}/U_{2N}=N_1/N_2$。

相角误差简称角差。角差 δ_U 是指一次侧电压 U_1 与旋转 180°后二次侧电压（$-U_2$）之间的相位差，单位为"′"（分）。当旋转后的二次侧电压超前于一次侧电压时，角差为正值。反之角差为负值。

电压互感器铁芯材料导磁率和铁芯结构影响励磁电流的大小，铁芯结构还影响线圈的匝数及长度。因此，电压互感器的比差和角差受励磁电流，一、二次绕组阻抗以及二次负载的大小和功率因数的影响。图 4-11 所示为电压互感器误差与二次侧负载的关系。

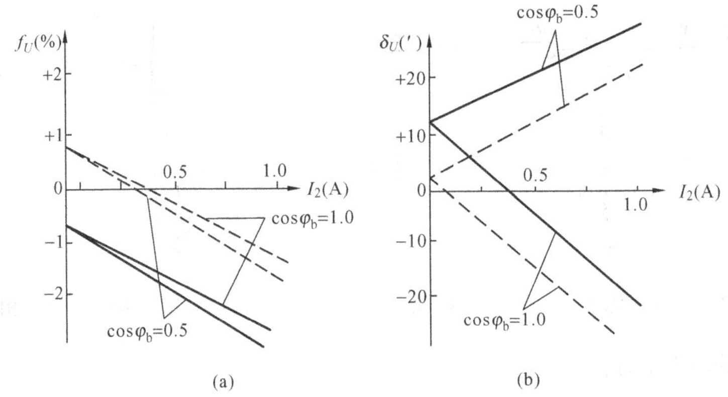

图 4-11 误差与二次侧负载的关系

(a) 比差特性；(b) 角差特性

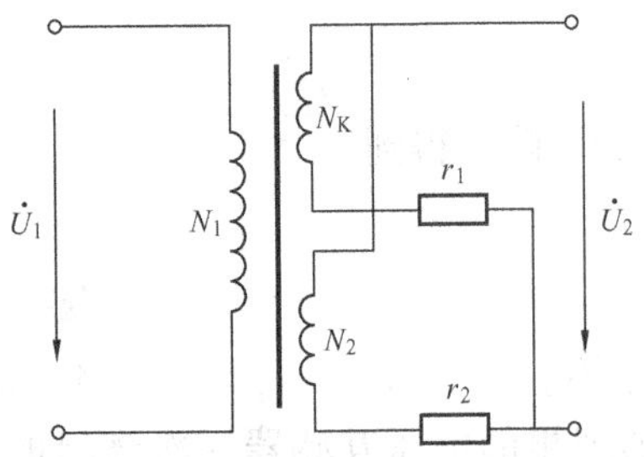

图 4-12 附加绕组补偿法原理接线图

为了提高电压互感器的测量精度，减少误差，除了选择合适的材料外，更重要的是减小绕组的电阻。此外还可以采用附加绕组补偿法，其原理接线如图 4-12所示，即在二次绕组上并绕一个附加绕组 N_K，利用 N_K 产生的感应电动势 $\dot{E}'_K$，使输出电压 $\dot{U}_2$ 的大小和相位得到补偿，从而达到减小比差和角差的目的。

二、电压互感器的接线方式

图 4-13 所示为常用电压互感器的接线方式。图 4-13（a）为三相三线制电路中采用两台电压互感器的接线图，称为两相星形接线。根据相量图可知：三个线电压的相量之和等于零，$\dot{U}_{ab}+\dot{U}_{bc}+\dot{U}_{ca}=0$。图 4-13（b）为三相四线制电路中采用三台电压互感器的接线图，称为三相星形接线。

以上所述的电压互感器的接线方式，可按测量电能的要求选用之。

三、电压互感器的选择和正确使用

（一）电压互感器的选择

1. 额定电压的选择

电压互感器的额定电压是指加在三相电压互感器一次绕组上的线电压，选择时，电压互感器一次绕组额定电压应大于接入的被测电压的 0.9 倍，小于被测电压的 1.1 倍，即

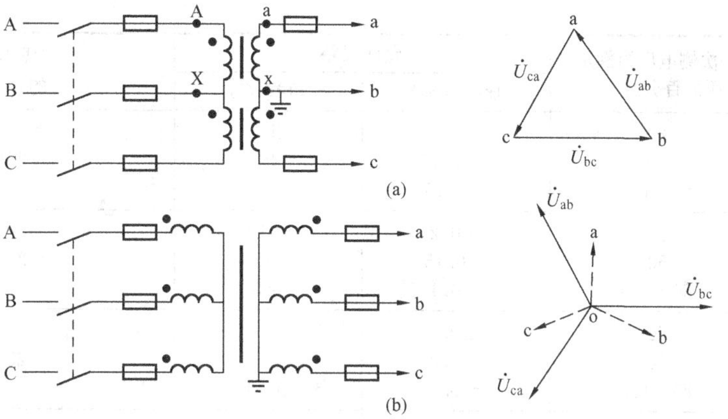

图 4-13 电压互感器接线方式图

(a) V形接线；(b) Y形接线

$$0.9U_{1x} < U_{1N} < 1.1U_{1x}$$

2. 准确度等级的选择

表 4-4 列出电压互感器的准确度等级和允许的误差。作为电能计量用的电压互感器，应选用 0.2 级或 0.5 级。

3. 额定容量的选择

按照二次侧负载取用的总视在功率 S_2 选择电压互感器的额定容量 S_N

$$0.25S_N \leqslant S_2 \leqslant S_N$$

电压互感器每相的二次侧负载不一定相等，因此应按最大一相取用的负载功率来考虑选择，即

$$0.25S_{NPh} \leqslant S_{Ph\max} \leqslant S_N$$

式中 $S_{Ph\max}$——二次负载最大一相消耗的视在功率，VA；

S_{NPh}——电压互感器每相额定容量，VA。

二次负载取用的总视在功率可按式（4-14）粗略计算

$$S = \sqrt{(\sum P_n)^2 + (\sum Q_n)^2} \tag{4-14}$$

式中 P_n、Q_n——各仪表所消耗的有功功率、无功功率。

对于三相电压互感器，由于电压互感器和负载的接线方式不同，其二次负载容量的计算方法也不同，这将在下文专门讨论。

表 4-4 电压互感器的准确度等级和允许的误差

准确度等级	一次侧电压为额定电压的百分数（%）	允许误差		负载导纳为额定导纳的百分数（%）
		比差（%）	角差（′）	
0.01	20 50 80～120	±0.02 ±0.015 ±0.01	±1.6 ±0.5 ±0.3	25～100
0.02	20 50 80～120	±0.04 ±0.03 ±0.02	±1.2 ±0.9 ±0.6	25～100

续表

准确度等级	一次侧电压为额定电压的百分数（%）	允许误差		负载导纳为额定导纳的百分数（%）
		比差（%）	角差（′）	
0.05	20 50 80～120	±0.15 ±0.075 ±0.15	±4 ±3 ±2	25～100
0.1	20 50 80～120	±0.2 ±0.15 ±0.1	±10 ±7.5 ±5	25～100
0.2	20 50 80～120	±0.4 ±0.3 ±0.2	±20 ±15 ±10	25～100
0.5	85～115	±0.5	±20	25～100
1.0	85～115	±1	±40	25～100
3.0	85～115	±3	不规定	25～100

（二）使用电压互感器时应注意的问题

为了达到安全和准确的测量目的，在使用电压互感器时，必须注意以下事项：

(1) 按要求的相序进行接线，防止接错极性，否则将引起某一相电压升高$\sqrt{3}$倍，可能烧坏电压互感器。

(2) 电压互感器二次侧应可靠接地，以保证人身和仪表安全。

(3) 电压互感器二次侧严禁短路。

四、电压互感器的二次负载的估算

由图 4-11 可知，电压互感器的误差受二次侧负载的影响很大，为了保证测量的准确度，二次侧负载的容量必须给予估算。电压互感器接线方式的不同以及负载接线方式的不同，二次侧负载估算的公式也不相同。现以三相 Yy 形接线方式的电压互感器和△形接线方式的负载连接为例，估算其二次侧容量。

如图 4-14 所示，已知与 a 相互感器有关的负载容量为 S_{ab} 和 S_{ac}，相应的电流分别为 $\dot{I}_{ab}$ 和 $\dot{I}_{ac}$。由此可得到 a 相的线电流 $\dot{I}_1$ 为

$$\dot{I}_1=\dot{I}_{ab}+\dot{I}_{ac}$$

电流 $\dot{I}_1$ 在相电压 U_a 的有功功率分量为

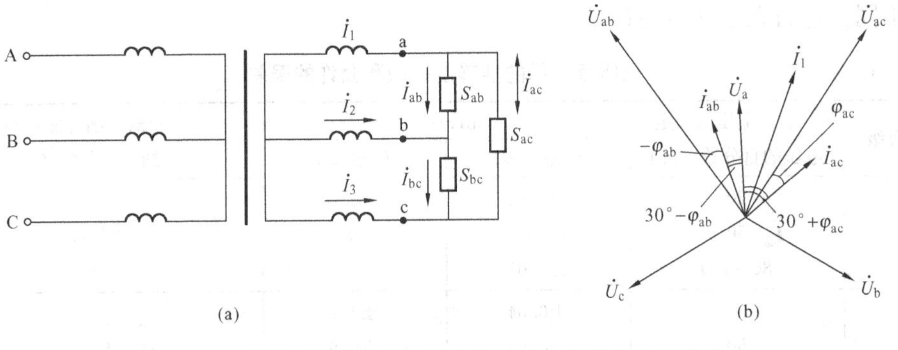

图 4-14 电压互感器为 Yy 形接线方式，负载为△接线方式

(a) 接线图；(b) 相量图

$$I_{1p}=I_{ab}\cos(30^\circ-\varphi_{ab})+I_{ac}\cos(30^\circ+\varphi_{ac})$$

其无功分量为

$$I_{1q}=-I_{ab}\sin(30^\circ-\varphi_{ab})+I_{ac}\sin(30^\circ+\varphi_{ac})$$

若负载的伏安数 S_{ab}、S_{ac} 代替相应的电流 I_{ab}、I_{ac}，则上两式可写成如下形式

$$P_a=[S_{ab}\cos(30^\circ-\varphi_{ab})+S_{ac}\cos(30^\circ+\varphi_{ac})]/\sqrt{3} \tag{4-15}$$

$$Q_a=[-S_{ab}\sin(30^\circ-\varphi_b)+S_{ac}\sin(30^\circ+\varphi_{ac})]/\sqrt{3} \tag{4-16}$$

式中 P_a、Q_a——a 相有功和无功功率。

所以电压互感器 a 相的负载容量为

$$S_a=\sqrt{P_a^2+Q_a^2}$$

功率因数角为

$$\varphi_a=\arctan(Q_a/P_a)$$

同理，可求出电压互感器 b 相和 c 相的有功功率和无功功率

$$P_b=[S_{ab}\cos(30^\circ+\varphi_{ab})+S_{cb}\cos(30^\circ-\varphi_{cb})]/\sqrt{3} \tag{4-17}$$

$$Q_b=[S_{ab}\sin(30^\circ+\varphi_{ab})-S_{cb}\sin(30^\circ-\varphi_{cb})]/\sqrt{3} \tag{4-18}$$

$$P_c=[S_{cb}\cos(30^\circ+\varphi_{cb})+S_{ac}\cos(30^\circ-\varphi_{ac})]/\sqrt{3} \tag{4-19}$$

$$Q_c=[S_{cb}\sin(30^\circ+\varphi_{cb})+S_{ac}\sin(30^\circ-\varphi_{ac})]/\sqrt{3} \tag{4-20}$$

同理，可求出 S_b 和 φ_b；S_c 和 φ_c。

若电压互感器为 Yy 形接线，二次负载也接成 Y 形，则电压互感器每相负载就是接于相应的二次侧负载，即

$$\begin{aligned}P_a&=S_a\cos\varphi \quad Q_a=S_a\sin\varphi\\P_b&=S_b\cos\varphi \quad Q_b=S_b\sin\varphi\\P_c&=S_c\cos\varphi \quad Q_c=S_c\sin\varphi\end{aligned} \tag{4-21}$$

若电压互感器二次绕组接成 V 形，其二次负载如表 4-5 所列。

表 4-5　电压互感器接成 V 形时每相负载的计算公式

负载接线方式	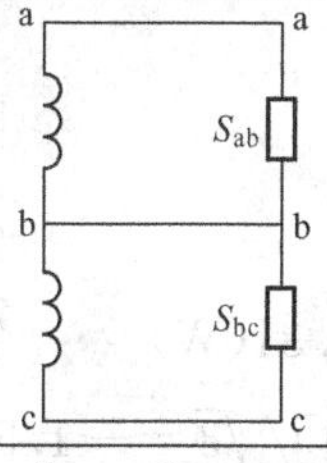	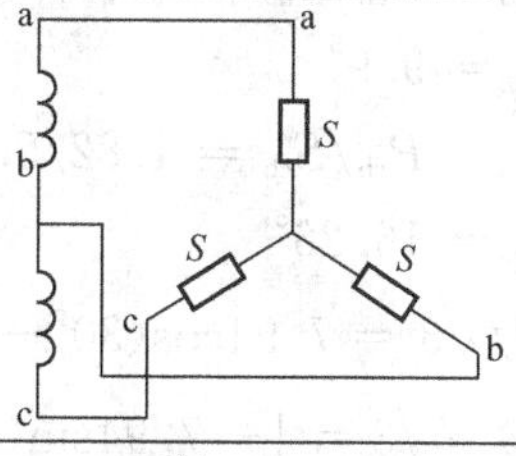	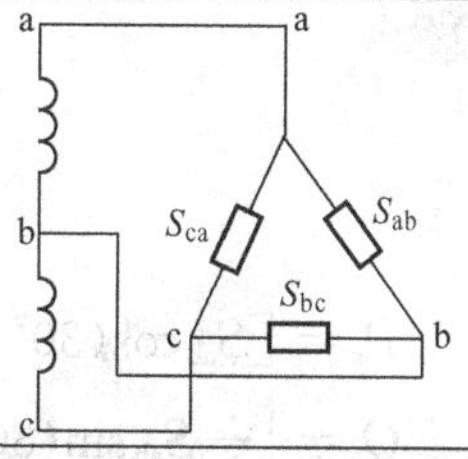
ab 相	$P_{ab}=S_{ab}\cos\varphi_{ab}$	$P_{ab}=\sqrt{3}S\cos(\varphi+30^\circ)$	$P_{ab}=S_{ab}\cos\varphi_{ab}+S_{ca}\cos(\varphi_{ca}+60^\circ)$
	$Q_{ab}=S_{ab}\sin\varphi_{ab}$	$Q_{ab}=\sqrt{3}S\sin(\varphi+30^\circ)$	$Q_{ab}=S_{ab}\sin\varphi_{ab}+S_{ca}\sin(\varphi_{ca}+60^\circ)$
bc 相	$P_{bc}=S_{bc}\cos\varphi_{bc}$	$P_{bc}=\sqrt{3}S\cos(\varphi+30^\circ)$	$P_{bc}=S_{bc}\cos\varphi_{bc}+S_{ca}\cos(\varphi_{ca}-60^\circ)$
	$Q_{bc}=S_{bc}\sin\varphi_{bc}$	$Q_{bc}=\sqrt{3}S\sin(\varphi+30^\circ)$	$Q_{bc}=S_{bc}\sin\varphi_{bc}+S_{ca}\sin(\varphi_{ca}+60^\circ)$

【例 4-2】 已知发电机的测量回路用的电压互感器采用 Yy 形连接，负载为 V 形连接。回路中有功功率表两只，无功功率表一只，有功电能表一只，电压表一只。测量仪表的技术数据见表 4-6。

表 4-6 **测量仪表的技术数据**

仪表名称	消耗功率（VA）	$\cos\varphi$
有功功率表	0.75	1
无功功率表	0.75	1
有功电能表	1.5	0.38
频率表	2	1
电压表	5	1

试计算电压互感器的二次容量。

解 电压互感器各相的负载分配见表 4-7。

表 4-7 **电压互感器各相的负载分配情况**

仪表名称	数量	AB 相		BC 相	
		P_{ab}(W)	Q_{ab}(var)	P_{cb}(W)	Q_{cb}(var)
有功功率表	2	2×0.75=1.5	0	2×0.75=1.5	0
无功功率表	1	0.75	0	0.75	0
有功电能表	1	1.5×0.38=0.57	1.5×0.925=1.39	0.75	1.39
频率表	1	0	0	2	0
电压表	1	5	0	0	0
合计		7.82	1.39	4.82	1.39

利用式（4-15）～式（4-21）求出每相负载。因 a、c 相未接负载，故 $S_{ac}=0$，而公式中的 S_{ab} 和 S_{cb} 值为

$$S_{ab}=\sqrt{P_{ab}^2+Q_{ab}^2}=\sqrt{7.82^2+1.39^2}=7.94(\text{VA})$$

$$S_{cb}=\sqrt{P_{cb}^2+Q_{cb}^2}=\sqrt{4.82^2+1.39^2}=5.02(\text{VA})$$

功率因数为

$$\cos\varphi_{ab}=P_{ab}/S_{ab}=7.82/7.94=0.958$$

$$\varphi_{ab}=9.9°$$

$$\cos\varphi_{cb}=P_{cb}/S_{cb}=4.82/5.02=0.96$$

$$\varphi_{cb}=16.26°$$

$$P_a=[S_{ab}\cos(30°-\varphi_{ab})]/\sqrt{3}=7.94\cos(30°-9.9°)=4.31(\text{W})$$

$$Q_a=[-S_{ab}\sin(30°-\varphi_{ab})]/\sqrt{3}=[-7.94\sin(30°-9.9°)]/\sqrt{3}=-1.58(\text{var})$$

b 相负载

$$P_b=[S_{ab}\cos(30°+\varphi_{ab})+S_{cb}\cos(30°-\varphi_{cb})]/\sqrt{3}$$

$$=[7.94\cos(30°+9.9°)+5.02\cos(30°-16.26°)]/\sqrt{3}=6.34(\text{W})$$

$$Q_b=[S_{ab}\sin(30°+\varphi_{ab})-S_{cb}\sin(30°-\varphi_{cb})]/\sqrt{3}$$

$$=[7.94\sin(30°+9.9°)-5.02\sin(30°-16.26°)]/\sqrt{3}=2.25(\text{var})$$

从以上计算可知，b 相负载较大，因此

$$S_b = \sqrt{P_b^2 + Q_b^2} = \sqrt{6.34^2 + 2.25^2} = 6.72(\text{VA})$$

根据选用电压互感器的额定容量必须满足下式

$$0.25S_N \leqslant S_b \leqslant S_N$$

的条件，即可选出电压互感器的型号。

*第三节 二次导线有源压降补偿的原理和应用

电能计量装置包括电能表、互感器和二次连接导线三部分。互感器一经安装其合成误差就已基本固定，而电能表的误差已通过调整装置人为地调到最小，因此，随着准确度等级很高的电能表和互感器的应用，电压互感器二次回路连接导线压降所造成的误差在电能计量装置的综合误差中所占的比例越来越大，有时比互感器本身的误差大得多，所以绝不可忽视。

一、二次回路连接导线压降所引起的误差

电压互感器二次回路压降超差越来越大的原因主要有：电缆线径过细；二次侧负载过重以及二次回路转换环节过多等导致二次回路电阻增大，压降也增大。

（一）单相电压互感器二次侧连接导线压降所引起的误差

如图 4-15 所示，电压互感器二次侧连接导线有电阻，当二次侧负载电流通过时，便产生压降，使加在负载两端的电压 $\dot{U}_2'$ 不等于电压互感器二次绕组的端电压 $\dot{U}_2'$。从接线图 4-15 可得

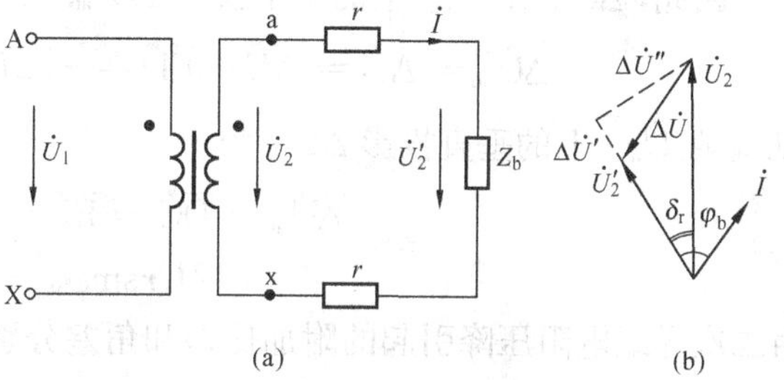

图 4-15 单相电压互感器二次侧连接导线压降的影响

(a) 原理图；(b) 相量图

$$\dot{U}_2 = 2\dot{I}r + \dot{U}_2'$$

$$\Delta\dot{U} = \dot{U}_2' - \dot{U}_2 = -2\dot{I}r$$

$$\Delta\dot{U} = \Delta U' + \Delta U''$$

从相量图 4-15（b）中得到，$\Delta\dot{U}$ 在 $\dot{U}_2'$ 上的水平投影 $\Delta U'$ 为 $\Delta U' = -2Ir\cos\varphi_b$；$\Delta\dot{U}$ 在 $\dot{U}_2'$ 上的垂直投影 $\Delta U''$ 为 $\Delta U'' = 2Ir\sin\varphi_b$。

单相电压互感器二次侧连接导线电阻引起的比差和角差分别为

$$f_r = \Delta U'/U_2 = (-2Ir\cos\varphi_b/U_2) \times 100(\%)$$

$$\delta_r \approx \tan\delta_r = \Delta U''/U_2 = (2Ir\sin\varphi_b/U_2) \times 3438(') \qquad (4-22)$$

由此可见，电压互感器二次回路导线压降与导线电阻成正比，二次回路导线压降所引起的误差大小与负载的性质以及接线方式有关。

（二）三相电压互感器二次侧连接导线压降所引起的误差

1. 两个单相互感器按 V 形接线，负载按 V 形接线

如图 4-16 所示，两个单相互感器按 V 形接线，负载按 V 形接线。以二次侧负载端的电压作为参考相量。从接线图 4-16（a）可得

$$\dot{U}_{ab} = \dot{I}_1 r + \dot{U}_{a'b'} - \dot{I}_2 r = 2\dot{I}_1 r + \dot{I}_3 r + \dot{U}_{a'b'}$$

$$\Delta\dot{U}_{ab} = \dot{U}_{a'b'} - \dot{U}_{ab} = -(2\dot{I}_1 r + \dot{I}_3 r)$$

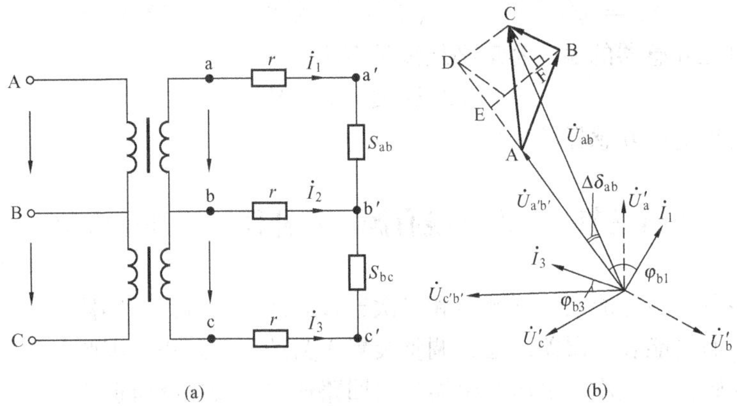

图 4-16　V/v 形接线的电压互感器和负荷

（a）接线图；（b）相量图

这相当于相量图 4-16（b）△ABC 中 $\overrightarrow{AC}=\overrightarrow{AB}+\overrightarrow{BC}$。

因此，$\Delta\dot{U}_{ab}$ 在 $\dot{U}_{a'b'}$ 上的水平投影 $\Delta\dot{U}'_{ab}$ 为

$$\Delta\dot{U}'_{ab}=\overrightarrow{AD}=\overrightarrow{AE}+\overrightarrow{ED}=-[2I_1r\cos\varphi_{b1}+I_3r\cos(60°-\varphi_{b3})]$$

ΔU_{ab} 在 $\dot{U}_{a'b'}$ 上的垂直投影 $\Delta\dot{U}''_{ab}$ 为

$$\Delta\dot{U}''_{ab}=\overrightarrow{DC}=\overrightarrow{EF}=\overrightarrow{EB}-\overrightarrow{BF}$$
$$=2I_1r\sin\varphi_{b1}-I_3r\sin(60°-\varphi_{b3})$$

由二次导线电阻压降引起的附加比差和角差分别为

$$\Delta f_{ab}=\Delta U'_{ab}/U_{ab}=\{-[2I_1r\cos\varphi_{b1}+I_3r\cos(60°-\varphi_{b3})]/U_{ab}\}\times100(\%)$$
$$\Delta\delta_{ab}\approx\tan\Delta\delta_{ab}=\Delta U''_{ab}/U_{ab}=\{[2I_1r\sin\varphi_{b1}-I_3r\sin(60°-\varphi_{b3})]/U_{ab}\}\times3438(')$$

同理可以求出

$$\Delta f_{cb}=\{-[2I_3r\cos\varphi_{b3}+I_1r\cos(60°+\varphi_{b1})]/U_{cb}\}\times100(\%)$$
$$\Delta\delta_{cb}=\{[2I_3r\sin\varphi_{b3}+I_1r\sin(60°+\varphi_{b1})]/U_{cb}\}\times3438(')$$

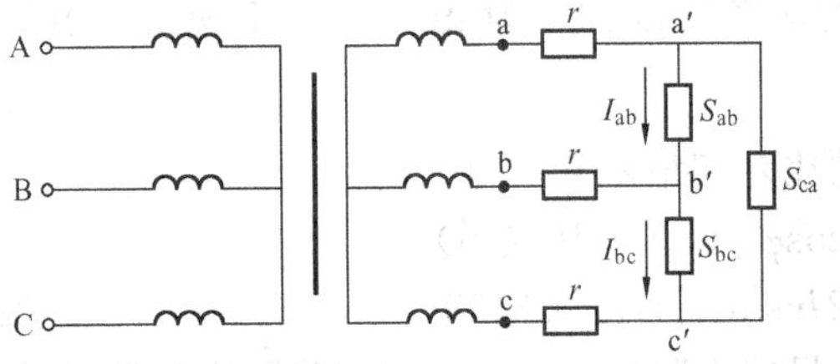

图 4-17　Yy 形连接的电压互感器和△连接的负载

2. 三个单相互感器（或一台三相电压互感器）按 Yy 形连接，负载为△形连接

如图 4-17 所示，三个单相互感器（或一台三相电压互感器）按 Yy 形连接，负载为△形连接。由二次导线压降引起的比差和角差的计算按上述方法分析，可以求得三相互感器每组电压绕组（或单个互感器）的附加误差如下：

$$f_a=\{-[I_{ab}r\cos(\varphi_{b1}-30°)+I_{ac}r\cos(\varphi_{b3}+30°)]/U_a\}\times100(\%)$$
$$\delta_a=\{[I_{ab}r\sin(\varphi_{b1}-30°)+I_{ac}r\sin(\varphi_{b3}+30°)]/U_a\}\times3438(')$$
$$f_b=\{-[I_{bc}r\cos(\varphi_{b2}-30°)+I_{ab}r\cos(\varphi_{b1}+30°)]/U_b\}\times100(\%)$$
$$\delta_b=\{[I_{bc}r\sin(\varphi_{b2}-30°)+I_{ab}r\sin(\varphi_{b1}+30°)]/U_b\}\times3438(')$$
$$f_c=\{-[I_{ac}r\cos(\varphi_{b3}-30°)+I_{bc}r\cos(\varphi_{b2}+30°)]/U_c\}\times100(\%)$$
$$\delta_c=\{[I_{ac}r\sin(\varphi_{b3}-30°)+I_{bc}r\sin(\varphi_{b2}+30°)]/U_c\}\times3438(')$$

由此可见，电压互感器二次连接导线压降与二次回路阻抗和负载特性以及二次侧电流有关，所引起的比差总是负值，而角差则不定，其比差和角差应计入电能计量装置的综合误差。

二、二次导线有源压降补偿的原理和应用

为了减小电压互感器二次回路压降所引起的误差，提高电能计量装置的准确度，最有效的方法是减小二次回路阻抗，即增大二次回路线径，减小二次回路长度，取消一些回路的保护元件，定期对开关、熔断器和端子的接触部分进行打磨、维护，以此减小接触电阻的影响或专门设置 TV 计量回路，避免其他负载接入。此外，经常采用二次导线有源压降补偿电压互感器二次连接导线的压降。

（一）电流跟随补偿法

如图 4 - 18 所示，电流跟随补偿法原理图，其原理是采用有源的电子线路在补偿器内产生一个负阻抗，以抵消线路阻抗，从而使得 $I=0$。此方法可靠性要求很高。

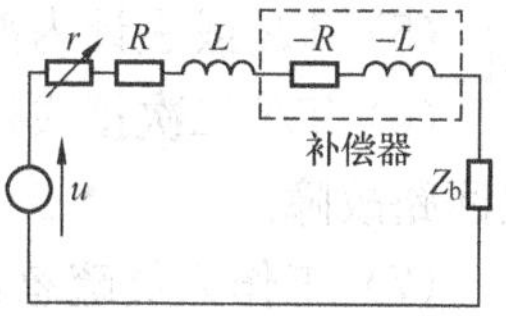

图 4 - 18　电流跟随补偿法原理图

（二）直接补偿电压法

直接补偿电压法可分为固定补偿法和电压跟随补偿法，以补偿二次回路导线的压降。图 4 - 19 所示为固定补偿法原理图。利用自耦变压器和移相器将二次回路压降 ΔU 调到 0。r_0 是补偿器的内阻，调整补偿器电压 ΔU_0，使之与压降的固定部分大小相等、方向相反。如图 4 - 20 所示，电压跟随补偿法原理图。利用测量电压互感器出口电压和负载电压的电压差值信号进行处理，在回路中串联一个大小相等、方向相反的补偿电压，使得 $\Delta U=0$。此种方法最为直接有效，运行可靠，能较大幅度地降低电压互感器二次导线压降。

总之，采用二次导线有源压降补偿电压互感器二次回路压降，可降低电能计量装置的综合误差，提高电能计量装置的准确度。

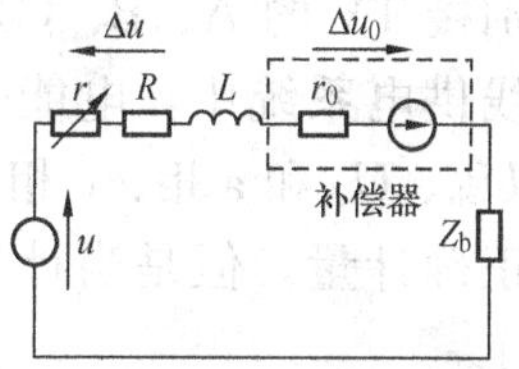

图 4 - 19　固定补偿法原理图

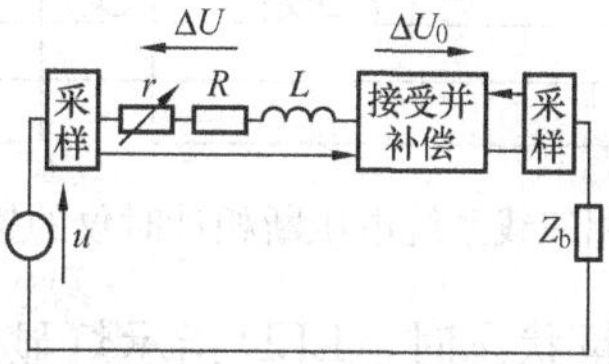

图 4 - 20　电压跟随补偿法原理图

*第四节　电压断相计时仪的接线和使用

在电能计量装置中，只有电能表和互感器的接线正确，计量电能才能正确。但是，当计量回路出现异常计量状态时，导致电能表的异常运行，直接造成计量结果十分不准，从而引起供电局和用户之间的矛盾。加装电压断相计时仪（又称三相断压断流计时仪）可以准确监视计量回路的故障及人为窃电等情况，记录故障时间，计量检查人员以此为依据，合理地计算断相修正系数，以达到正确计量电能和追补电费的目的。图 4 - 21 所示为

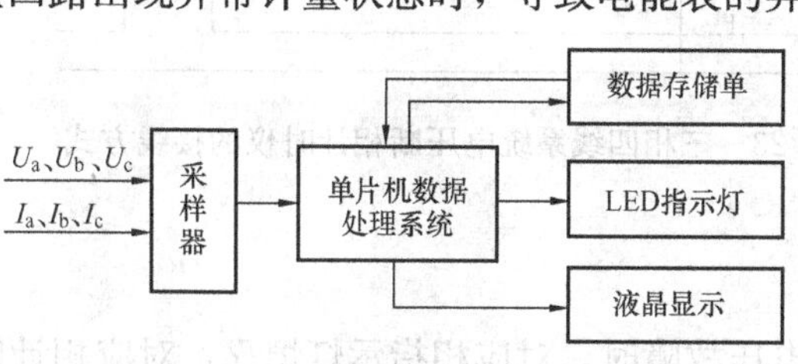

图 4 - 21　电压断相计时仪方框图

TJST—8BG 型电压断相计时仪的方框图。

一、断相计时仪的适用范围

电压断相计时仪专用于监视电能计量 TV 二次侧、TA 二次侧是否存在以下计量异常状态：

（1）断开一相电压或多相电压使电能表失压、缺相，造成表计少计或不计。

（2）断开一相电流或多相电流使电能表断流，造成表计少计或不计。

（3）私自对电能计量 TA 二次侧进行短接分流，造成表计少计或不计。

（4）私自松动 TV、TA 或表尾接线盒螺钉等人为造成的计量二次回路故障。

（5）TA 或表计内部接线故障及二次回路故障。

（6）TA 二次接线柱超负载烧坏或长年氧化，造成接线点接触不良而断线引起的计量二次回路故障。

（7）工作人员疏忽，造成漏接、电流极性接反、电流电压相序接错等情况。

当计量回路出现以上几种异常计量状态时，电压断相计时仪能准确判别并记录断压、断流时间，同时发出报警信号和相对应的灯光指示，提示电气值班人员，及时、准确地汇报所出现的故障，并根据记录时间来追补电量。

二、电压断相计时仪的接线方式

电压断相计时仪的接线方式与供电系统的运行方式有关，即三相三线和三相四线系统中电压断相计时仪的接线方式不同。

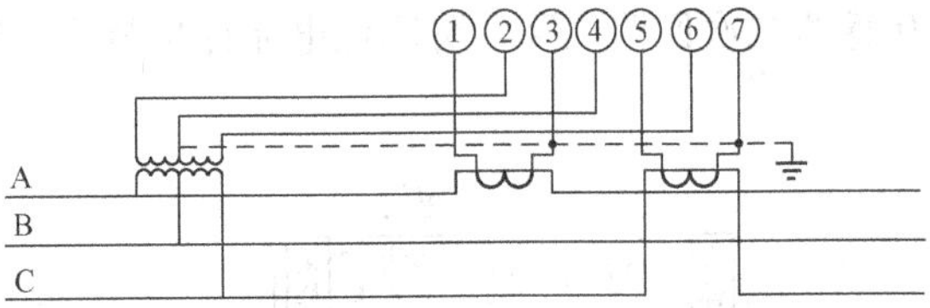

图 4 - 22 三相三线系统电压断相计时仪的接线方式

图 4 - 22 所示为三相三线系统电压断相计时仪的接线方式。①③和⑤⑦分别接 TA 的 A 相电流和 C 相电流；②④⑥分别接 TV 的 A、B、C 相电压。在三相三线供电系统中，电能表只能接入线电压 U_{ab}、U_{cb}和 a 相、c 相电流，电能表才能正确计量。但是当计量回路及电能表出现异常计量状态时，LED 指示灯显示，计时器计时。

图 4 - 23 所示为三相四线系统电压断相计时仪的接线方式。①③、④⑥和⑦⑨分别接 TA 的 A 相电流、B 相电流和 C 相电流；②⑤⑧分别接 TV 的 A、B、C 相电压；⑩⑪接中性线 N。在三相四线供电系统中，电能表只能接入相电压 U_a、U_b、U_c 和 a 相、b 相、c 相电流，电能表才能正确计量。但是当计量回路及电能表出现异常计量状态时，LED 指示灯显示，计时器计时。

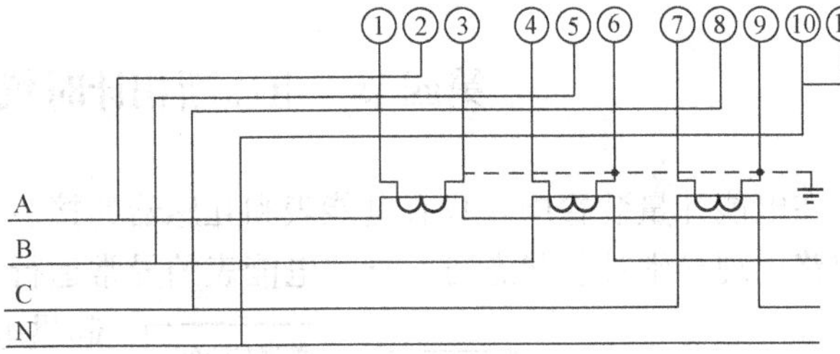

图 4 - 23 三相四线系统电压断相计时仪的接线方式

三、电压断相计时仪的正确使用

（一）LED 指示及特点

红灯为三相电压指示，正常运行时灯亮，电压故障时，对应相指示灯熄灭，对应相计时器计时；绿灯为三相电流指示，正常运行时灯亮，电流故障时，对应相指示灯熄灭，对应相计时器计时；黄灯为电压相序指示，正常运行时灯亮，相序接错或电压断相时指示灯熄灭，但不计时。

特别注意，当同一相电压和电流同时有故障时，优先指示电压故障，并且只记录电压故障时间。当电压故障排除后，再显示断流故障，记录断流故障时间。当任意一相电压失压，同时该相电流无断流时，计时仪只有断压显示但不计时。当单相用电时，计时仪不计时。

（二）液晶显示说明

U_a、U_b、U_c 分别表示 A、B、C 相电压故障计时提示；I_a、I_b、I_c 分别表示 A、B、C 相电流故障计时提示；A、B、C 分别表示 A、B、C 相电流反极性及电压电流相位不对应计时提示；I 表示三相电流同时短路计时提示。液晶显示后六位为计时时间，计时范围 0～9999h59min。

（三）使用电压断相计时仪应注意的问题

(1) 电压断相计时仪应按接线图安装在计量电能表旁，安装底板牢固，不易振动，安装后，计时仪的表壳及接线端子应铅封。

(2) 电压断相计时仪应在规定的环境条件下运行。仪表断电后或停止使用时，所记录数据永久保存，当显示屏损坏后，应及时更换显示屏，所记录数据恢复显示。

(3) 电压断相计时仪的清零按键在仪表面板上，所记录的故障时间为累计时间，所以应定期记录计时器所记录的数据。

小　　结

测量用互感器分为电流互感器和电压互感器。其结构与一般变压器相似。电流互感器的一次绕组与被测电路串联，二次绕组与测量仪表的电流线圈相串联。一次侧电流不随二次侧的负载变化，它仅取决于一次电路的电压和阻抗，二次电路所消耗的功率随二次电路阻抗的增加而增大；而二次电路所接仪表的内阻很小，其工作状态接近于短路状态。由于忽略了励磁电流和二次绕组的漏阻抗压降，使得电流互感器存在变比误差和相角误差。为了减小误差，提高电流互感器的准确度，最有效的方法是尽可能地减小励磁电流，还可以采取三种人工调节误差的方法：即匝数补偿法、二次绕组并联附加阻抗元件和附加磁场法。电流互感器的接线方式可按测量电能的要求选用二相星形（V形）或三相星形（Y形）接线。在使用过程中应注意：①电流互感器二次侧严禁开路；②应按减极性连接；③二次侧应可靠接地。

电压互感器的一次绕组与被测电路并联，二次绕组与测量仪表的电压线圈相并联。二次电路所接仪表的内阻很大，其工作状态接近于空载状态。同样，由于忽略了励磁电流和负载侧电流在一、二次绕组中产生的压降，使得电压互感器存在变比误差和相角误差。为了减小误差，提高电压互感器的准确度，可选择合适的铁芯材料，减小绕组的电阻，还可以采用附加绕组补偿法达到减小误差的目的。电压互感器的接线方式也可按测量电能的要求选用二相星形（V形）或三相星形（Y形）接线。在使用过程中应注意：①电压互感器二次侧严禁短路；②应按相序进行连接；③二次侧应可靠接地。电压互感器二次侧连接导线有电阻，当负载电流通过时，便产生压降，引起附加的比差和角差，应计入电压互感器本身的比差、角差内。实际使用中，这部分误差有时比电压互感器本身的误差大得多，应采取二次导线有源压降补偿法进行补偿，以减小误差，提高准确度。

复习思考题

4-1　电流互感器和电压互感器有哪些功能?

4-2　测量互感器产生误差的主要原因是什么?

4-3　什么是变比误差和相角误差?

4-4　消除误差的方法有哪些?

4-5　测量互感器在使用过程中应注意些什么?

4-6　二次负载对测量互感器误差的影响如何?

4-7　某用户进线电流互感器（LGF型）$S_{2N}=15VA$，用作电能计量，其二次回路接电流表、功率表、有功和无功电能表各一只，由电流互感器至主控制室的铜导线长50m，电流互感器采用Y形连接。试确定二次导线的截面（已知无功电能表b相线圈容量为1.16VA，a、c相线圈容量为2.0VA）。

4-8　两台电流互感器按V形接线，其二次回路阻抗实测数据如下：

$$Z_{am}=0.35\Omega, R_K=0.05\Omega, Z_{cm}=0.35\Omega, R_L=0.18\Omega$$

设互感器二次额定电流为5A，试选择电流互感器的容量。

4-9　电压互感器二次导线引起的误差有哪些？如何进行补偿?

4-10　某单相电压互感器的二次侧接有负载50VA，$\cos\varphi=0.8$，每根连接导线的电阻为0.6Ω，试求导线电阻引起的误差。

4-11　简述二次导线有源压降补偿的原理。

4-12　电压断相计时仪的适用范围有哪些？如何接线?

第五章 电能计量方式

本章重点讲述单相和三相有功电能以及无功电能的计量方式和适用范围。电能计量包括单相、三相三线和三相四线制电路中有功电能和无功电能的计量。测量电路中电能表除了直接接入式的以外，还有经互感器接入的，即电能表和互感器的联合接线。其次讨论了电能计量装置的综合误差，最后就高次谐波对电能计量的影响作为选修内容进行了分析。在此需要说明一点，电能和电功率含义不同，但其数字表达式仅差时间因素，为了书写简单起见，在全部叙述中，用电能表电磁元件所反应的电功率的大小写成数学表达式进行分析。

第一节 单相有功电能的计量

单相交流电路有功功率的计算公式为

$$P=UI\cos\varphi \tag{5-1}$$

图 5-1 所示为测量单相电路有功电能的接线。电能表的电流线圈或电流互感器的一次绕组必须与电源相线串联，而电能表的电压线圈应跨接在电源端的相线与零线（中线）之间。电流、电压线圈标有黑点"•"的一端（称为电源端）应与电源端的相线连接。当负载电流 I 和流经电压线圈的电流 I_U 都由黑点这端流入相应的线圈时，电能表的驱动力矩 M_Q，可由相量图得到，即

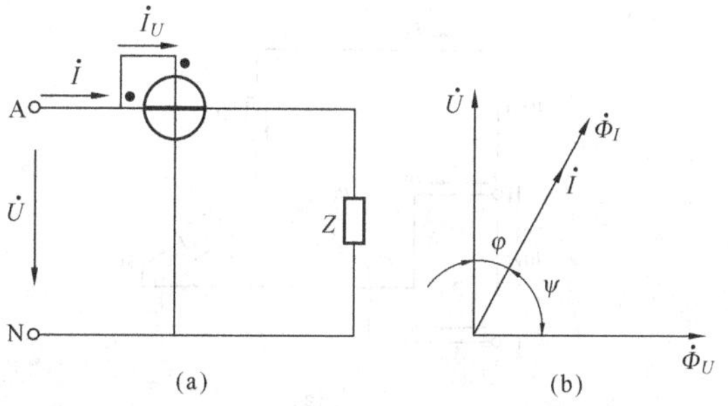

图 5-1 单相电路有功电能的测量

(a) 单相电路接线原理图；(b) 相量图

$$M_Q=k\Phi_U\Phi_I\sin\varphi=k_PUI\cos\varphi=k_PP \tag{5-2}$$

因此，按此接线电能表可以正确计量电能。

如图 5-2 所示，若有一个线圈极性接反，如电流线圈极性接反时，则流入电能表电流线圈中的电流方向与图 5-1 中的相反，产生的电流磁通方向也相反，在这种情况下，电能表的驱动力矩为

$$M_Q=k\Phi_U\Phi_I\sin\theta=k\Phi_U\Phi_I\sin(180^\circ+\psi)=-k\Phi_U\Phi_I\sin\psi \tag{5-3}$$

驱动力矩为负值，与式（5-2）相反，导致电能表反转。

如图 5-3 所示的电能表接线，电压线圈跨接在负载端时，电能表测量的电能包括负载和电压线圈消耗的电能。当用户不用电时，由于电能表的电流、电压线圈中仍有电流存在，使电能表产生转动，这种现象称为正向潜动。在实际中这种接线是不被采用的。

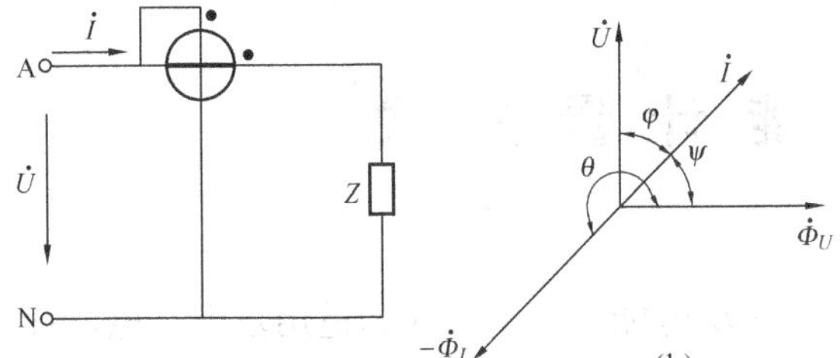

图 5 - 2　电流线圈接反时有功电能的测量

（a）接线原理图；（b）相量图

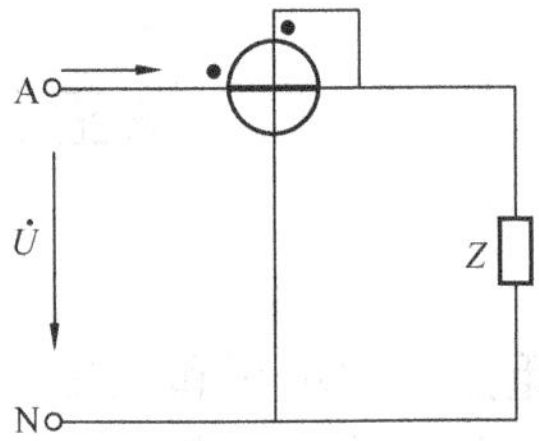

图 5 - 3　电能表的另一种接线方式

第二节　三相有功电能的计量

一、三相三线制电路有功电能的测量

（一）三相电路中的功率

如图 5 - 4 所示，三相三线制电路的负载可以连接成 Y 形和△形两种接线。由交流电路的理论得知，无论三相电路对称与否。三相电路的瞬时功率 p 总是等于各相瞬时功率之和，即

$$p = p_A + p_B + p_C \tag{5-4}$$

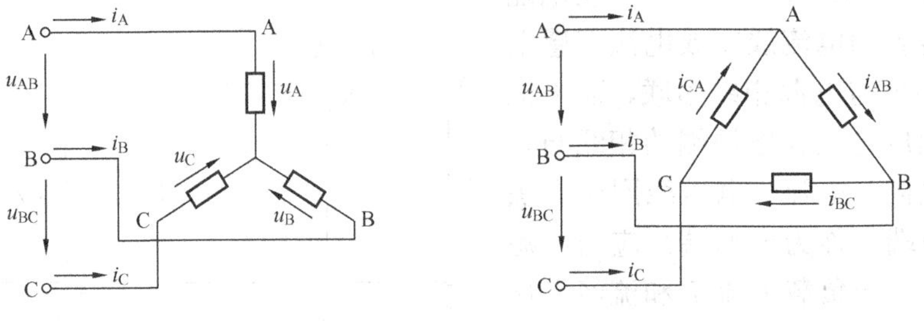

图 5 - 4　三相三线制电路的负载接线

（a）Y 形接线；（b）△形接线

当负载连接成 Y 形时，则三相电路的瞬时功率 p 为

$$p = u_A i_A + u_B i_B + u_C i_C \tag{5-5}$$

式中　u_A、u_B、u_C——各相电压的瞬时值；

i_A、i_B、i_C——各相电流的瞬时值。

根据基尔霍夫第一定律，三相三线制电路中有

$$i_A + i_B + i_C = 0 \tag{5-6}$$

由此得到

$$i_A = -(i_B + i_C)$$

$$i_B = -(i_A + i_C)$$

$$i_C = -(i_A + i_B) \tag{5-7}$$

将式（5 - 7）代入式（5 - 5）得到

$$p = (u_A - u_B)i_A + (u_C - u_B)i_B = u_{AB}i_A + u_{CB}i_C \tag{5-8}$$

式中 u_{AB}、u_{CB}——线电压的瞬时值。

同理可得到

$$p = u_{AC}i_A + u_{BC}i_B \tag{5-9}$$

$$p = u_{BA}i_B + u_{CA}i_C \tag{5-10}$$

三相电路的瞬时功率 p 在一个周期内的平均值，就是三相电路的平均功率 P

$$P = U_{AB}I_A\cos(U_{AB}, I_A) + U_{CB}I_C\cos(U_{CB}, I_C) \tag{5-11}$$

$$P = U_{AC}I_A\cos(U_{AC}, I_A) + U_{BC}I_B\cos(U_{BC}, I_B) \tag{5-12}$$

$$P = U_{BA}I_B\cos(U_{BA}, I_B) + U_{CA}I_C\cos(U_{CA}, I_C) \tag{5-13}$$

式中 U_{AB}、U_{BC}、U_{CA}——线电压的有效值；

I_A、I_B、I_C——线电流的有效值。

若负载为△形接线，同样可得到上述结论。

当三相电路完全对称，即三相电源电压对称、三相负载对称时，则

$$U_A = U_B = U_C = U_{ph}$$

$$U_{AB} = U_{BC} = U_{CA} = U = \sqrt{3}U_{ph}$$

$$I_A = I_B = I_C = I$$

$$\varphi_A = \varphi_B = \varphi_C = \varphi$$

则三相电路总功率为

$$P = 3U_{ph}I_{ph}\cos\varphi = \sqrt{3}UI\cos\varphi \tag{5-14}$$

式中 U_{ph}——相电压；

I_{ph}——相电流；

U——线电压；

I——线电流；

φ——相电压和相电流之间的相位角，即功率因数角。

当三相电压对称、电流不对称时，则式（5-11）根据图5-5可改写成

$$P = U_{AB}I_A\cos(30° + \varphi_A) + U_{CB}I_C\cos(30° - \varphi_C) = P_1 + P_2 \tag{5-15}$$

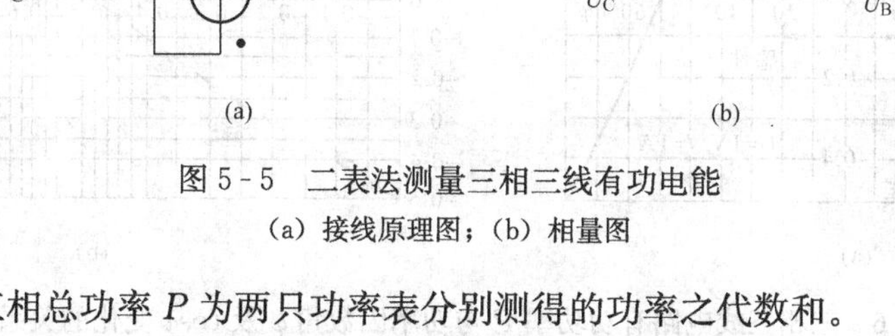

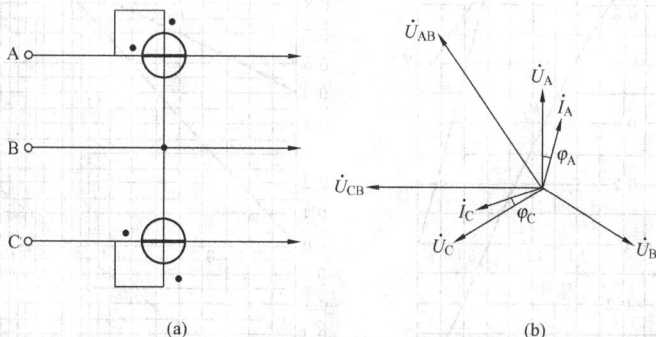

图5-5 二表法测量三相三线有功电能

（a）接线原理图；（b）相量图

由此可见，三相总功率 P 为两只功率表分别测得的功率之代数和。

当三相电路完全对称，则三相功率为

$$P = UI\cos(30^\circ + \varphi) + UI\cos(30^\circ - \varphi) \qquad (5-16)$$

从式（5 - 16）可看出，每只表计的指示值与负载功率因数有关，即三相电路的总功率与负载功率因数有关。当 φ 角变化时，P_1 和 P_2 分别按 $\cos(30^\circ+\varphi)$ 和 $\cos(30^\circ-\varphi)$ 变化规律而变化。变化曲线如图 5 - 6 所示。图 5 - 6（a）的横坐标为 φ 值，$-90^\circ \leqslant \varphi \leqslant 0^\circ$ 表示容性负载，$0 \leqslant \varphi \leqslant 90^\circ$ 表示感性负载；纵坐标为三相总功率 P。现分析如下：

（1）$\varphi=0^\circ$，$\cos\varphi=1.0$ 时，两只表计 P_1 和 P_2 的指示值大小相等，总功率 P 达到最大值，两只表均正转。

（2）负载为感性时，P_2 值始终大于 P_1 值。当 $\varphi=60^\circ$，$\cos\varphi=0.5$ 时，$P_1=0$，表计 1 停转，P_2 为“+”值，表计 2 正转；当 $\varphi>60^\circ$，P_1 值为“－”值，表计 1 反转，P_2 值仍为“+”值，表计 2 仍正转；当 $\varphi=90^\circ$，$\cos\varphi=0$ 时，P_1 和 P_2 的绝对值相等，而符号相反，三相总功率 P 为零。

（3）负载为容性时，P_1 值始终大于 P_2 值。P_1 和 P_2 的值与 ϕ 角之间的关系与感性负载时完全相反。

如图 5 - 6（b）所示，以 $\cos\varphi$ 的值为横坐标，三相总功率 P 为纵坐标。当 $\cos\varphi$ 为某值时，可直接查出 P_1 和 P_2 是正值还是负值，以判断相应的单相电能表是正转还是反转。如当 $\cos\varphi=0.5$ 时，$P_1=0$，表计 1 停转，P_2 为“+”值，表计 2 正转。

从图 5 - 6（a）中还可以看出，若采用三相三线有功功率表测量三相总功率时，不论负载功率因数如何变化，表计都不会反转。

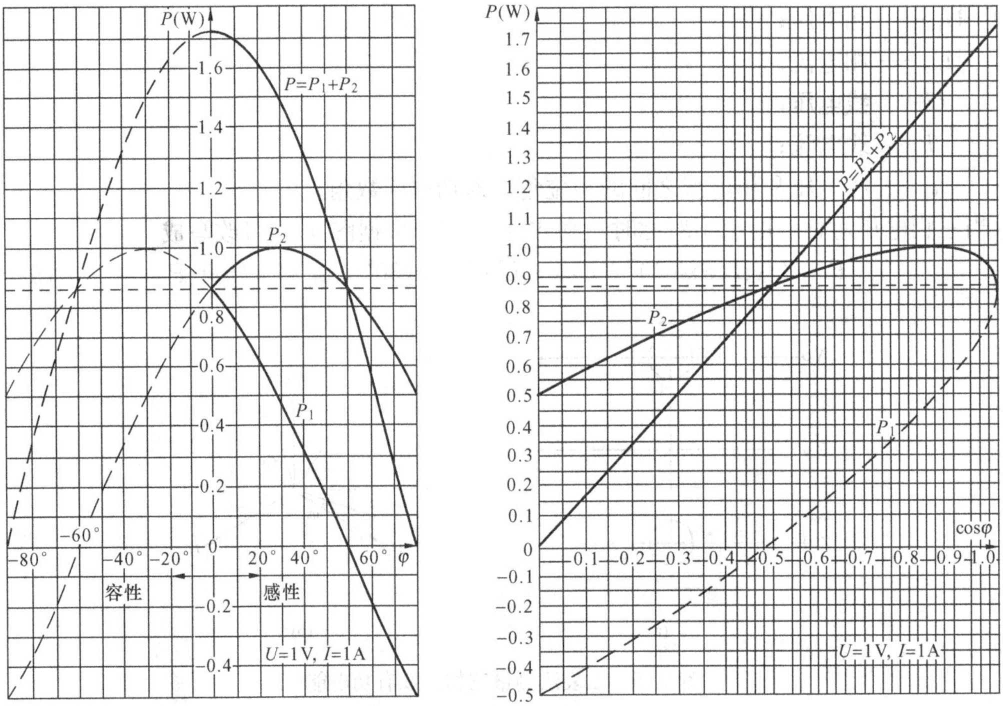

(a) (b)

图 5 - 6　三相三线电路有功功率 P 与功率因数角 φ 及 $\cos\varphi$ 变化的关系曲线

(a) $P=f(\varphi)$；(b) 感性负载时 $P=f(\cos\varphi)$

在此说明一点，根据式（5-12）和式（5-13），还可以得到另外两组接线方式，但从用电管理出发，为了统一起见，规定按式（5-1）得出的接线方式为标准形式。

由此可见，三相三线制电路有功功率的测量可采用一表法和二表法［式（5-14）和式（5-11）、式（5-12）、式（5-13）］。一表法适用于三相完全对称电路。二表法不论三相电路是否对称，只要是三相三线制电路均适用。

（二）三相三线制电路有功电能的测量

根据上面讨论，测量三相有功电能也可以采用一表法和二表法。由于工程中大都是三相不对称电路，因此一表法无工程实际意义，经常采用两只单相有功电能表（DD型）或三相两元件有功电能表（DS型）计量电能。根据式（5-11）画出二表法测量三相电能的接线原理图和相量图，如图5-5所示。

单相有功电能表的驱动力矩 M_Q 正比于负载功率，因此单相电能表可以正确计量单相电能。同样，三相二元件有功电能表的驱动力矩也必然正比于三相负载功率，也可达到正确计量电能的目的。

根据电能表的理想相量图画出三相二元件电能表的相量图，如图5-7所示。

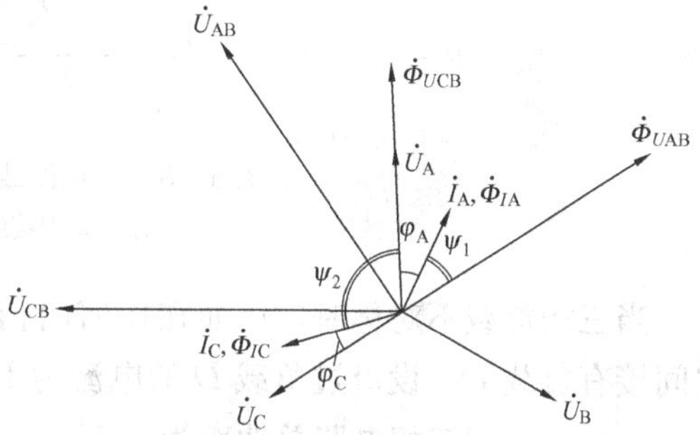

图5-7　三相二元件电能表的相量图

线电压 $\dot{U}_{AB}$ 产生的电压工作磁通 Φ_{UAB} 滞后于电压90°，线电流 $\dot{I}_A$ 产生的电流工作磁通 Φ_{IA} 与电流同相位；同理画出 Φ_{UCB} 和 Φ_{IC} 的相量。从相量图5-7中得到电能表的驱动力矩为

$$M_Q = K_1\Phi_{IA}\Phi_{UAB}\sin\psi_1 + K_2\Phi_{IC}\Phi_{UCB}\sin\psi_2$$

当三相电压对称时，驱动力矩为

$$M_Q = K_1\Phi_{IA}\Phi_{UAB}\sin(60° - \varphi_A) + K_2\Phi_{IC}\Phi_{UCB}\sin(60° + \varphi_C) \tag{5-17}$$

当三相电路完全对称时，$\Phi_{IA}=\Phi_{IC}$，$\Phi_{UAB}=\Phi_{UCB}$，即 $I_A=I_C=I$，$U_{AB}=U_{CB}=U$，驱动力矩为

$$M_Q = K_1UI\sin(60° - \varphi) + K_2UI\sin(60° + \varphi)$$

假设三相二元件有功电能表的结构完全相同，则 $K_1=K_2=K$，进一步化简上式，驱动力矩为

$$\begin{aligned} M_Q &= KUI[\sin(60° - \varphi) + \sin(60° + \varphi)] \\ &= KUI\left(2\times\frac{\sqrt{3}}{2}\cos\varphi\right) \\ &= K\sqrt{3}UI\cos\varphi \\ &= KP \end{aligned} \tag{5-18}$$

由此可见，三相两元件有功电能表或两只单相有功电能表的驱动力矩正比于三相电路总功率。

应当指出：电能表由于受补偿力矩的影响，其反转速度较慢，特别是低负载范围更加明显。用两只单相电能表计量三相有功电能时，随着负载功率因数的变化，表计有正、反转的可能。因而，在某一时间内，正转电能的指示值减去反转电能指示值的绝对值，可能稍大于负载实际消耗的电能，出现测量误差。用三相二元件有功电能表计量三相有功电能时，由于它的驱动力矩是两个元件驱动力矩之和，就不会出现反转，因此可减小测量误差。

二、三相四线制电路有功电能的测量

三相四线制电路可看成由三个单相电路组成的。其平均功率 P 等于各相有功功率之和，即

$$P=P_A+P_B+P_C=U_AI_A\cos\varphi_A+U_BI_B\cos\varphi_B+U_CI_C\cos\varphi_C$$

无论三相电路是否对称，上述公式均可成立。

如图 5 - 8 所示，常用三相四线式有功电能表（DT 型）或三只单相有功电能表（DD 型），按此接线方式进行三相四线制电路有功电能的测量。

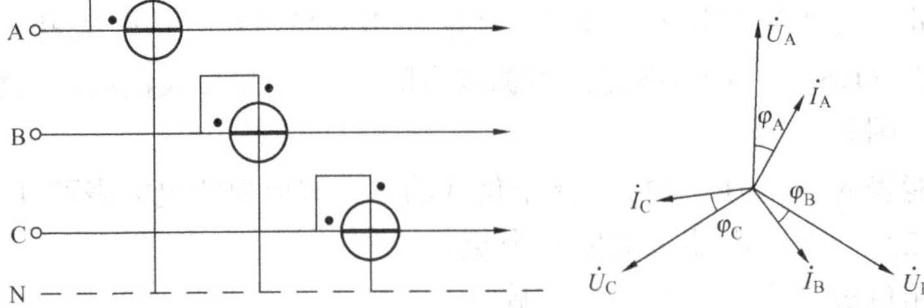

(a) (b)

图 5 - 8 三相四线制电路有功电能的测量

(a) 原理接线图；(b) 相量图

当三相负载不对称时，例如在任何两相之间接有负载，如图 5 - 9 所示，在 A、B 两相之间接有负载 D。设流过负载 D 的电流为 I_D，功率因数为 $\cos\varphi_D$。负载消耗的功率为 $P_D=U_{AB}I_D\cos\varphi_D$，则三相电路总功率为

$$P=P_A+P_B+P_C$$

其中

$$P_A=U_AI_A\cos\varphi_A+U_AI_D\cos(\varphi_D-30°)$$

$$P_B=U_BI_B\cos\varphi_B+U_BI_D\cos(\varphi_D+30°)$$

$$P_C=U_CI_C\cos\varphi_C$$

因此

$$\begin{aligned}P&=U_AI_A\cos\varphi_A+U_BI_B\cos\varphi_B+U_CI_C\cos\varphi_C+U_AI_D\cos(\varphi_D-30°)+U_BI_D\cos(\varphi_D+30°)\\&=U_AI_A\cos\varphi_A+U_BI_B\cos\varphi_B+U_CI_C\cos\varphi_C+2U_AI_D\cos30°\cos\varphi_D\\&=U_AI_A\cos\varphi_A+U_BI_B\cos\varphi_B+U_CI_C\cos\varphi_C+\sqrt{3}U_AI_D\cos\varphi_D\\&=U_AI_A\cos\varphi_A+U_BI_B\cos\varphi_B+U_CI_C\cos\varphi_C+U_{AB}I_D\cos\varphi_D\end{aligned}$$

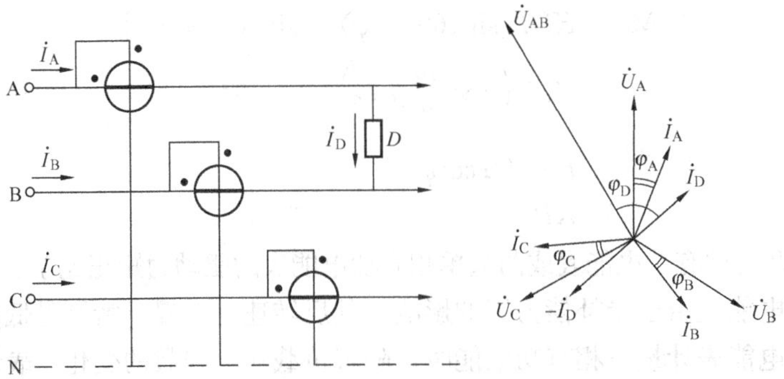

(a) (b)

图 5 - 9 三相不对称负载时有功电能的测量

(a) 原理接线图；(b) 相量图

由此可见，在三相四线制电路中，无论负载是否对称，均能采用三表法或三相四线式有功电能表计量三相总的电能。

需要注意的是，三相四线制电路不能采用二表法测量电能，只有在三相电路完全对称的情况下，即 $i_A+i_B+i_C=0$ 时才允许，否则计量电能会产生误差。现分析如下：

一般三相四线制电路中，三相电流之和 $i_A+i_B+i_C=i_N$。因此，各相负载消耗的瞬时功率为

$$\begin{aligned}p &= u_A i_A + u_B i_B + u_C i_C \\ &= u_A i_A + u_B[i_N-(i_A+i_C)]i_B + u_C i_C \\ &= (u_A-u_B)i_A + (u_C-u_B)i_B + u_B i_N \\ &= u_{AB} i_A + u_{CB} i_C + u_B i_N\end{aligned}$$

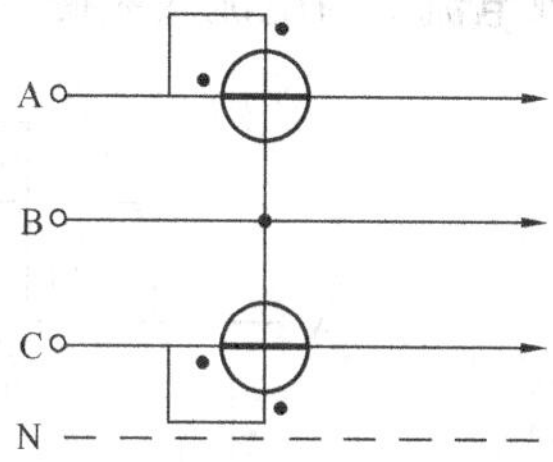

图 5 - 10　三相四线制电路用二表法测量的接线图

而二表法测量的三相瞬时功率只能是 $p'=u_{AB}i_A+u_{CB}i_C$，因此，按图 5 - 10 所示的接线方式测量三相瞬时功率时，将引起误差 γ 为

$$\gamma = \frac{p'-p}{p}\times 100\% = \frac{-u_B i_N}{u_{AB}i_A+u_{CB}i_C+u_B i_N}\times 100\%$$

第三节　无功电能计量方式

单相电路中无功功率的计算公式为

$$Q = UI\sin\varphi \tag{5 - 19}$$

三相电路中无功功率的计算公式为

$$Q = Q_A+Q_B+Q_C = U_A I_A \sin\varphi_A + U_B I_B \sin\varphi_B + U_C I_C \sin\varphi_C \tag{5 - 20}$$

当三相电压对称时，即 $U_A=U_B=U_C=U_{ph}$ 时，三相电路中无功功率的计算公式为

$$Q = U_{ph}(I_A\sin\varphi_A + I_B\sin\varphi_B + I_C\sin\varphi_C) \tag{5 - 21}$$

当三相电路完全对称时，即 $U_A=U_B=U_C=U_{ph}=U/\sqrt{3}$，$I_A=I_B=I_C=I$，$\varphi_A=\varphi_B=\varphi_C=\varphi$ 时，三相电路中无功功率的计算公式为

$$Q = 3U_{ph}I\sin\varphi = \sqrt{3}UI\sin\varphi \tag{5 - 22}$$

我们知道，有功电能表转盘上的驱动力矩与电路中的有功功率成正比。若制造出一种电能表或改变有功电能表的接线方式，使电能表的驱动力矩与无功功率成正比，则此电能表就能计量无功电能。因此，无功电能可采用无功电能表直接测量，也可采用有功电能表通过接线变化间接测量。

下面对各种类型的无功电能表分别作介绍。

一、正弦式无功电能表

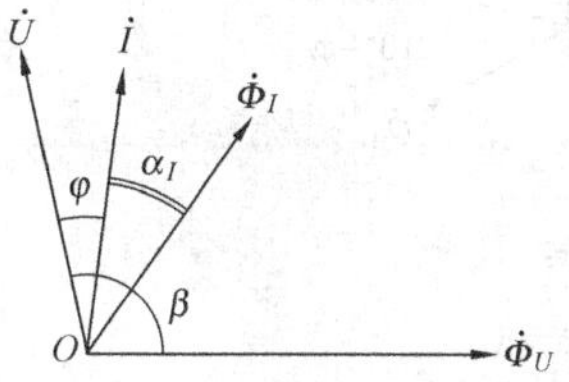

图 5 - 11　感应式电能表简化相量图

如图 5 - 11 所示，感应式电能表的简化相量图，即电流线圈产生的磁通滞后于负载电流一个 α_I 角，电压线圈产生的磁通滞后于电压一个 β 角。由感应式电能表的基本公式可知，其驱动力矩与磁通 Φ_I 和 Φ_U 的乘积以及它们之间夹角 φ 的正弦成正比。

如果人为地创造一种条件，使得驱动力矩与磁通 φ_I 和 φ_U 的乘积以及负载功率因数角的正弦成正比，则这只电能表就可以直接反映出无功电能。正弦式无功电能表就是基于这样一种原理而制造的。

图 5 - 12 所示为单相正弦式无功电能表的接线。在电能表的电压线圈回路中串入电阻 R_U，以增大并联电路的电阻分量，使 β 角减小。在电流线圈回路中并联电阻 R_I，使负载电流 I 的一部分 $\dot{I}_R$ 通过电阻 R_I，另一部分 $\dot{I}_Q$ 通过电流线圈。因为电流线圈中有感抗，所以流过电流线圈的电流 $\dot{I}_Q$ 滞后于 $\dot{I}_R$，并且由 $\dot{I}_Q$ 产生电流工作磁通 $\dot{\Phi}_I$，$\dot{\Phi}_I$ 滞后于 $\dot{I}_Q$，从而加大了负载电流 I 与电流线圈磁通之间的夹角 α_I。

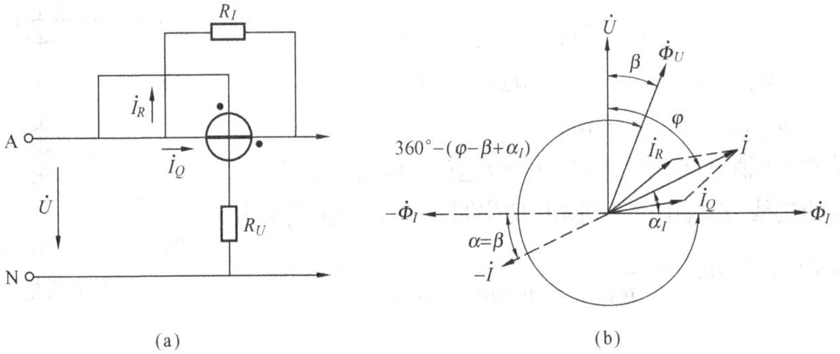

图 5 - 12 单相正弦式无功电能表的接线
(a) 原理接线图；(b) 简化相量图

根据电能表工作原理及图 5 - 12 (b) 所示相量图可得

$$M_Q = K\Phi_I\Phi_U\sin\Psi = K\Phi_I\Phi_U\sin[360^\circ-(\varphi-\beta+\alpha_I)] \qquad (5-23)$$

适当调节 R_U 及 R_I，使得 $\beta=\alpha_I$，则上式化简为

$$M_Q = K\Phi_I\Phi_U\sin(360^\circ-\varphi) = -K\Phi_I\Phi_U\sin\varphi$$

由于 $\Phi_I \propto I_Q \propto I$，$\Phi_U \propto U$，则

$$M_Q = -K\Phi_I\Phi_U\sin\varphi = -K'UI\sin\varphi = -K'Q \qquad (5-24)$$

式中，负号表明电压磁通超前于电流磁通，电能表反转。将电压或电流线圈的任意一对端钮反接，则电能表正转，即电能表的驱动力矩与电路中的无功功率成正比，因此，此表可以正确计量单相无功电能。

如图 5 - 13 所示，三相二元件正弦式无功电能表也可以用来测量三相无功电能。由于此表的驱动力矩与 $UI\sin\varphi$ 成正比，所以当把两只单相正弦式无功电能表或一只三相两元件的正弦式无功电能表按三相三线有功方式接线，可以计量三相三线无功电能。

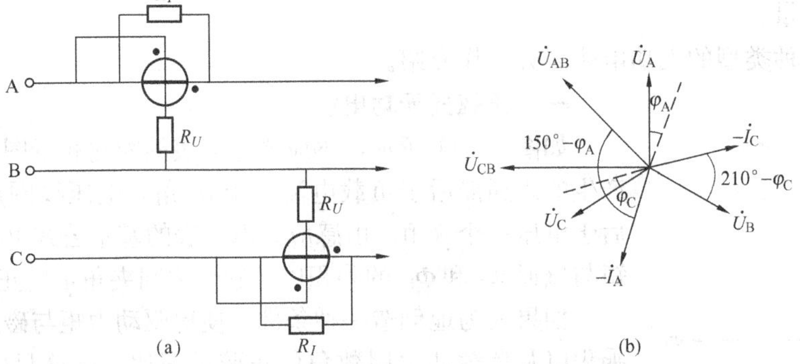

图 5 - 13 三相二元件正弦式无功电能表接线
(a) 原理接线图；(b) 相量图

根据图 5 - 13 可知

$$\begin{aligned} M_Q &= M_{Q1} + M_{Q2} = K_1 U_{AB} I_A \sin(-I_A, U_{AB}) + K_2 U_{CB} I_C \sin(-I_C, U_{CB}) \\ &= K_1 U_{AB} I_A \sin(150° - \varphi_A) + K_2 U_{CB} I_C \sin(210° - \varphi_C) \\ &= K_1 U_{AB} I_A \sin(\varphi_A + 30°) + K_2 U_{CB} I_C \sin(\varphi_C - 30°) \end{aligned}$$

假设两元件结构相同，则 $K_1 = K_2 = K$。当三相电路完全对称时

$$\begin{aligned} M_Q &= KUI\sin(\varphi_A + 30°) + KUI\sin(\varphi_C - 30°) \\ &= K\sqrt{3}UI\sin\varphi = KQ \end{aligned}$$

由此可见：驱动力矩的大小与三相电路中无功功率成正比，此表可以计量三相三线无功电能，即用两只单相正弦式无功电能表或一只三相二元件正弦式无功电能表在对称或不对称的三相三线电路里均能正确地计量无功电能。

同理，用三只单相正弦式无功电能表或一只三相三元件的正弦式无功电能表按计量三相四线有功电能相同的方式接线，可以正确计量三相四线电路中的无功电能。

正弦式无功电能表的最大优点是：三相电路中任何不对称的情况下（电压、电流中仅有一者不对称，称之为简单不对称；两者都不对称，称之为复杂不对称），都能正确计量无功电能，没有附加误差。因而准确度较高，可达到 1%，然而由于这种表本身消耗的功率大、制造复杂，所以近年来已很少生产和使用了。

二、内相角为 60°的三相二元件无功电能表

感应式电能表中，内相角 $\beta = 90° + \alpha_I$。如果在有功电能表的每个电压线圈回路中串接一个附加电阻 R，并且加大电压铁芯工作磁通磁路中的空气隙，以降低电压线圈的电感量，使得电压铁芯上的工作磁通 Φ_U 不再滞后于电压 $90° + \alpha_I$，而是 $60° + \alpha_I$，这项工作是可以做到的。如图 5 - 14 所示，内相角为 60°的无功电能表电压元件的等值电路图和相量图。在电压线圈回路中，感抗分量 X 与电阻分量 $R_U + R$ 之间的关系为

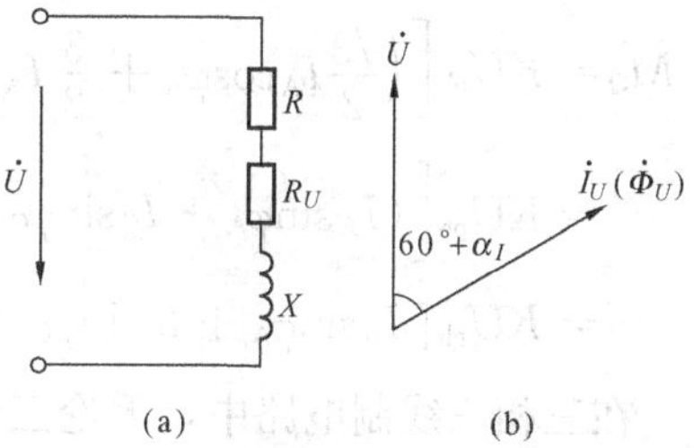

图 5 - 14　内相角为 60°的无功电能表
(a) 等值电路图；(b) 相量图

$$\frac{X}{R_U + R} = \tan 60° \text{ 或 } R = \frac{X}{\sqrt{3}} - R_U \tag{5 - 25}$$

式中　R——附加电阻；

R_U——电压线圈的直流电阻。

合理选择 R 使之满足式（5 - 25），以保证内相角为 60°。

如图 5 - 15 所示，内相角为 60°的三相二元件无功电能表测量三相无功电能的接线图。在三相三线制电路中，从图 5 - 15 的相量图中可以得出，电能表两组元件的驱动力矩分别为

$$\begin{aligned} M_1 &= K_1 \Phi_{IA} \Phi_{UBC} \sin(150° - \varphi_A) \\ &= K_1 \Phi_{IA} \Phi_{UBC} \sin(30° + \varphi_A) \\ M_2 &= K_2 \Phi_{IC} \Phi_{UAC} \sin(210° - \varphi_C) \\ &= K_2 \Phi_{IC} \Phi_{UAC} \sin(\varphi_C - 30°) \end{aligned}$$

当三相两元件电能表的结构相同，且三相电路电压也对称时，总驱动力矩可以化简为

$$M_Q = M_1 + M_2$$
$$= KUI_A\sin(30^\circ + \varphi_A) + KUI_C\sin(\varphi_C - 30^\circ)$$
$$= KU\left[I_A\left(\frac{1}{2}\cos\varphi_A + \frac{\sqrt{3}}{2}\sin\varphi_A\right) + I_C\left(\frac{\sqrt{3}}{2}\sin\varphi_C - \frac{1}{2}\cos\varphi_C\right)\right]$$

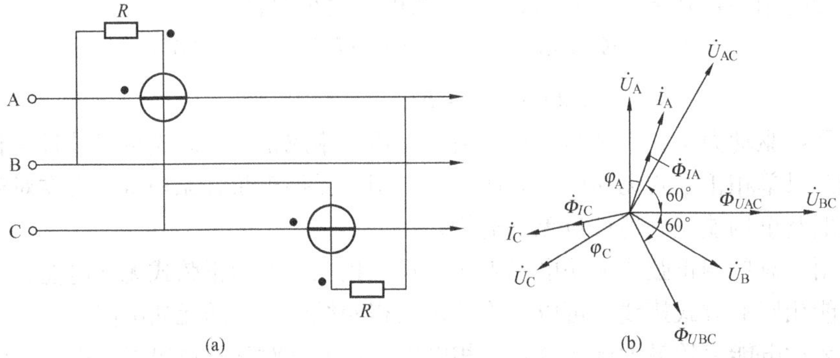

图 5-15 内相角为 60°的三相二元件无功电能表
(a) 原理接线图；(b) 相量图

因为线电压 U 等于 $\sqrt{3}$ 倍相电压 $\dot{U}_{ph}$，所以上式可以化简为

$$M_Q = KU_{ph}\left[\left(\frac{\sqrt{3}}{2}I_A\cos\varphi_A + \frac{3}{2}I_A\sin\varphi_A\right) + \left(\frac{3}{2}I_C\sin\varphi_C - \frac{\sqrt{3}}{2}I_C\cos\varphi_C\right)\right]$$
$$= KU_{ph}\left[(I_A\sin\varphi_A + I_C\sin\varphi_C) + I_A\left(\frac{1}{2}\sin\varphi_A + \frac{\sqrt{3}}{2}\cos\varphi_A\right) + I_C\left(\frac{1}{2}\sin\varphi_C - \frac{\sqrt{3}}{2}\cos\varphi_C\right)\right]$$
$$= KU_{ph}[I_A\sin\varphi_A + I_C\sin\varphi_C + I_A\sin(60^\circ + \varphi_A) - I_C\sin(60^\circ - \varphi_C)]$$

在三相三线制电路中，无论三相电流是否对称，总有 $\dot{I}_A + \dot{I}_B + \dot{I}_C = 0$，因此各相电流在 U_B 垂直的纵坐标线投影为 $I_A\sin(\varphi_A + 60^\circ) - I_C\sin(60^\circ - \varphi_C) = I_B\sin\varphi_B$

因此，其合成驱动力矩又可化简为

$$M_Q = KU_{ph}(I_A\sin\varphi_A + I_B\sin\varphi_B + I_C\sin\varphi_C)$$
$$= K(U_{ph}I_A\sin\varphi_A + U_{ph}I_B\sin\varphi_B + U_{ph}I_C\sin\varphi_C)$$
$$= KQ \tag{5-26}$$

即合成驱动力矩与三相无功功率成正比。从推导过程中可知，具有内相角为 60°的三相两元件无功电能表在三相三线制电路计量无功电能时，只要电压对称，无论三相电流是否对称，都可以正确计量。这个结论是在负载为 Y 形接线的条件下得出的，同样负载为△形接线时，这个结论仍是正确的。

在三相四线制电路中，由于三相电流的相量和不为零，所以图 5-15 所示的三相二元件无功电能表用在三相四线制电路计量无功电能时将有附加误差。但是若用 60°相角差原理制成的三相三元件电能表，将第一个元件接到 $\dot{U}_B$、$\dot{I}_A$，第二个元件接到 $\dot{U}_C$、$\dot{I}_B$，第三个元件接到 $\dot{U}_A$、$\dot{I}_C$ 时，则可以计量三相四线制电路的无功电能。根据图 5-15 的相量图可以求出其合成转矩为

$$M_Q = K[U_BI_A\sin(180^\circ - \varphi_A) + U_CI_B\sin(180^\circ - \varphi_B) + U_AI_C\sin(180^\circ - \varphi_C)]$$

当三相电压对称时，$U_A = U_B = U_C = U_{ph}$，则

$$
\begin{aligned}
M_Q &= K(U_{ph}I_A\sin\varphi_A + U_{ph}I_B\sin\varphi_B + U_{ph}I_C\sin\varphi_C)\\
&= KQ
\end{aligned}
\tag{5-27}
$$

式（5-27）表明：当三相电压对称时，无论负载是否对称，用60°相角差原理制成的三相三元件电能表都可以正确计量无功电能。

三、带有附加电流线圈的三相无功电能表

图 5-16 所示为带有附加电流线圈的三相无功电能表的接线图。在三相二元件电能表的电流铁芯上，绕有绕制方向和匝数相同的两个电流线圈。通入电流$\dot{I}_A$或$\dot{I}_C$的电流线圈为基本电流线圈，电流$\dot{I}_A$或$\dot{I}_C$从电源端（标黑点的一端）流入基本电流线圈。通入电流$\dot{I}_B$的电流线圈为附加电流线圈，从非电源端（没有标黑点的一端）流入附加电流线圈。第一个电流元件所通过的合成电流为$\dot{I}_A-\dot{I}_B$，电压元件对应的线电压为$\dot{U}_{BC}$，第二个电流元件的合成电流$\dot{I}_C-\dot{I}_B$，电压元件对应的线电压为$\dot{U}_{AB}$。由此可得，两组元件的转矩分别为

$$
\begin{aligned}
M_1 &= K_1[\Phi_{IA}\Phi_{UBC}\sin(180° - \varphi_A) + \Phi_{IB}\Phi_{UBC}\sin(240° - \varphi_B)]\\
&= K_1[\Phi_{IA}\Phi_{UBC}\sin\varphi_A + \Phi_{IB}\Phi_{UBC}\sin(60° - \varphi_B)]\\
M_2 &= K_2[\Phi_{IC}\Phi_{UAB}\sin(180° - \varphi_C) + \Phi_{IB}\Phi_{UAB}\sin(120° - \varphi_B)]\\
&= K_2[\Phi_{IC}\Phi_{UAB}\sin\varphi_C + \Phi_{IB}\Phi_{UAB}\sin(60° + \varphi_B)]
\end{aligned}
$$

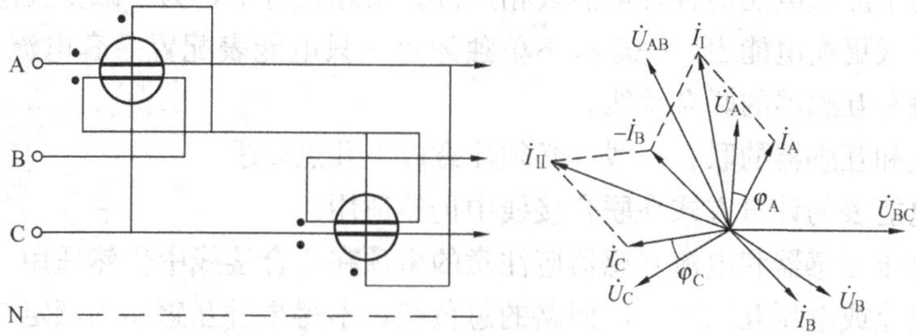

(a)　　　　(b)

图 5-16　带有附加电流线圈的三相无功电能表

(a) 原理接线图；(b) 相量图

当两组元件结构相同，三相电压对称时，$K_1=K_2=K$，$U_{AB}=U_{BC}=U=\sqrt{3}U_{ph}$，总的驱动力矩可以化简为

$$
\begin{aligned}
M_Q &= M_1 + M_2\\
&= K[UI_A\sin\varphi_A - UI_B\sin(60° - \varphi_B)] + K[UI_C\sin\varphi_C + UI_B\sin(60° + \varphi_B)]\\
&= K\sqrt{3}(U_{ph}I_A\sin\varphi_A + U_{ph}I_B\sin\varphi_B + U_{ph}I_C\sin\varphi_C)\\
&= K\sqrt{3}Q
\end{aligned}
\tag{5-28}
$$

由此可见，此电能表可以计量三相三线无功电能。推导过程中，只要求三相电压对称，并未引入三相电流的相量和等于零这一条件，因此无论负载是否对称，这种无功电能表也可以用来测量三相四线制电路的无功电能。

因为这种无功电能表的电压工作磁通滞后电压线圈电压的角度为$\beta=90°+\alpha_I$，所以又称

作内相角为 90°的无功电能表。DX1 型无功电能表便是按此原理制造而成的。

四、无功电能表的特点

（1）除正弦式三相无功电能表外，大多数三相无功电能表计量无功电能的正确性与三相电路是否对称有关。

（2）在反相序时，三相无功电能表（正弦表除外）的转盘将反转，因此一定要注意相序的正确性。

（3）在负载为容性时，无功电能表的转盘也会反转。在电力传送方向相反时，也会反转。为了正确计量无功电能，这时可将电流端子的进出线相交换，使表计正转。在同一条线路中，若负载性质或电力传送方向经常变化时，为了计量准确，可以同时装两只带有止逆器的无功电能表，分别计量不同性质负载或不同传送方向的无功电能。

（4）由于电力系统的功率因数 $\cos\varphi$ 一般都较高（大多在 0.8 以上），无功电能表的相位角误差和元件转矩不平衡的影响都比较大，单相法检验时的附加误差也较大，所以无功电能表的调整应该比有功电能表的要求更严一些。

第四节　电能表和互感器的联合接线

高电压大电流系统的电能计量，必须通过电压互感器和电流互感器转变为低电压和小电流后，才能与用于测量电能的各种电能表相连接。实际运行中，为了减少互感器的投资，便于现场带电测量或更换电能表，一般都不单独为每一只电能表配置一套电流、电压互感器，而是采用电能表和互感器的联合接线。

实行电能表和互感器的联合接线，必须注意以下几点要求：

（1）所有电能表的计量方式在联合接线中仍然适用。

（2）使用电压互感器和电流互感器应注意的事项在联合接线中仍然适用。

（3）接在电流或电压互感器二次回路的总负载，不得超过互感器的额定二次负载值。

（4）电压互感器可接在电流互感器的电源侧，其二次回路不得装设熔丝。

（5）在电压、电流互感器的二次回路中，应装设专用的试验接线端钮盒，以便对运行中的电能表进行校验或更换，防止电压互感器二次回路短路或电流互感器二次回路开路。

（6）互感器的二次回路应采用黄、绿、红分色的铜线，而不能采用软线。电压互感器二次回路电压降根据电能表的等级确定，应不超过额定二次电压的 0.25%或 0.5%，导线截面最小为 2.5mm^2。电流互感器二次导线电阻与二次所接表计总阻抗之和不得大于互感器的额定二次负载，其导线截面最小为 4mm^2。

下面分别介绍电能表和互感器的联合接线方式。

一、三相有功电能表和互感器的联合接线

如图 5-17 所示，三相二元件有功电能表与电压、电流互感器的联合接线。在三相电路对称时，电能表测得的有功功率 P_2 为

$$P_2 = \sqrt{3}U_2 I_2 \cos\varphi$$

一次侧实际的有功功率为

$$P_1 = K_U K_I \sqrt{3} U_2 I_2 \cos\varphi$$

式中 U_2——互感器二次侧的电压；

I_2——互感器二次侧的电流；

K_U——电压互感器的额定变比；

K_I——电流互感器的额定变比。

二、三相无功电能表和互感器的联合接线

如图5-18所示，内相角为60°的三相无功电能表与电压、电流互感器的联合接线。一次侧实际的无功功率为

$$Q_1 = K_U K_I \sqrt{3} U_2 I_2 \sin\varphi$$

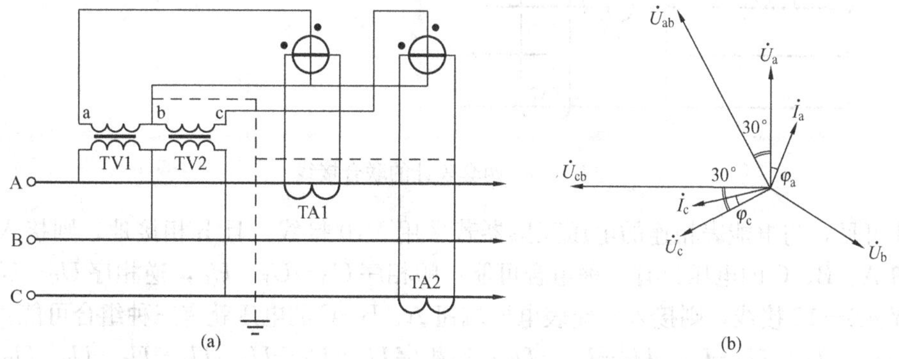

图5-17 三相二元件有功电能表与电压、电流互感器联合接线

(a) 原理接线图；(b) 相量图

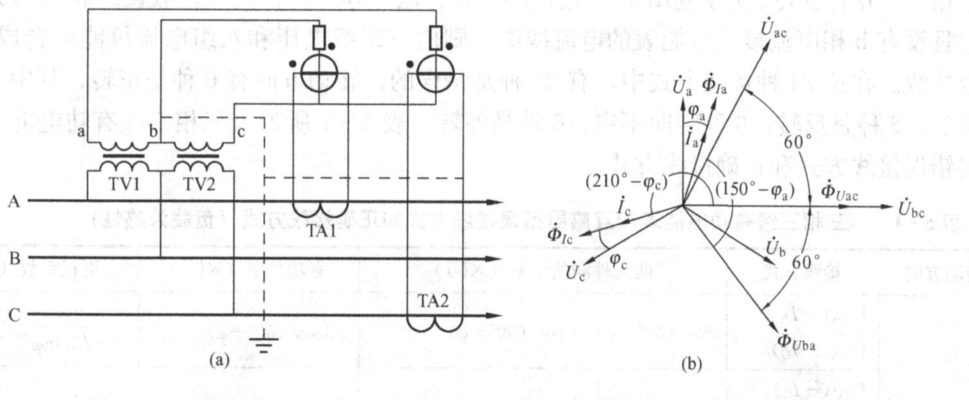

图5-18 内相角为60°的三相无功电能表与电压、电流互感器的联合接线

(a) 原理接线图；(b) 相量图

三、三相有功电能表、无功电能表和互感器的联合接线

在三相电路中，如果有功和无功功率都向同一方向输出，可采用一只三相三线有功电能表和一只无功电能表，通过电压和电流互感器进行联合接线。如果有功功率输送方向不变，而无功功率输送方向要改变，可采用一只三相三线有功电能表和两只无功电能表，通过电压和电流互感器进行联合接线。如果有功和无功功率的输送方向随时都改变，可采用两只三相

三线有功电能表和两只无功电能表，通过电压和电流互感器进行联合接线，如图 5 - 19 所示。在正向输送功率时，第一套表计正转，准确计量，第二套表计由于电流反向输送，表计反转。当功率反向输送时，第二套表计正转，准确计量，第一套表计反转。在此，每只电能表都应带有止逆器，以阻止反转。

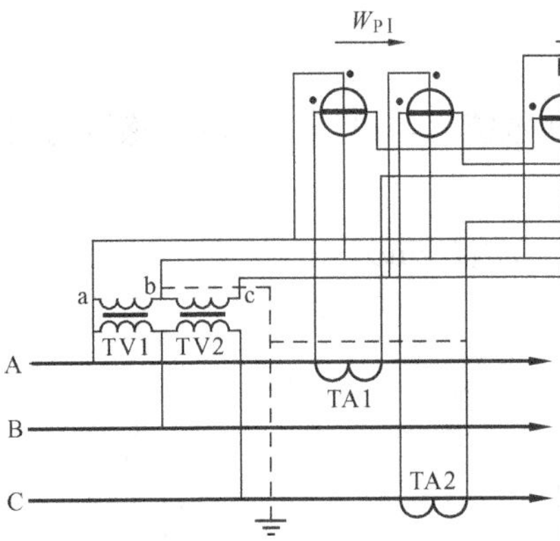

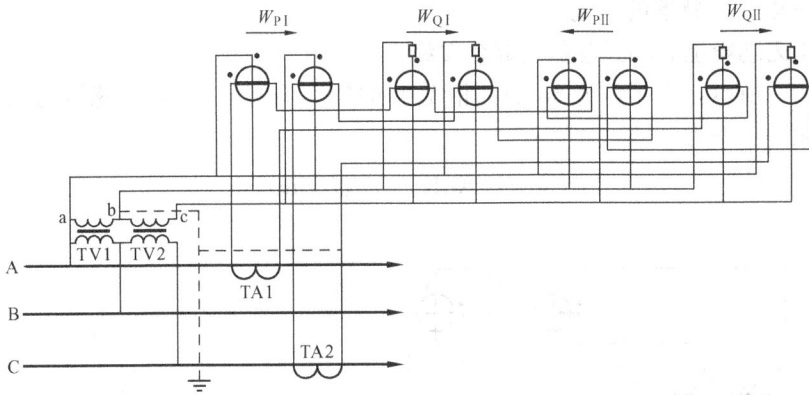

图 5 - 19　两套表计的联合接线

由此可见，与电能表相连的电压互感器若采用 Vv0 接线，且 b 相接地，则接入电能表电压端钮 A、B、C 的电压只有一种组合可能：顺相序 $U_A-U_B-U_C$，逆相序 $U_C-U_B-U_A$。若采用 Yyn0—12 接线，则接入电能表电压端钮 A、B、C 的电压就有三种组合可能：顺相序 $U_A-U_B-U_C$、$U_B-U_C-U_A$、$U_C-U_A-U_B$；逆相序 $U_C-U_B-U_A$、$U_A-U_C-U_B$、$U_B-U_A-U_C$。与电能表相连的电流互感器一般采用二相星形接线，接入电能表的电流有 I_A 和 $-I_A$，I_C 和 $-I_C$，四个电流可以构成 8 个电流组合：①I_A、I_C；②I_A、$-I_C$；③$-I_A$、I_C；④$-I_A$、$-I_C$；⑤I_C、I_A；⑥I_C、$-I_A$；⑦$-I_C$、I_A；⑧$-I_C$、$-I_A$。假设三相电压为顺相序，且没有 b 相电流接入电能表的电流线圈，则由三组线电压和八组电流可能组合成 24 种联合接线。在这 24 种接线方式中，有 23 种是错误的。转动方向有 6 种是正转，其中一种是正确的；6 种是反转；6 种转向不定；6 种是停转。表 5 - 1 所列为三相三线有功电能表和互感器错误接线方式和正确接线方式。

表 5 - 1　三相三线有功电能表和互感器错误接线方式和正确接线方式（负载为感性）

转动方向	接线方式	两元件测的功率（×UI）	有功功率（×UI）	更正系数（G_X）
正转	$U_{CA}(-I_A)$ $U_{BA}(-I_C)$	cos（30°$-\varphi$）+cos（90°$-\varphi$）	$\sqrt{3}$cos（60°$-\varphi$）	$\frac{2}{1+\sqrt{3}\tan\varphi}$
	$U_{BC}(-I_C)$ $U_{AC}I_A$	cos（30°$-\varphi$）+cos（30°$-\varphi$）	2cos（30°$-\varphi$）	$\frac{\sqrt{3}}{\sqrt{3}+\tan\varphi}$
	$U_{BC}I_A$ $U_{AC}(-I_C)$	cos（90°$-\varphi$）+cos（30°$+\varphi$）	cos（30°$-\varphi$）	$\frac{2\sqrt{3}}{\sqrt{3}+\tan\varphi}$
	$U_{AB}I_C$ $U_{CB}(-I_A)$	cos（90°$-\varphi$）+cos（90°$-\varphi$）	2sinφ	$\frac{\sqrt{3}}{2\tan\varphi}$
	$U_{AB}(-I_A)$ $U_{AC}(-I_C)$	cos（150°$-\varphi$）+cos（30°$-\varphi$）	sinφ	$\frac{\sqrt{3}}{\tan\varphi}$

续表

转动方向	接线方式	两元件测的功率（×UI）	有功功率（×UI）	更正系数（G_X）
停转	$U_{AB}I_C$ $U_{CB}I_A$	cos（90°−φ）+cos（90°+φ）	0	
	$U_{AB}(-I_C)$ $U_{CB}(-I_A)$	cos（90°+φ）+cos（90°−φ）	0	
	$U_{BC}I_C$ $U_{AC}I_A$	cos（150°+φ）+cos（30°−φ）	0	
	$U_{BC}(-I_C)$ $U_{AC}(-I_A)$	cos（30°−φ）+cos（150°+φ）	0	
	$U_{CA}I_C$ $U_{BA}I_A$	cos（30°+φ）+cos（150°−φ）	0	
	$U_{CA}(-I_C)$ $U_{BA}(-I_A)$	cos（150°−φ）+cos（30°+φ）	0	
反转	$U_{CA}I_A$ $U_{BA}I_C$	cos（150°+φ）+cos（90°+φ）	$-\sqrt{3}\cos(60°-\varphi)$	$\frac{-2}{1+\sqrt{3}\tan\varphi}$
	$U_{BC}I_C$ $U_{AC}(-I_A)$	cos（150°+φ）+cos（150°+φ）	$-2\cos(30°-\varphi)$	$\frac{-\sqrt{3}}{\sqrt{3}+\tan\varphi}$
	$U_{BC}(-I_A)$ $U_{AC}I_C$	cos（90°+φ）+cos（150°−φ）	$-\cos(30°-\varphi)$	$\frac{-2\sqrt{3}}{\sqrt{3}+\tan\varphi}$
	$U_{AB}(-I_A)$ $U_{CB}(-I_C)$	cos（150°−φ）+cos（150°+φ）	$-\sqrt{3}\cos\varphi$	−1
	$U_{AB}(-I_C)$ $U_{CB}I_A$	cos（90°+φ）+cos（90°+φ）	$-2\sin\varphi$	$\frac{-\sqrt{3}}{2\tan\varphi}$
	$U_{AB}I_A$ $U_{CB}(-I_C)$	cos（30°+φ）+cos（150°−φ）	$-\sin\varphi$	$\frac{-\sqrt{3}}{\tan\varphi}$
转向不定	$U_{BC}(-I_A)$ $U_{AC}(-I_C)$	cos（90°+φ）+cos（30°+φ）	$\sqrt{3}\cos(60°+\varphi)$	$\frac{2}{1-\sqrt{3}\tan\varphi}$
	$U_{BC}I_A$ $U_{AC}I_C$	cos（90°−φ）+cos（150°−φ）	$-\sqrt{3}\cos(60°+\varphi)$	$\frac{-2}{1-\sqrt{3}\tan\varphi}$
	$U_{CA}I_C$ $U_{AB}(-I_A)$	cos（30°+φ）+cos（30°+φ）	$2\cos(30°+\varphi)$	$\frac{\sqrt{3}}{\sqrt{3}-\tan\varphi}$
	$U_{CA}(-I_C)$ $U_{BA}I_A$	cos（150°−φ）+cos（150°−φ）	$-2\cos(30°+\varphi)$	$\frac{-\sqrt{3}}{\sqrt{3}-\tan\varphi}$
	$U_{CA}I_A$ $U_{BA}I_C$	cos（90°+φ）+cos（30°−φ）	$\cos(30°+\varphi)$	$\frac{2\sqrt{3}}{\sqrt{3}-\tan\varphi}$
	U_CI_A $U_{BA}(-I_C)$	cos（150°+φ）+cos（90°−φ）	$-\cos(30°+\varphi)$	$\frac{-2\sqrt{3}}{\sqrt{3}-\tan\varphi}$
正确接线	$U_{AB}I_A$ $U_{CB}I_C$	cos（30°+φ）+cos（30°−φ）	$\sqrt{3}\cos\varphi$	1

第五节　电能计量装置的综合误差

电能计量装置的综合误差包括电能表误差、互感器的合成误差和二次回路压降造成的误差三部分。这三部分误差不仅有其各自的特点和规律，而且由于接线不同，使用条件变化，所引起的综合误差也不同。计算综合误差的方法为：先将与电能表按不同方式连接的电流、电压互感器的比差和角差统一计算出互感器的合成误差，然后再将它与电能表的误差和二次回路压降所造成的误差用代数和的方式求得三者的综合误差，即

$$\gamma = \gamma_0 + \varepsilon_P + \gamma_d (\%) \tag{5-29}$$

式中 γ_0——电能表的相对误差；

ε_P——互感器的合成误差；

γ_d——电压互感器二次导线压降引起的误差。

互感器的合成误差可根据下面基本公式计算为

$$\varepsilon_P = \frac{K_U K_I P_2 - P_1}{P_1} \times 100\% \tag{5-30}$$

式中 K_I——电流互感器的额定变比；

K_U——电压互感器的额定变比；

P_1——互感器一次侧的功率；

P_2——用没有误差的仪表测得的互感器二次侧功率。

一、有功电能计量装置的综合误差

1. 单相电能计量装置的综合误差

如图 5 - 20 所示，单相有功电能表与互感器的联合接线图和相量图。假设负载为感性，在测单相电路有功电能时，受到互感器比差和角差的影响，此时互感器一次侧的功率为

$$P_1 = U_1 I_1 \cos\varphi$$

二次侧的功率为

$$P_2 = U_2 I_2 \cos(\varphi - \delta_I + \delta_U)$$

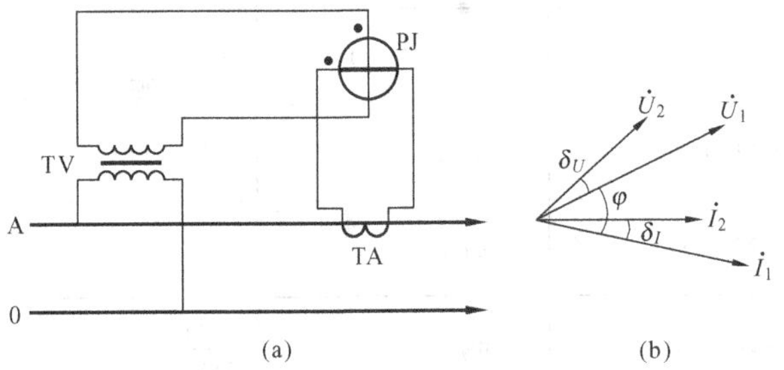

图 5 - 20　单相有功电能表与互感器连接图及相量图

（a）连接图；（b）相量图

PJ—单相有功电能表；TV—电压互感器；TA—电流互感器

式中 δ_I——电流互感器的角差；

δ_U——电压互感器的角差。

所以，互感器的合成误差为

$$\varepsilon_P = \frac{K_U K_I P_2 - P_1}{P_1} \times 100\%$$

$$= \frac{K_U K_I U_2 I_2 \cos(\varphi - \delta_I + \delta_U) - U_1 I_1 \cos\varphi}{U_1 I_1 \cos\varphi} \times 100\%$$

因为 $K_U = \frac{U_1}{U_2}\left(1 + \frac{f_U}{100}\right)$，$K_I = \frac{I_1}{I_2}\left(1 + \frac{f_I}{100}\right)$。所以上式化简为

$$\varepsilon_P = \left[\frac{(1 + f_U/100)(1 + f_I/100)\cos(\varphi - \delta_I + \delta_U)}{\cos\varphi} - 1\right] \times 100\% \tag{5-31}$$

略去二次微小项 $\frac{f_U f_I}{10\,000}$，可得

$$\varepsilon_P = \left[\frac{\cos(\varphi - \delta_I + \delta_U)}{\cos\varphi} + \frac{f_U}{100} + \frac{f_I}{100} - 1\right] \times 100\%$$

因为 δ_I、δ_U 较小。所以 $\cos(\delta_I-\delta_U)\approx 1$；$\sin(\delta_I-\delta_U)\approx\delta_I-\delta_U$

将上式进一步简化后，可得

$$\varepsilon_P=\{f_U+f_I+[(\delta_I-\delta_U)\tan\varphi]\times 100\}(\%)$$

若互感器的角差以“分”表示，则上式化简为

$$\varepsilon_P=f_U+f_I+0.0291(\delta_I-\delta_U)\tan\varphi(\%) \quad (5-32)$$

如令 $f=f_U+f_I$；$\delta=\delta_I-\delta_U$，则

$$\varepsilon_P=f+0.0291\delta\tan\varphi(\%)$$

式中 f_U——电压互感器的比差，%；

f_I——电流互感器的比差，%。

上述推导是在感性负载下得出的。对于容性负载，也可根据上述方法导出互感器的合成误差为

$$\varepsilon_P=\left[\frac{(1+f_U/100)(1+f_I/100)\cos(\varphi+\delta_I-\delta_U)}{\cos\varphi}-1\right]\times 100\%$$

同样化简可得

$$\varepsilon_P=f_U+f_I+0.0291(\delta_U-\delta_I)\tan\varphi(\%) \quad (5-33)$$

由此可见，感性负载和容性负载的不同之处，仅在于两者角差的值符号相反，即 $+\delta=\delta_I-\delta_U$ 和 $-\delta=\delta_I-\delta_U$，而互感器的角差自身具有正负号，与式（5-32）、式（5-33）中的符号无关。

当单相有功电能表的误差为 γ_0%时，单相电能计量装置的综合误差为

$$\gamma=\gamma_0+\varepsilon_P+\gamma_d(\%) \quad (5-34)$$

2. 三相三线有功电能计量装置的综合误差

在三相三线电路计量有功电能时，三相二元件有功电能表与电压互感器有两种不同的接线方式。下面讨论其综合误差的计算。

(1) 电压互感器按 Vv 形连接。图 5-21 所示为三相二元件有功电能表与电压、电流互感器连接时的原理接线图和相量图。每组元件接有电压和电流互感器各一只，由此可得一次侧功率 P_1 为

$$P_1=U_{AB}I_A\cos(\varphi_A+30°)+U_{CB}I_C\cos(\varphi_C-30°)$$

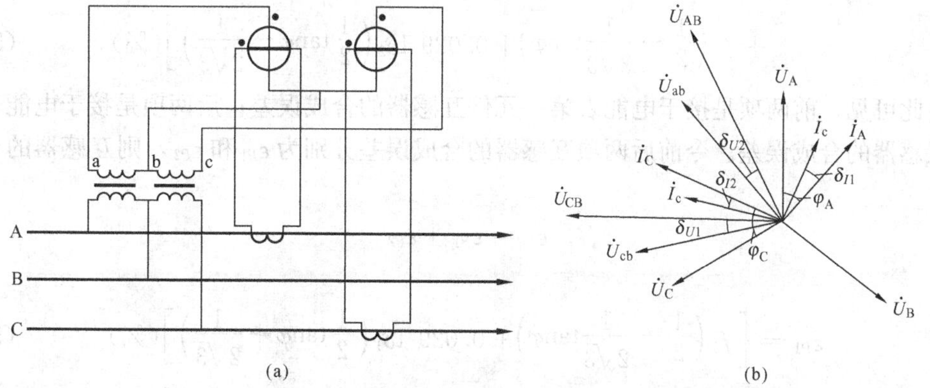

图 5-21 三相二元件有功电能表与电压、电流互感器的连接

(a) 原理接线图；(b) 相量图

二次侧功率 P_2 为

$$P_2=U_{ab}I_a\cos(\varphi_A+30^\circ-\delta_{I1}+\delta_{U1})+U_{cb}I_c\cos(\varphi_C-30^\circ-\delta_{I2}+\delta_{U2})$$

为使问题简化，在此仅讨论三相对称系统，即三相电源对称，负载为感性且三相对称。由此可得

$$U_{AB}=U_{CB}=U_1,\ I_A=I_C=I_1,\ U_{ab}=U_{cb}=U_2,\ I_a=I_c=I_2,\ \varphi_A=\varphi_C=\varphi$$

则有 $P_1=\sqrt{3}U_1I_1\cos\varphi$

$$P_2=U_2I_2\cos(\varphi+30^\circ-\delta_{I1}+\delta_{U1})+U_2I_2\cos(\varphi-30^\circ-\delta_{I2}+\delta_{U2})$$

将 P_2 折算到一次侧为

$$P'_1=K_{U1}K_{I1}U_2I_2\cos(\varphi+30^\circ-\delta_{I1}+\delta_{U1})+K_{U2}K_{I2}U_2I_2\cos(\varphi-30^\circ-\delta_{I2}+\delta_{U2})$$

所以，互感器的合成误差为

$$\begin{aligned}\varepsilon_P&=\frac{P'_1-P_1}{P_1}\times100\%\\&=\left[\frac{K_{U1}K_{I1}U_2I_2\cos(\varphi+30^\circ-\delta_{I1}+\delta_{U1})+K_{U2}K_{I2}U_2I_2\cos(\varphi-30^\circ-\delta_{I2}+\delta_{U2})}{\sqrt{3}U_1I_1\cos\varphi}-1\right](\%)\\&=\left[(f_{U1}+f_{I1})\left(\frac{1}{2}-\frac{1}{2\sqrt{3}}\tan\varphi\right)+0.0291(\delta_{I1}-\delta_{U1})\left(\frac{1}{2}\tan\varphi+\frac{1}{2\sqrt{3}}\right)\right.\\&\left.\quad+(f_{U2}+f_{I2})\left(\frac{1}{2}+\frac{1}{2\sqrt{3}}\tan\varphi\right)+0.0291(\delta_{I2}-\delta_{U2})\left(\frac{1}{2}\tan\varphi-\frac{1}{2\sqrt{3}}\right)\right](\%)\end{aligned}\tag{5-35}$$

式中 K_{U1}，K_{U2}——第一、第二元件电压互感器的额定变比；

K_{I1}，K_{I2}——第一、第二元件电流互感器的额定变比；

f_{U1}，f_{U2}——第一、第二元件电压互感器的比差；

f_{I1}，f_{I2}——第一、第二元件电流互感器的比差；

δ_{U1}，δ_{U2}——第一、第二元件电压互感器的角差；

δ_{I1}，δ_{I2}——第一、第二元件电流互感器的角差。

令 $f_1=f_{U1}+f_{I1}$，$f_2=f_{U2}+f_{I2}$，$\delta_1=\delta_{I1}-\delta_{U1}$，$\delta_2=\delta_{I2}-\delta_{U2}$，则上式进一步化简为

$$\begin{aligned}\varepsilon_P=&\left[f_1\left(\frac{1}{2}-\frac{1}{2\sqrt{3}}\tan\varphi\right)+0.0291\delta_1\left(\frac{1}{2}\tan\varphi+\frac{1}{2\sqrt{3}}\right)\right.\\&\left.+f_2\left(\frac{1}{2}+\frac{1}{2\sqrt{3}}\tan\varphi\right)+0.0291\delta_2\left(\frac{1}{2}\tan\varphi-\frac{1}{2\sqrt{3}}\right)\right](\%)\end{aligned}\tag{5-36}$$

由此可见，前两项是接于电能表第一元件互感器的合成误差；后两项是接于电能表第二元件互感器的合成误差。令前后两项互感器的合成误差分别为 ε_{P1} 和 ε_{P2}，则互感器的合成误差为

$$\varepsilon_P=\varepsilon_{P1}+\varepsilon_{P2}$$

其中

$$\varepsilon_{P1}=\left[f_1\left(\frac{1}{2}-\frac{1}{2\sqrt{3}}\tan\varphi\right)+0.0291\delta_1\left(\frac{1}{2}\tan\varphi+\frac{1}{2\sqrt{3}}\right)\right](\%)\tag{5-37}$$

$$\varepsilon_{P2}=\left[f_2\left(\frac{1}{2}+\frac{1}{2\sqrt{3}}\tan\varphi\right)+0.0291\delta_2\left(\frac{1}{2}\tan\varphi-\frac{1}{2\sqrt{3}}\right)\right](\%)\tag{5-38}$$

同理可导出负载为容性时，互感器的合成误差为

$$\varepsilon_P=\left[f_1\left(\frac{1}{2}+\frac{1}{2\sqrt{3}}\tan\varphi\right)-0.0291\delta_1\left(\frac{1}{2}\tan\varphi-\frac{1}{2\sqrt{3}}\right)\right.$$

$$\left.+f_2\left(\frac{1}{2}-\frac{1}{2\sqrt{3}}\tan\varphi\right)-0.0291\delta_2\left(\frac{1}{2}\tan\varphi+\frac{1}{2\sqrt{3}}\right)\right](\%)\qquad(5-39)$$

$$\varepsilon_P=\varepsilon_{P1}+\varepsilon_{P2}$$

其中

$$\varepsilon_{P1}=\left[f_1\left(\frac{1}{2}+\frac{1}{2\sqrt{3}}\tan\varphi\right)-0.0291\delta_1\left(\frac{1}{2}\tan\varphi-\frac{1}{2\sqrt{3}}\right)\right](\%)\qquad(5-40)$$

$$\varepsilon_{P2}=\left[f_2\left(\frac{1}{2}-\frac{1}{2\sqrt{3}}\tan\varphi\right)-0.0291\delta_2\left(\frac{1}{2}\tan\varphi+\frac{1}{2\sqrt{3}}\right)\right](\%)\qquad(5-41)$$

以下就几种特殊情况对互感器的合成误差进行讨论：

1）$\cos\varphi=1.0$ 时，式（5-36）可化简为

$$\varepsilon_P=\frac{1}{2}(f_1+f_2)+0.0084(\delta_1-\delta_2)(\%)\qquad(5-42)$$

2）当 $\cos\varphi=0.5$（感性）时，式（5-36）可化简为

$$\varepsilon_P=f_2+0.0168(2\delta_1+\delta_2)(\%)\qquad(5-43)$$

3）当 $\cos\varphi=0.5$（容性）时，式（5-39）可化简为

$$\varepsilon_P=f_1-0.0168(2\delta_2+\delta_1)(\%)\qquad(5-44)$$

4）当 $f_{U1}=f_{U2}=f_U$，$\delta_{U1}=\delta_{U2}=\delta_U$；$f_{I1}=f_{I2}=f_I$，$\delta_{I1}=\delta_{I2}=\delta_I$ 时：

感性负载

$$\varepsilon_P=f_U+f_I+0.0291(\delta_I-\delta_U)\tan\varphi(\%)\qquad(5-45)$$

容性负载

$$\varepsilon_P=f_U+f_I-0.0291(\delta_I-\delta_U)\tan\varphi(\%)\qquad(5-46)$$

此种特殊情况与单相电路计量电能时互感器的合成误差计算公式相同。当所用电压互感器和电流互感器准确度等级不同时，可用此公式估算其最大误差。

当三相二元件有功电能表的误差为 $\gamma_0\%$时，电能计量装置的综合误差为

$$\gamma=\gamma_0+\varepsilon_P+\gamma_d(\%)\qquad(5-47)$$

（2）电压互感器接成 Yy 形连接：如果电压互感器是三相式或三个单相互感器组，其接线组别为 Yy 形，且电压互感器相电压的比差和角差分别为：f_A、f_B、f_C 和 δ_A、δ_B、δ_C。在计算互感器的合成误差时可根据式（5-48）～式（5-51）将相电压的比差和角差换算成线电压的比差和角差 f_{U1}、f_{U2} 和 δ_{U1}、δ_{U2} 后，利用前面讨论 V/V 形接线时互感器合成误差的公式计算出电压互感器接成 Yy 形连接时互感器的合成误差，最后计算出电能计量装置的综合误差，即

$$f_{U1}=\frac{1}{2}(f_A+f_B)+0.0084(\delta_A-\delta_B)(\%)\qquad(5-48)$$

$$\delta_{U1}=\frac{1}{2}(\delta_A+\delta_B)+9.924(f_B-f_A)(')\qquad(5-49)$$

$$f_{U2}=\frac{1}{2}(f_C+f_B)+0.0084(\delta_C-\delta_B)(\%)\qquad(5-50)$$

$$\delta_{U2}=\frac{1}{2}(\delta_C+\delta_B)+9.924(f_C-f_B)(')\qquad(5-51)$$

3. 三相四线有功电能计量装置的综合误差

三相四线有功电能计量装置一般采用三相三元件有功电能表计量有功电能，相当于三只单相电能表同时计量有功电能，所以互感器的合成误差分别为

$$\varepsilon_{P1}=f_{U1}+f_{I1}+0.0291\delta_1\tan\varphi_1(\%)$$

$$\varepsilon_{P2}=f_{U2}+f_{I2}+0.0291\delta_2\tan\varphi_2(\%)$$

$$\varepsilon_{P3}=f_{U3}+f_{I3}+0.0291\delta_3\tan\varphi_3(\%)$$

在三相电路完全对称时，互感器的合成误差为

$$\varepsilon_P=\frac{1}{3}(\varepsilon_{P1}+\varepsilon_{P2}+\varepsilon_{P3})=\frac{1}{3}[f_1+f_2+f_3+0.0291(\delta_1+\delta_2+\delta_3)\tan\varphi](\%) \quad (5-52)$$

其中

$$f_1=f_{U1}+f_{I1},\quad f_2=f_{U2}+f_{I2},\quad f_3=f_{U3}+f_{I3}$$

$$\delta_1=\delta_{U1}+\delta_{I1},\quad \delta_2=\delta_{U2}+\delta_{I2},\quad \delta_3=\delta_{U3}+\delta_{I3}$$

三相四线有功电能计量装置的综合误差为

$$\gamma=\frac{1}{3}(\gamma_{01}+\gamma_{02}+\gamma_{03})+\varepsilon_P(\%)$$

式中：γ_{01}、γ_{02}、γ_{03}分别表示三相三元件电能表的相对误差。

二、无功电能计量装置的综合误差

无功电能计量装置的综合误差计算原理与有功电能计量装置综合误差的讨论方法完全一致，在此不再作具体推导。只将互感器的合成误差和无功电能计量装置综合误差的计算公式表达如下。

1. 单相无功电能计量装置的综合误差

互感器的合成误差为

$$\varepsilon_Q=f_U+f_I-0.0291(\delta_I-\delta_U)\tan\varphi(\%) \quad (5-53)$$

单相无功电能计量装置的综合误差为

$$\gamma=\gamma_0+\varepsilon_Q(\%)$$

2. 三相无功电能计量装置的综合误差

(1) 内相角为60°的三相二元件无功电能表组成的三相三线无功电能计量装置的综合误差：

互感器的合成误差为

$$\begin{aligned}\varepsilon_Q=&(f_{U1}+f_{I1})\left[\frac{1}{2}+\frac{1}{2\sqrt{3}}\tan(90^\circ-\varphi)\right]+(f_{U1}+f_{I2})\left[\frac{1}{2}-\frac{1}{2\sqrt{3}}\tan(90^\circ-\varphi)\right]\\&-0.0291\left\{(\delta_{I1}-\delta_{U1})\left[\frac{1}{2}\tan(90^\circ-\varphi)-\frac{1}{2\sqrt{3}}\right]\right\}\\&-0.00291\left\{(\delta_{I2}-\delta_{U2})\left[\frac{1}{2}\tan(90^\circ-\varphi)+\frac{1}{2\sqrt{3}}\right]\right\}(\%)\end{aligned} \quad (5-54)$$

三相三线无功电能计量装置的综合误差为

$$\gamma=\frac{1}{2}(\gamma_{01}+\gamma_{02})+\varepsilon_Q(\%)$$

(2) 跨相90°的三相三元件无功电能表组成的三相四线无功电能计量装置的综合误差：

互感器的合成误差为

$$\varepsilon_Q=\frac{1}{3}(f_{U1}+f_{U2}+f_{U3}+f_{I1}+f_{I2}+f_{I3})$$

$$-0.0097[\delta_{I1}+\delta_{I2}+\delta_{I3}-(\delta_{U1}+\delta_{U2}+\delta_{U3})]\tan(90^\circ-\varphi)(\%) \quad (5-55)$$

三相四线无功电能计量装置的综合误差为

$$\gamma=\frac{1}{3}(\gamma_{01}+\gamma_{02}+\gamma_{03})+\varepsilon_Q$$

(3) 带附加电流线圈的三相无功电能表组成的三相无功电能计量装置的综合误差：带附加电流线圈的三相无功电能表由于有附加电流线圈，因此与电流互感器有两种不同的接线方式。

1) 当采用两只电流互感器接成Vv形，B相电流由A、C相电流合成后接入时，其合成误差近似计算方法是先将f_{I1}、f_{I2}及δ_{I1}、δ_{I2}分别按下式换算，即

$$f_{I1}=f_{Ic}+0.0167(\delta_{Ia}-\delta_{Ic})$$
$$f_{I2}=f_{Ia}+0.0167(\delta_{Ia}-\delta_{Ic})$$
$$\delta_{I1}=19.85(f_{Ic}-f_{Ia})+\delta_{Ic}$$
$$\delta_{I2}=19.85(f_{Ic}-f_{Ia})+\delta_{Ia}$$

然后代入式（5-54）得互感器的合成误差为

$$\begin{aligned}\varepsilon_Q=\Big[&\frac{1}{2}(f_{Ia}+f_{Ic}+f_{U1}+f_{U2})+0.0084(\delta_{Ia}-\delta_{U1}-\delta_{Ic}+\delta_{U2})\\&-0.289(f_{Ic}+f_{U2}-f_{Ia}-f_{U2})\tan(90^\circ-\varphi)\\&-0.0145(\delta_{Ia}-\delta_{U1}+\delta_{Ic}-\delta_{U2})\tan(90^\circ-\varphi)\Big](\%)\end{aligned} \quad (5-56)$$

三相三线无功电能计量装置的综合误差为

$$\gamma=\frac{1}{2}(\gamma_{01}+\gamma_{02})+\varepsilon_Q(\%)$$

2) 采用三台电流互感器接成Y/Y形，其合成误差近似计算方法是先将三只电流互感器的比差f_{Ia}、f_{Ib}、f_{Ic}和角差δ_{Ia}、δ_{Ib}、δ_{Ic}分别按下式换算，即

$$f_{I1}=\frac{1}{2}(f_{Ix}+f_{Ib})+0.0084(\delta_{Ib}-\delta_{Ic})$$
$$f_{I2}=\frac{1}{2}(f_{Ia}+f_{Ib})+0.0084(\delta_{Ia}-\delta_{Ib})$$
$$\delta_{I1}=9.925(f_{Ic}-f_{Ib})+\frac{1}{2}(\delta_{Ic}+\delta_{Ib})$$
$$\delta_{I2}=9.925(f_{Ib}-f_{Ia})+\frac{1}{2}(\delta_{Ia}+\delta_{Ib})$$

然后代入式（5-58）得互感器的合成误差为

$$\begin{aligned}\varepsilon_Q=\frac{1}{3}\Big[&(f_{Ia}+f_{Ib}+f_{Ic})+\frac{3}{2}(f_{U1}+f_{U2})+0.0084(\delta_{U2}-\delta_{U1})\\&+0.289(f_{U1}-f_{U2})\tan(90^\circ-\varphi)-\frac{0.0291}{3}(\delta_{Ia}+\delta_{Ib}+\delta_{Ic})\\&-\frac{3}{2}(\delta_{U1}+\delta_{U2})\Big]\tan(90^\circ-\varphi)(\%)\end{aligned} \quad (5-57)$$

三相四线无功电能计量装置的综合误差为

$$\gamma=\frac{1}{3}(\gamma_{01}+\gamma_{02}+\gamma_{03})+\varepsilon_Q(\%)$$

为了计算方便，可根据电能计量装置综合误差的公式，制作计算表求出互感器的合成误差。但随着计算机的广泛应用，综合误差的计算已完全依赖于计算机计算，即将有关原始数据输入后，按事先编好的程序，自动打印出各用户有功、无功电能表接入互感器时的合成误差。

三、减少电能计量装置综合误差的方法

1. 电能表与互感器配合进行误差调整

这一方法的实质就是在调整电能表的误差时，同时考虑互感器的合成误差。其基本原则是：使电能表的误差和互感器的合成误差相反，以减少电能计量装置的综合误差。该方法适用于互感器合成误差较小时，调整电能表的误差。否则，将使电能表的误差特性变坏。此外，由于电流互感器电流特性和负载特性的非线性，因此在使用此方法时，必须要求电能计量装置所测回路的电力负载与功率因数比较平稳。

2. 根据互感器的合成误差合理组合配对

这一方法的实质就是通过合理选择电流互感器和电压互感器，使其合成误差减小以达到减小电能计量装置综合误差的目的。根据计算互感器合成误差的公式得出电流、电压互感器的组合配对原则：接于同一元件的电流互感器的比差和电压互感器的比差应大小相等或接近、符号相反；角差应大小相等或接近、符号相同，即

$$f_{U1}=-f_{I1},\ f_{U2}=-f_{I2};\ \delta_{U1}=\delta_{I1},\ \delta_{U2}=\delta_{I2}$$

该方法简单明了，颇具实用价值。

*第六节　谐波对电能计量的影响

一、谐波功率和谐波潮流

电力系统中的谐波是一个周期的正弦波分量，其频率为基波频率的整数倍。它的产生主要是各类非线性用电设备、变压器和各类铁芯电抗器所致。例如电力电子技术在各工业部门和用电设备上的广泛应用，现代工业生产使用的整流设备、交直流换流设备、电子电压调整设备，电弧炉、感应炉，非线性负载等。这些因素产生的大量谐波电流注入电网，使电力系统电压、电流波形发生了严重的畸变。

1. 谐波功率

在电力系统中的电压和电流波形，都不是真正的正弦波形，即不同程度的存在着谐波含量。既然有谐波电压和谐波电流，自然也就有谐波功率。同计量基波功率的情况类似，谐波也存在着有功功率和无功功率。

根据电工基础知识可知，在稳态条件下，只有同样频率的谐波电压和电流才能产生谐波功率。频率不同的谐波电压和电流产生的平均功率是零。因此，按照给定方向通过电网某个环节的谐波有功功率，可表示为

$$\sum P_h=\sum_{h=2}^{\infty}(P_{Ah}+P_{Bh}+P_{Ch})=\sum_{h=2}^{\infty}(U_{Ah}I_{Ah}\cos\varphi_{Ah}+U_{Bh}I_{Bh}\cos\varphi_{Bh}+U_{Ch}I_{Ch}\cos\varphi_{Ch}) \tag{5-58}$$

式中　$\sum P_h$——表示总的谐波有功功率；

P_{Ah}，P_{Bh}，P_{Ch}——表示 A，B，C 相的第 h 次谐波的有功功率；

U_{Ah}，U_{Bh}，U_{Ch}——表示A，B，C相的第h次谐波电压；

I_{Ah}，I_{Bh}，I_{Ch}——表示A，B，C相的h次谐波电流；

φ_{Ah}，φ_{Bh}，φ_{Ch}——表示A，B，C相的第h次谐波电压和电流间的相角差。

2. 谐波潮流

基波功率有基波潮流，同样电网中各次谐波功率也各有自己的谐波潮流。对于上式h为任意一值的谐波，($P_{Ah}+P_{Bh}+P_{Ch}$)既可以是正值，也可以是负值。因为主要是谐波电流源产生谐波，也就是说该次谐波功率的实际潮流方向既可以与给定方向相同，也可以与给定方向相反。谐波功率的潮流方向对计量的影响主要如下：

(1) 当用户为线性用户时计量值大于基波电能：主要是因为基波潮流由系统注入线性用户，谐波与基波潮流方向一致，电能表计量的是基波电能和部分谐波电能。因此，现行用户不但要多交电费，而且还要受到谐波的损害。

(2) 当用户为非线性用户（即谐波源时）时计量值小于基波电能：主要是因为用户除自身消耗部分谐波外还向电网输送谐波分量，向电网输送的这部分谐波潮流与基波潮流方向相反，电能表计量的电能是基波电能扣除这部分谐波电能。因此，非线性用户既污染了电网，又少交电费。

二、谐波对电能计量的影响

前面所学的电能计量仪表按其实现原理的不同，分为感应式电能表和电子式电能表。因此，我们主要考虑谐波对它们的影响。

1. 谐波对感应式电能表的影响

(1) 谐波对感应式电能表的影响：感应式电能表的设计是按基波情况考虑的，在负载电压、电流不变的情况下，当频率变化时，由于电压线圈阻抗的变化，使电压工作磁通发生变化，由于转盘阻抗的变化，使电流磁通也发生变化，从而导致感应式电能表的驱动力矩、抑制力矩、补偿力矩以及铁芯损耗的大小发生相对变化，引起电能计量误差。

(2) 谐波造成波形畸变对计量的影响：当电力系统中有谐波分量存在时，谐波与基波相叠加，波形就会发生畸变，而由于电压、电流铁芯导磁率的非线性，在电压、电流波形发生畸变时，磁通并不能相应地发生线性变化。从电工基础知识和电能表工作原理可知，只有同频率的电压和电流相互作用才会产生平均功率，电能表也只有同频率的电压和电流产生的磁通之间相互作用才能产生转矩，畸变的波形通过电磁元件以后，由于磁通不与波形对应变化，导致转矩不能与平均功率成正比而产生附加误差。

如图5-22所示，在相同的电压畸变因数下（谐波电压幅值/基波电压幅值），电流畸变因数越大，误差越大。同时，谐波功率因数为正时，误差为负；相反，误差为正。

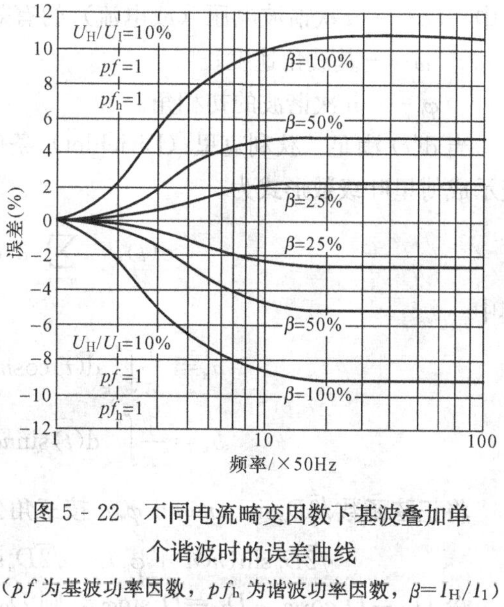

图5-22　不同电流畸变因数下基波叠加单个谐波时的误差曲线

（pf为基波功率因数，pf_h为谐波功率因数，$\beta=I_H/I_1$）

2. 谐波对电子式电能表的影响

电子式电能表常用的有两种构成模式：一种是热电乘法器构成的电子式电能表；另一种是时分割乘法器构成的电子式电能表。热电乘法器构成的电子式电能表，理论频响特性非常优良；而采用时分割乘法器构成的电子式电能表，是按时间分割间隔，分别对一个方波系列的宽度和幅度进行调制——按瞬时值相乘，因而具有较高精度，但理论上频带宽窄受时间分割频率的影响，有一定差异，但目前绝大部分在 1kHz 以内的频响特性都很好。在 1kHz 范围内，电子式电能表所计量电能可近似认为

$$E = E_1 + \sum E_n$$

式中 E_1——基波电能；

E_n——谐波电能。

线性用户和非线性用户的计量误差受谐波潮流影响类似于感应式电能表，两者的差异在于：在谐波功率存在情况下，电子式电能表计量值约等于基波电能与各谐波电能相量之和（在 1kHz 范围内）；感应式电能表所计量的电能值是基波电能与各次谐波电能的“部分”相量之和，亦即在对线性用户和非线性用户的计量中，电子式电能表在基波电能基础上比感应式电能表计量得更准确。

三、谐波分析及各次谐波分量表达式

谐波分析是在离散采样的基础上，通常利用傅立叶变换法计算各次谐波分量。

1. 电能计量的傅里叶变换法

在离散采样的基础上，利用傅里叶变换法计算各次谐波分量，是电力系统中谐波分析的最有效方法之一。

当电力系统的电压（或电流）d(t) 中含有谐波分量时，d(t) 可以表现为各次谐波分量的叠加

$$\mathrm{d}(t) = \sum_{n=1}^{\infty} \sqrt{2} D_n \sin(n\omega t + \varphi_n) \tag{5-59}$$

式中 D_n——n 次谐波电压（或电流）的有效值；

ω——基波角速度；

φ_n——n 次谐波的初相角。

当 d(t) 满足“狄利克里（Dirichlet）条件”时，根据傅里叶级数的收敛定理，d(t) 可以表示成傅里叶级数形式为

$$\mathrm{d}(t) = \sum_{n=1}^{\infty} (a_n \cos n\omega t + b_n \sin \omega t) \tag{5-60}$$

其中

$$a_n = \frac{1}{\pi}\int_{-\pi}^{\pi} \mathrm{d}(t) \cos n\tilde{\omega} t \,\mathrm{d}(\tilde{\omega} t) = \sqrt{2} D_n \sin\varphi_n$$

$$b_n = \frac{1}{\pi}\int_{-\pi}^{\pi} \mathrm{d}(t) \sin n\tilde{\omega} t \,\mathrm{d}(\tilde{\omega} t) = \sqrt{2} D_n \cos\varphi_n$$

将正弦函数 $\sqrt{2}D_n\sin(n\tilde{\omega}t+\varphi_n)$ 按三角公式变形，得

$$\sqrt{2} D_n \sin(n\tilde{\omega} t + \varphi_n) = \sqrt{2} D_n \sin\varphi_n \cos n\tilde{\omega} t + \sqrt{2} D_n \cos\varphi_n \sin n\tilde{\omega} t \tag{5-61}$$

令 $D_{Rn}=D_n\cos\varphi_n$，$D_{In}=D_n\sin\varphi_n$，则 D_{Rn}、D_{In} 为 n 次谐波电压（或电流）的实部有效值

和虚部有效值，由此可以得出

$$D_{Rn}=\frac{\sqrt{2}}{2\pi}\int_{-\pi}^{\pi}d(t)\sin n\tilde{\omega}t\,d(\tilde{\omega}t) \tag{5-62}$$

$$D_{In}=\frac{\sqrt{2}}{2\pi}\int_{-\pi}^{\pi}d(t)\cos n\tilde{\omega}t\,d(\tilde{\omega}t) \tag{5-63}$$

所以对每个周期采样点数为 N 的离散采样系统，n 次谐波电压（或电流）的有效值、实部有效值分别为

$$D_n=\sqrt{D_{Rn}^2+D_{In}^2} \tag{5-64}$$

$$D_{Rn}=\frac{\sqrt{2}}{N}\sum_{k=1}^{N}d_k\sin nk\frac{2\pi}{N} \tag{5-65}$$

$$D_{In}=\frac{\sqrt{2}}{N}\sum_{k=1}^{N}d_k\cos nk\frac{2\pi}{N}$$

式中 d_k——一个基波周期内的第 k 个采样值。

得到各次谐波电压（或电流）的有效值后，可得总电压（或电流）的有效值 D 为

$$D=\sqrt{D_1^2+D_2^2+\cdots+D_M^2}=\sqrt{\sum_{j=1}^{M}D_j^2}=\sqrt{\sum_{j=1}^{M}(D_{Rj}^2+D_{Ij}^2)} \tag{5-66}$$

式中 M——谐波分析中分析到的最高次谐波的次数。

n 次谐波的复功率为

$$\dot{S}_n=\dot{U}_n\dot{I}_n=(U_{Rn}+jU_{In})(I_{Rn}-jI_{In})$$
$$=(U_{Rn}I_{Rn}+U_{In}I_{In})+j(U_{In}I_{Rn}-U_{Rn}I_{In})=P_n+jQ_n \tag{5-67}$$

所以 n 次谐波产生的有功功率 P_n 和无功功率 Q_n 可以分别表示为

$$P=\sum_{n=1}^{M}P_n,Q=\sum_{n=1}^{M}Q_n \tag{5-68}$$

以上是每一相各分量计算过程。

(1) 对三相四线制系统，得到 A、B、C 三项各自的有功功率（P_A、P_B、P_C）和无功功率（Q_A、Q_B、Q_C）后，把三者相加，即得到整条线路的有功功率，即

$$P_3=P_A+P_B+P_C \tag{5-69}$$

$$Q_3=Q_A+Q_B+Q_C \tag{5-70}$$

(2) 对三相三线制系统，整条线路 n 次谐波的复功率为

$$\dot{S}_n=\dot{U}_{An}\dot{I}_{An}+\dot{U}_{Bn}\dot{I}_{Bn}+\dot{U}_{Cn}\dot{I}_{Cn}=\dot{U}_{ABn}\dot{I}_{An}+\dot{U}_{CBn}\dot{I}_{Bn} \tag{5-71}$$

所以，对三相三线系统可以分别用线电压 u_{ab}、u_{cb} 和线电流 i_a，i_c 作为采样电压和采样电流来进行电量计算。整条线路 n 次谐波有功功率 P_n 和无功功率 Q_n 分别为

$$P_n=R_e(\dot{S}_n)=R_e(\dot{U}_{ABn}\dot{I}_{An})+R_e(\dot{U}_{CBn}\dot{I}_{Cn})=P_{1n}+P_{2n} \tag{5-72}$$

$$Q_n=I_m(\dot{S}_n)=I_m(\dot{U}_{ABn}\dot{I}_{An})+\dot{I}_m(\dot{U}_{CBn}\dot{I}_{Cn})=Q_{1n}+Q_{2n} \tag{5-73}$$

分别对 u_{ab} 和 i_a，u_{cb} 和 i_c 进行运算，有

$$P_1=\sum_{n=1}^{M}P_{1n},P_2=\sum_{n=1}^{M}P_{2n} \tag{5-74}$$

$$Q_1=\sum_{n=1}^{M}Q_{1n},Q_2=\sum_{n=1}^{M}Q_{2n} \tag{5-75}$$

所以，三相三线制系统整条线路的有功功率和无功功率分别为

$$P_3 = P_1 + P_2, Q_3 = Q_1 + Q_2 \tag{5-76}$$

2. 实例分析

【例 5-1】 已知电压、电流的大小如下，当采样电压为 $u(t)$，采样电流为 $i(t)$ 时，电压单位为 V，电流单位为 A。只考虑基波分量和谐波分量时，试用傅里叶变换法确定有功功率和无功功率。

$$u(t) = 200\sin\left(100t + \frac{\pi}{3}\right) + 20\sin\left(300t + \frac{\pi}{4} + \theta\right) + 15\sin\left(500t + \frac{\pi}{5} + \theta\right) + 10\sin\left(700t + \frac{\pi}{6} + \theta\right)$$

$$i(t) = 50\sin\left(100t + \frac{\pi}{6}\right) + 4\sin\left(300t + \frac{\pi}{4}\right) + 3\sin\left(500t + \frac{\pi}{5}\right) + \sin\left(700t + \frac{\pi}{6}\right)$$

解 按题意求解如下。

(1) 解的结果：见表 5-2。由此可以看出，谐波也产生有功功率、无功功率，对电力系统的电量进行分析时，把谐波的影响考虑进去，会更接近实际。

表 5-2 电流、电压、有功功率、无功功率的计算值

谐波电压、电流相位差（rad）	基波分量功率				含谐波分量功率				谐波功率	
	电压（V）	电流（A）	有功功率（W）	无功功率（var）	电压（V）	电流（A）	有功功率（W）	无功功率（var）	有功功率（W）	无功功率（var）
0	141.42	49.5	5783.67	3943.24	142.7	49.82	5888.67	3943.24	105.00	0.00
π/12	141.42	49.5	5783.67	3943.24	142.7	49.82	5885.09	3970.42	101.42	27.18
π/6	141.42	49.5	5783.67	3943.24	142.7	49.82	5874.06	3995.74	90.93	52.50
π/4	141.42	49.5	5783.67	3943.24	142.7	49.82	5857.92	4017.49	74.25	74.25
π/3	141.42	49.5	5783.67	3943.24	142.7	49.82	5836.17	4034.17	52.50	90.93
5π/12	141.42	49.5	5783.67	3943.24	142.7	49.82	5810.85	4044.66	27.18	101.42
π/2	141.42	49.5	5783.67	3943.24	142.7	49.82	5783.67	4048.21	0.00	104.97

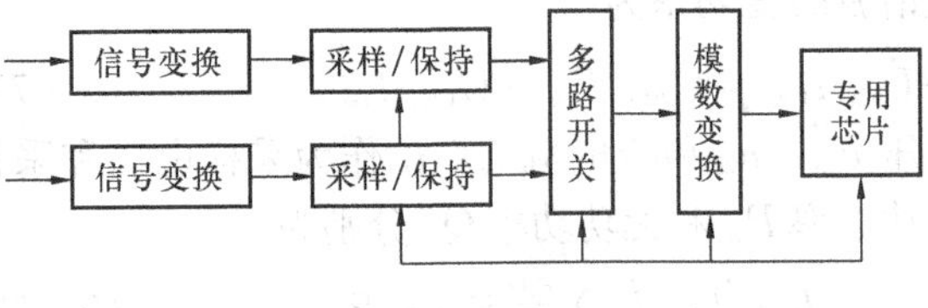

图 5-23 计量采样结构框图

(2) 计量信号采样：为了实现上述目标，系统采样结构框图如图 5-23 所示。

一般，CPU 每个基波周期（T）对系统和各个电量计算一次，也可以在一个基波周期的所有采样值得到后的几个基波周期（$n-1$）T（n 一般不大于 3）不采样，专门对某个电量进行计算。CPU 把电流、电压、有功功率和无功功率用于实时显示，把求得的有功功率和无功功率分别乘以 nT 即得 n 个基波周期的有功电量，把每次算得的电量值分别与以前累计的电量值相加，即得累加电量值，并送到存储器。

在电力系统中一般只考虑基波的整数倍谐波的影响，根据香农（Shannon）采样定理，

分析谐波的次数越高，每个基波周期的采样点就越多，则傅里叶变换中的乘法运算的执行次数也就越多。通常，电力系统中谐波的次数越高，在系统中所占比重就越小，一般在计算中考虑到7～9次谐波就能够满足实际要求了。为了简化程序，降低运算量，应采用快速傅里叶变换。

由于利用傅里叶变换法对电力系统中的谐波分量进行分析的运算量太大，过去很难推广应用。但随着计算机技术的发展，专门用于傅立叶变换的数字信号处理器（DSP）技术的发展，运算量大已不再是难以解决的问题。

四、采用傅氏算法电能计量装置的要求及优缺点

（一）采用傅氏算法电能计量装置应具备的功能及特点

（1）应能计量基波电能与谐波电能。

（2）保证电能计量的准确性，要求对电压和电流进行连续采样，应有较高的采样率，并有进行实时分析处理能力，最好具备网络显示功能。

（3）可靠性要求高：在停电、强电磁干扰和高、低温等恶劣条件下，谐波电能表应能计量准确，信息不丢失。

（4）造价低。

（二）与传统的电能表相比具有的优缺点

（1）用全电子式电能表代替传统的有功电能表和无功电能表，减小了体积、降低了造价；并可在计量电量的同时完成遥测功能，非常方便地得到有功功率、无功功率电压和电流，用于时实显示。

（2）借助与微处理器的通信接口，与其他计算机进行数据交换，可通过远动装置在远方读取电量值，运行人员不必再就地抄表。

（3）不论三相系统是否对称或是否包含有高次谐波分量，这种装置都能够精确地计量有功电量、无功电量。

（4）装置存在的问题是掉电保护问题。

小　　结

电能计量包括单相、三相三线和三相四线电路中有功电能和无功电能的计量。

单相电路中有功电能的计量采用单相电能表，电流线圈与负载相串联，同名端靠近电源端；电压线圈与负载相并联，同名端靠近电源端。三相电路中有功电能的计量可采用一表法、两表法和三表法。在三相三线制电路中，当三相电路完全对称时，采用一只单相有功电能表可以测量一相的有功电能，而后乘以3就是三相有功电能。当三相电压对称时，可采用两只单相有功电能表或三相两元件有功电能表测得三相有功电能。在三相四线制电路中，可采用三只单相有功电能表或三相三元件有功电能表测量三相有功电能。

无功电能的计量可采用无功电能表直接测量。正弦式无功电能表适用于三相电路中任何不对称的情况，但由于此表本身消耗的功率大、制造复杂，已基本不再生产。内相角为60°的三相二元件无功电能表适用于三相三线制电路，只要三相电压对称，无论负载是否对称，都可以正确计量无功电能。

电能表和互感器的联合接线适用于高电压大电流系统的电能计量，即通过电压互感器和电流互感器转变为低电压和小电流后，与测量电能的各种电能表相连接进行电能计量，所有电能表的计量方式在联合接线中仍然适用。

电能计量装置的综合误差包括电能表误差、互感器的合成误差和二次回路压降造成的误差三部分。计算综合误差的方法是：先将与电能表按不同方式连接的电流、电压互感器的比差和角差统一计算出互感器的合成误差，然后再将它与电能表的误差和二次回路压降所造成的误差用代数和的方式求得三者的综合误差，即 $\gamma=\gamma_0+\varepsilon_P+\gamma_d(\%)$。互感器的合成误差可根据下面基本公式计算 $\varepsilon_P=\frac{K_UK_IP_2-P_1}{P_1}\times100\%$。电能表和互感器的接线不同，互感器本身的接线方式不同，所造成的电能计量装置的综合误差也不同。

复习思考题

5-1　图5-24所示为单相电能表的接线方式，画出相量图，试写出有功功率和驱动力矩的表达式，判断转盘的转动方向。

5-2　单相电能表按标准接线方式接线，当负载为容性时，画出相量图，并写出有功功率和驱动力矩的表达式，判断转盘的转动方向。

5-3　用两只单相有功电能表按图5-25所示接线，可测得的电能是多少？（设三相电路对称，负载为感性负载）

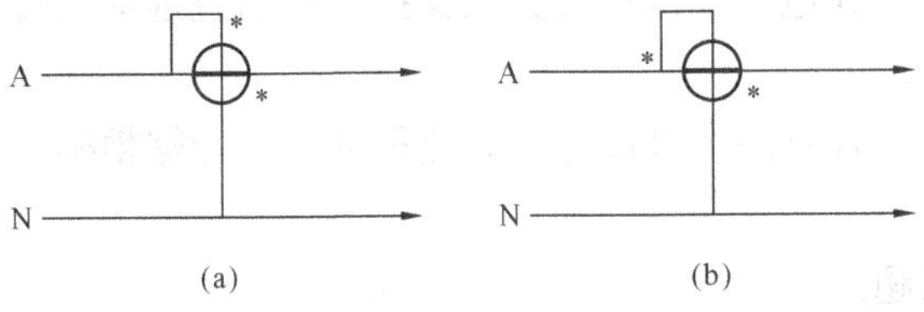

图5-24　题5-1图

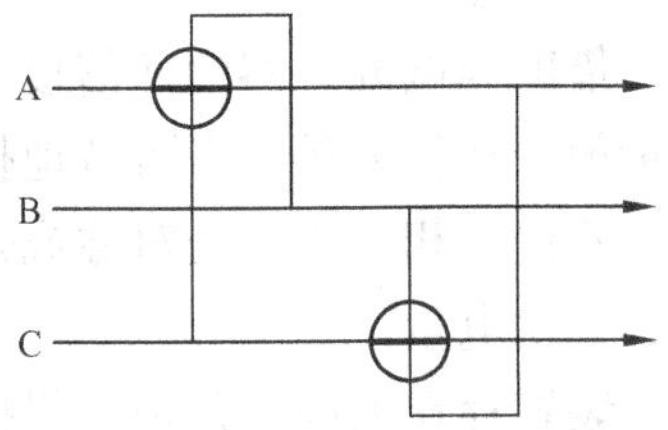

图5-25　题5-3图

5-4　证明：用两只单相有功电能表或三相二元件有功电能表按两表法接线可以测量三相电路有功电能。

5-5　证明：内相角为60°的三相二元件无功电能表适用于三相三线制电路，只要三相电压对称，无论负载是否对称，都可以正确计量无功电能。

5-6　证明：用60°相角差原理制成的三相三元件无功电能表适用于三相四线制电路，只要三相电压对称，无论负载是否对称，都可以正确计量无功电能。

5-7　证明：带有附加电流线圈的三相无功电能表适用于三相三线和三相四线制电路，只要三相电压对称，无论负载是否对称，都可以正确计量无功电能。

5-8　电能计量装置的综合误差包括几部分？

5-9　有一单相电能表经电流、电压互感器接入电路测量电能，电能表和互感器的误差试验结果见表5-3。求：

（1）电能表在满载，$\cos\varphi=1.0$ 时，互感器的合成误差和电能计量装置的综合误差。

（2）电能表在满载，$\cos\varphi=0.5$（感性及容性）时，互感器的合成误差和电能计量装置的综合误差。

表 5-3　　题 5-9 表

类别	试验项目	误差（%）
电能表	$I=I_N\cos\varphi=1.0$ $I=I_N\cos\varphi=0.5$（感性） $I=I_N\cos\varphi=0.5$（容性）	$\gamma_0=+0.5$ $\gamma_0=+0.8$ $\gamma_0=-0.7$
电流互感器	$I=I_N$	$f_I=+0.3$ $\delta_I=10'$
电压互感器		$f_U=+0.3$ $\delta_U=-12'$

5-10　三相二元件有功电能表经电流互感器（Vv 形）、电压互感器（Vv 形）接入电路测量三相电能，电能表和互感器的误差试验结果见表 5-4。求：

（1）电能表在满载，$\cos\varphi=1.0$ 时，互感器的合成误差和电能计量装置的综合误差。

（2）电能表在满载，$\cos\varphi=0.5$（感性或容性）时，互感器的合成误差和电能计量装置的综合误差。

表 5-4　　题 5-11 表

类别	试验项目	误差（%）
电能表	$I=I_N\cos\varphi=1.0$ $I=I_N\cos\varphi=0.5$（感性） $I=I_N\cos\varphi=0.5$（容性）	$\gamma_0=1.1$ $\gamma_0=-1.8$ $\gamma_0=1.7$
电流互感器	$I=I_N$	$f_{I1}=-0.3$，$\delta_{I1}=38'$ $f_{I2}=+0.2$，$\delta_{I2}=20'$
电压互感器		$f_{U1}=-0.3$，$\delta_{U1}=21'$ $f_{U2}=-0.4$，$\delta_{U2}=-16'$

5-11　减少电能计量装置综合误差的方法有哪些？

第六章　电能计量装置的接线检查

为保证电能计量装置接线正确，需对其进行接线检查。接线检查分为停电检查和带电检查，用以检查是否存在由于电压互感器的熔断器熔断、接线端钮螺丝松动、绕组断线、引出线焊接点断开等导致的互感器一、二次回路断线现象；由于互感器接线端钮标志不正确、互感器的绕组连接错误等造成的互感器极性接反等现象。

一、停电检查

新装或更换互感器以及二次回路的电能计量装置投入运行之前，都必须在停电的情况下进行接线检查。

对于运行中的电能计量装置，当无法判断接线正确与否或需要进一步核实带电检查的结果时，也要进行停电检查。

停电检查的内容：检查互感器的变比、极性、三相互感器的接线组别以及进行二次电缆导通和接线端子标志的核对。

二、带电检查

对于所有已经过停电检查的电能计量装置，在投入运行后首先应进行带电检查。

对于正在运行中的电能计量装置也应定期进行带电检查，以保证接线的正确性。

第一节　互感器的接线检查

一、互感器的停电检查

确定没有带电的电能表、互感器及其所连接的电气回路是否完好的过程，称为计量设备的停电检查。停电检查前应遵照《电业安全工作规程》，采取技术组织措施，确保人身和电气设备安全，防止计量设备在停电期间突然带电。停电检查一般应包括下述内容。

1. 检查互感器二次电缆导通、核对接线端子标志

根据电气安装接线图，核对电能表至互感器的每根电流、电压芯线两端的标志；用电压表测定各根芯线之间和芯线对地确无电压（若受邻近带电电缆的感应，芯线对地可能有几伏电压）。在互感器的端钮盒或附近的端子箱内，拆开各根电流、电压芯线和互感器各二次绕组共用的接地点，同时做好拆线记录，供恢复和改正接线时考查。然后用校线灯具对每根芯线进行导通检查，确定每根芯线有无断线、与其他芯线是否相通。此后用1000V绝缘电阻表测定各芯线之间和全部芯线同时对地的绝缘电阻。另外，还要检查连接各芯线的连接端子或试验端子有无松动和损坏。

2. 检查电流、电压互感器

与电能表连用的电流、电压互感器的一次绕组不得分别接在电力变压器的高压侧和低压侧。为测量某段母线连接的线路所输送的电能的电能表，不能由另一段母线上的电压互感器供给电压。用1000V绝缘电阻表测定互感器各绕组之间和二次绕组对地的绝缘电阻，检查各绕组极性。若有必要，还需测定互感器的误差和二次侧电压回路的电压降。另外，还应查

对互感器和电能表的铭牌数据，核实计量点的实用倍率。

3. 检查互感器的极性

（1）电流互感器：电流互感器应按减极性接线，如图 6 - 1 所示，图 6 - 2 为不准使用的加极性接线，这种接线会造成错计电量。

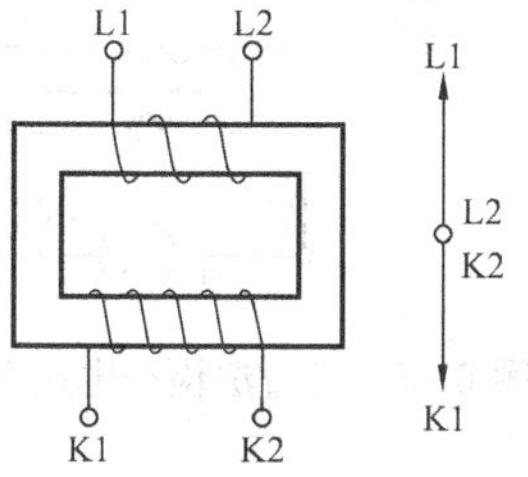

图 6 - 1　正确接线减极性 TA

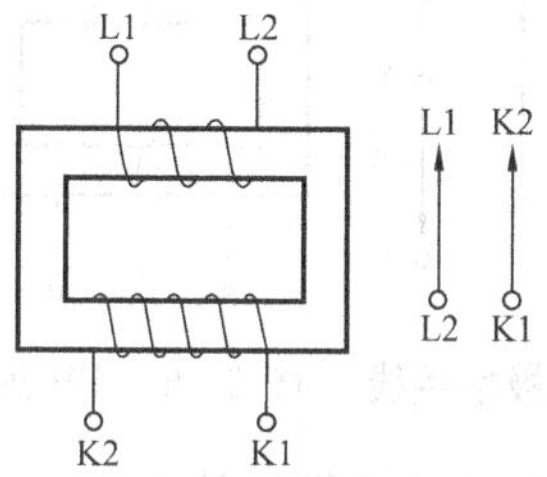

图 6 - 2　错误接线加极性 TA

通常用下述方法检查电流互感器绕组极性标志是否正确：

1）直流法：直流法检查电流互感器绕组极性，接线图如图 6 - 3 所示。当一次侧电流由 L1 进入绕组时，二次侧电流由 K1 流出，这样的极性标志叫做减极性。按图 6 - 3 接线，当一次侧绕组上通以直流电流，在二次侧绕组上接直流电压表，合上开关 S 瞬间，观察电压表指针，正向偏转时，则绕组为减极性，反之，为加极性。试验时应注意调节可变电阻 R，使通入绕组的直流电流尽可能小，只要能看出电压表偏转即可。试验应重复 2～3 次。

2）比较法：一般互感器校验仪上都带有极性指示器，可用来检查互感器极性，图 6 - 4 是用互感器校验仪检查极性的原理图，用作比较的标准电流互感器 TA0 的极性必须是已知的。TAX 是被试互感器，当两者极性相同时，流过差流支路的电流 $\Delta\dot{I}=\dot{I}_{20}-\dot{I}_{2X}$不能启动极性指示器 M，说明被试互感器的极性标志正确。当两者极性相反时，$\Delta\dot{I}=\dot{I}_{20}+\dot{I}_{2X}$，极性指示灯亮（或指示器转动）。

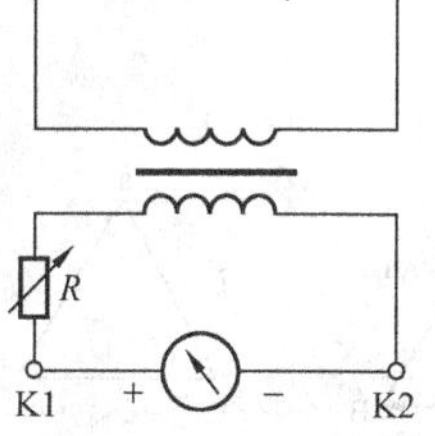

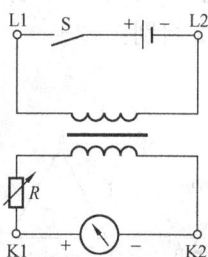

图 6 - 3　直流法检查电流互感器线圈极性

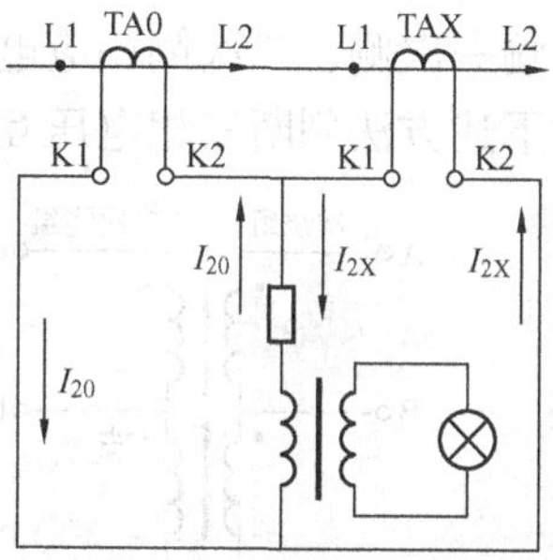

图 6 - 4　互感器校验仪检查极性

（2）电压互感器：电压互感器规定为应按减极性接线。图 6 - 5 为 TV 减极性接线；图 6 - 6为 TV 加极性接线，加极性接线会造成错计电量，不准使用。

检查电压互感器绕组极性标志是否正确，通常用以下方法：

1）直流法：可用干电池和直流电压表按图 6 - 7 的方式接线。在合上开关 S 的瞬间要注意指针指示，指针正向摆动为减极性，反向摆动为加极性。接线时要注意极性，即如果电池的正极是接 U 端，负极接 X 端，则直流表正端接 u 负端接 x。切勿接错，错接极性也会造成极性相反。

2）比较法：利用已知极性的标准电压互感器在互感器校验仪上与被试互感器相比较的办法来确定被试互感器绕组的极性（与检查电流互感器绕组极性的比较法原理相同）。

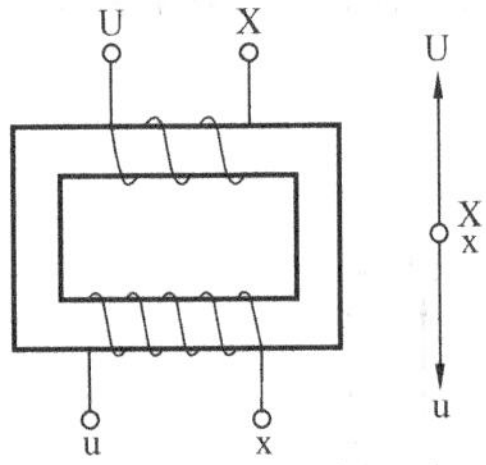

图 6-5　TV 减极性接线

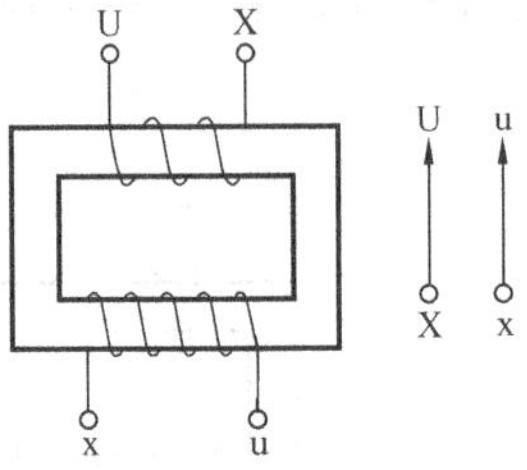

图 6-6　TV 加极性接线

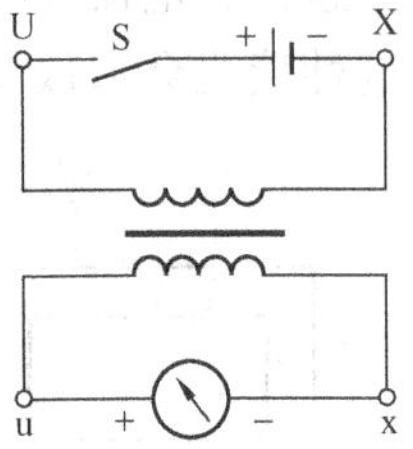

图 6-7　直流法检查电压互感器线圈极性

4. 检查三相电压互感器的接线组别

三相电压互感器有星形即 Yyn0 和开口角型即 Vv0 两种接线形式。Yyn0 接线的三相电压互感器可由三只单相电压互感器或一只三柱（或五柱）式三相电压互感器接成，如图 6-8 所示；Vv0 接线的三相电压互感器可由二只单相电压互感器接成，如图 6-9 所示，它们都应按减极性接线。

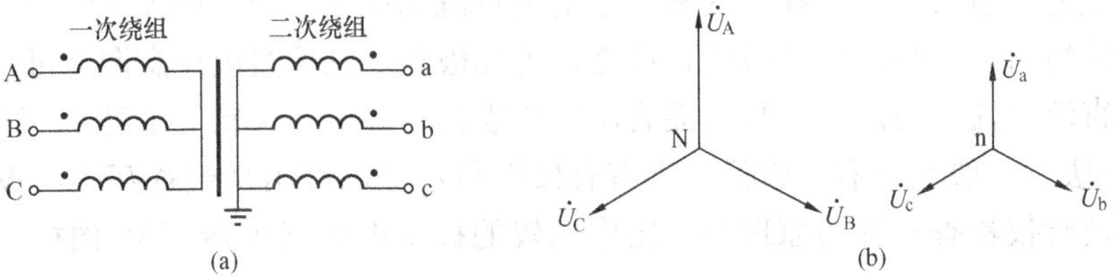

图 6-8　三相电压互感器 Yyn0 接线及其相量图

（a）原理接线图；（b）相量图

由相量图可见，一次侧电压与相应的二次侧电压相位相同。若以时钟的长、短针相互位置关系来比喻一次侧、二次侧相应电压相量相位关系，图 6-8、图 6-9 所示接线为 0，即 12 组别。可用下述方法判断三相电压互感器的接线是否为 12 组别：

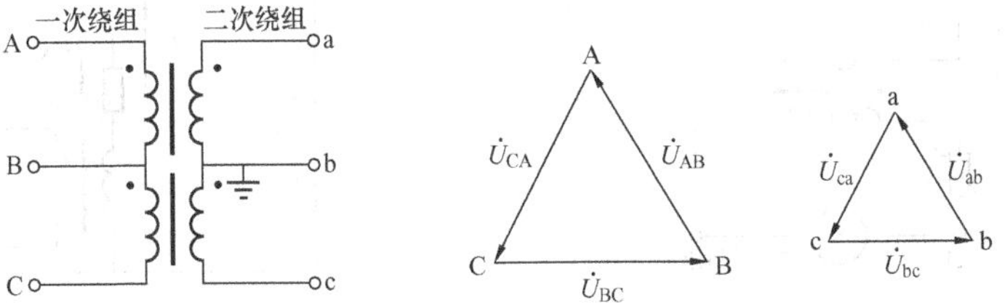

图 6-9　三相电压互感器 Vv0 接线及其相量图

（a）原理接线图；（b）相量图

（1）直流法：按图 6-10 接线，在三相电压互感器的一次（高压）侧 AB 间，按 1.5～3V 的干电池，当合上开关 S 的瞬时，在二次（低压）侧从电压表上分别察读 ab、bc、ac 间的电压极性（电压表正向指示为“+”，反向指示为“-”），然后再依次加电压于 BC、AC 之间，重复上述观察读数，当电压表指示的极性见表 6-1，被试三相电压互感器的接线组别即为 0，即 12。

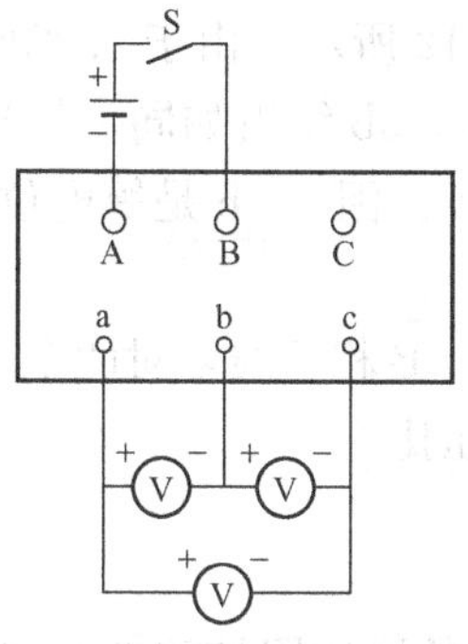

图 6-10　直流法检查三相电压互感器接线组别

表 6-1　三相电压互感器为 12 接线组别时电压表极性

二次 \ 一次	AB	BC	AC
ab	+	−	+
bc	−	+	+
ac	+	+	+

(2) 双电压表法：按图 6-11 接线，三相电压互感器的一次侧接三相交流电压不超过 400V，测量电压 U_{bB}、U_{bC}、U_{cB}。

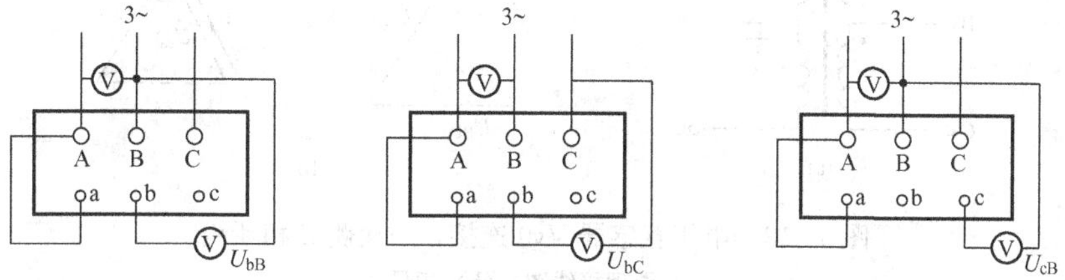

图 6-11　双电压表检查三相电压互感器接线组别

当三相电压互感器接线组别为 12 时，电压 U_{bB}、U_{bC}、U_{cB} 的值分别为下式的计算值

$$U_{bB}=U_2(K-1)$$

$$U_{bC}=U_2\sqrt{1-K+K^2}$$

$$U_{cB}=U_2\sqrt{1-K+K^2}$$

式中　U_2——二次侧线电压；

K——被试互感器额定变比。

二、互感器的带电检查

利用电压表、电流表，通过测量互感器二次侧线电压、电流值来判断互感器接线情况，称为互感器的带电检查。为方便从测量结果判断互感器接线情况，先分析互感器各种错接线情况下的相量图和二次侧线电压、电流值。

(一) 电压互感器的各种错误接线

1. 电压互感器一次侧断线

三相电压互感器有星形即 Yyn0 和开口角型即 Vv0 两种接线形式。正常情况下，两种接线形式电压互感器的二次线电压都为 100V，即 $U_{ab}=U_{bc}=U_{ca}=100V$。三个线电压的相量图为一个封闭的三角形连接，如图 6-9 (b) 所示。

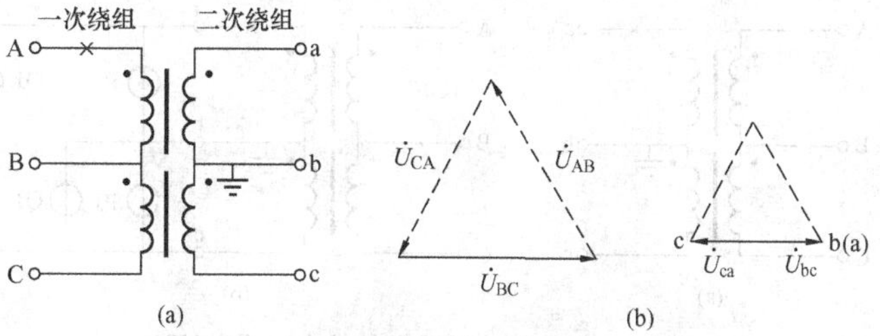

图 6-12　电压互感器 Vv0 连接 A 相断线

(a) 原理接线图；(b) 相量图

（1）电压互感器为 Vv0 连接，一次侧 A 相或 C 相断线，如图 6－12 所示。由于 A 相断线，故二次侧对应绕组无感应电动势，所以 $U_{ab}=0$。a、b 两点等电位，ab 绕组如同一根导线。一次侧 BC 绕组正常，故二次绕组 bc 间有感应电动势，$U_{bc}=100V$。因 a、b 是等电位，所以 $U_{ca}=U_{bc}=100V$。相量图如图 6－12（b）所示。

（2）电压互感器为 Vv0 连接，一次侧 B 相断线，如图 6－13 所示。B 相断线，对两个互感器来讲，如同是单相串联，外加电压只有 U_{CA}。此时一、二次侧电压比

$$\frac{U_{CA}}{U_{ca}}=\frac{4.44f\Phi'(2N_1)}{4.44f\Phi'(2N_2)}=\frac{N_1}{N_2}=K_U$$

仍然是 K_U，故二次侧对应的线电压 $U_{ca}=100V$。如果两个互感器的励磁阻抗完全相等，则 b 点就是一个中心抽头，所以得 $U_{ab}=U_{bc}=1/2U_{ca}=50V$，其相量图如图 6－13 中（b）所示。

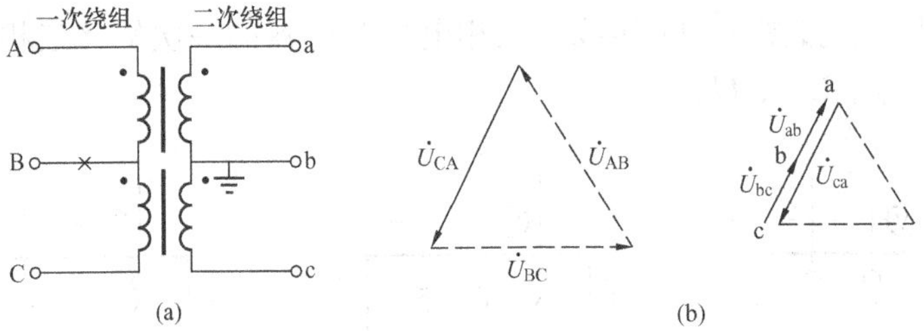

图 6－13 电压互感器 Vv0 连接，一次侧 B 相断线

（a）原理接线图；（b）相量图

（3）电压互感器为 Yyn0 连接，一次侧 A 相（或 B 相、C 相）断线，如图 6－14 所示。A 相断线，所以 a 相绕组无感应电动势，故 $U_{an}=0$，a 点与 n 点等电位。在相量图上，a 和 n 是一点，如图 6－14 中（b）所示。从图中得到 $U_{ab}=U_{ca}=U_{ph}$（相电压）$=57.7V$，而 U_{bc}（与断相无关的线电压）仍然为 100V。

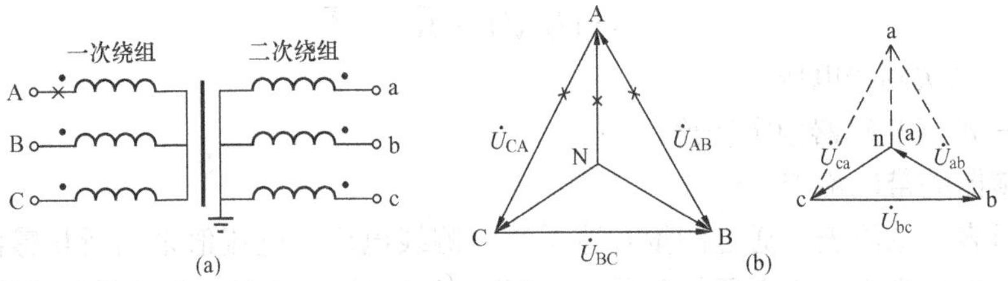

图 6－14 电压互感器 Yyn0 连接，一次侧 A 相断线

（a）原理接线图；（b）相量图

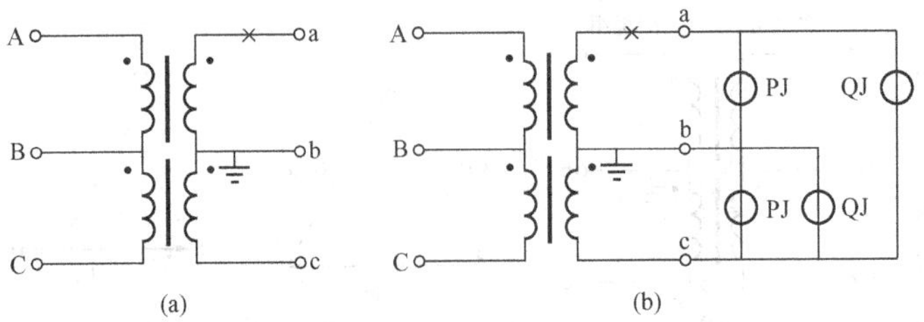

图 6－15 电压互感器二次侧 a 相断线

（a）二次侧空载；（b）二次侧接有负载

PJ—有功电能表；QJ—无功电能表

同理可推得 B 相断线时，$U_{ab}=U_{bc}=57.7V$，$U_{ca}=100V$。

2. 电压互感器二次侧断线

前面分析了电压互感器一次侧断线的情况，其二次侧电压值与互感器接线形式（Yyn0 或 Vv0）有关。当电压互感器二次侧断线时，其二次电压值

与互感器的接线形式无关，而与互感器是否接入二次负荷有关。

（1）二次侧 a 相断线，如图 6-15 所示。

1）如果二次侧空载，测得二次电压值为：a 与 b、c 与 a 之间没有构成回路，二次侧测不到电压；$U_{bc}=100V$。

2）如果二次侧接有负载，例如一只三相三线有功电能表（其接线方式为 $\dot{U}_{ab}$ 和 $\dot{U}_{cb}$）和一只三相三线无功电能表（其接线方式为 $\dot{U}_{bc}$ 和 $\dot{U}_{ac}$），假定各表的电压线圈的阻抗相等，则可画出图 6-16 所示的等值电路图。从图中得到：

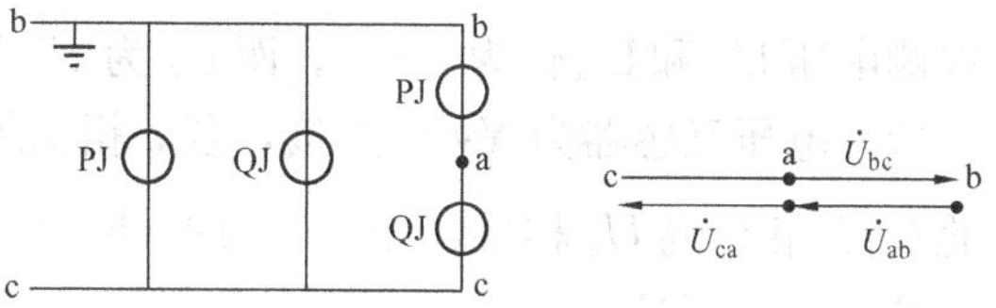

图 6-16　a 相断线时的等值电路图和相量图

$U_{bc}=100V$，而 $U_{ab}=U_{ca}=1/2U_{bc}$。U_{ab} 和 U_{ca} 的大小只有原来值的一半即 50V，而且相位也变化了。

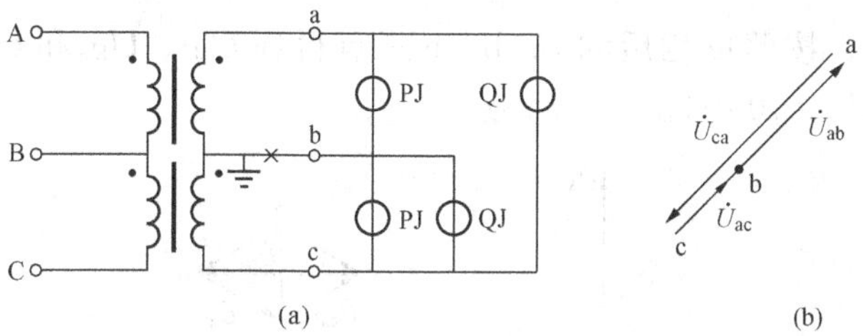

图 6-17　电压互感器二次侧 b 相断线

(a) 原理接线图；(b) 相量图

（2）二次侧 b 相断线，如图 6-17 所示。

1）如果二次侧空载，测得二次侧电压值为：b 与 a、b 与 c 之间没有构成回路，二次侧测不到电压；$U_{ca}=100V$。

2）如果二次侧接有同前一样的负载，当 b 相断线时，按阻抗大小分配得到电压值为

$$U_{ca}=100V;\ U_{ab}=66.7V;\ U_{bc}=33.3V$$

3. 电压互感器绕组的极性接反

电压互感器绕组的连接形式有星形即 Yyn0 和开口角型即 Vv0 两种，其正确接线方式及相量图如图 6-8、图 6-9 所示，此时电压互感器二次线电压值为 $U_{ab}=U_{bc}=U_{ca}=100V$。若互感器的一侧或二次侧任一个绕组极性相反，则互感器的二次线电压值就有所变化。

（1）电压互感器为 Vv0 连接，若二次侧 ab 相极性接反，如图 6-18 所示。由图中得到二次绕组 b 的同名端与一次绕组 A 的同名端相对应，因此二次侧电压 $\dot{U}_{ba'}$ 相量与一次侧电压 $\dot{U}_{AB}$ 相对应，而 $\dot{U}_{a'b}=-\dot{U}_{ab}$，即此时 $\dot{U}_{a'b}$ 的相量与正确接线时的相量方向相反，画出反相的 $\dot{U}_{a'b}$，如图 6-18（b）相量图所示。连接 a′c 即得 $\dot{U}_{ca'}$，同样组成一个头尾相连的闭合三角形，此时的 $\dot{U}_{ca'}=173V$。

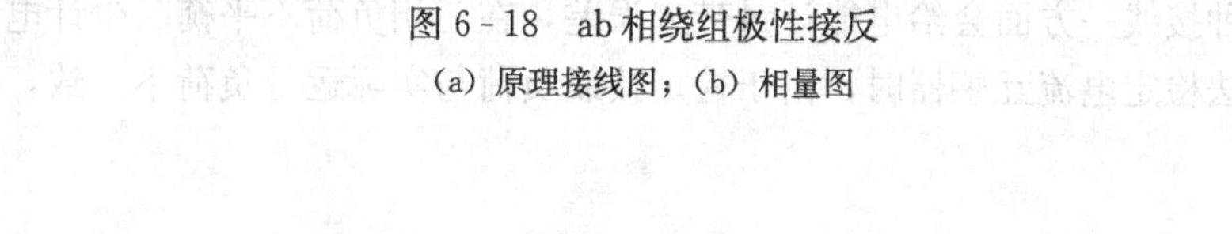

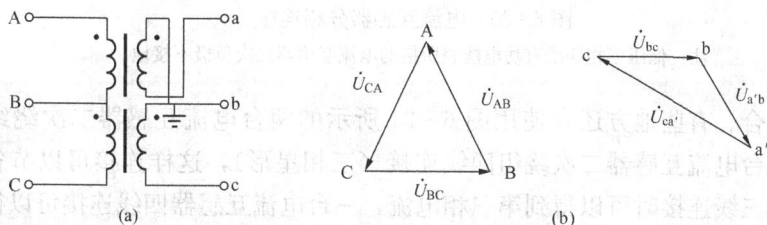

图 6-18　ab 相绕组极性接反

(a) 原理接线图；(b) 相量图

同理，可得出当二次侧 bc 接反的情况。在画相量图时，将反接相的电压 $\dot{U}_{bc'}$ 反相（与正确接线时的相量相反），然后连接 bc，就得 $\dot{U}_{c'b}$。此时二次侧线电压值为

$$U_{ab} = U_{bc'} = 100V, U_{c'a} = 173V$$

结论：电压互感器采用 Vv0 连接时，若二次侧或一次侧的任一个绕组极性接反时，其二次侧电压 U_{ab} 和 U_{bc} 仍为 100V。而 U_{ca} 为 173V，线电压升高 $\sqrt{3}$ 倍。

（2）电压互感器为 Yyn0 连接，若 a 相绕组极性接反，如图 6-19 所示。由于 a 相接反，因此 $\dot{U}_{a'}$ 的相位与 $\dot{U}_a$ 相反，如图 6-19（b）相量图所示。从相量图中得到，$U_{bc}=100V$，而 $U_{a'b}=U_{ca'}=57.7V$。

结论：电压互感器采用 Yyn0 连接时，若二次侧或一次侧的任一个绕组极性接反，则与反接相有关的线电压为 57.7V，而与反接相无关的线电压仍为 100V。

从相量图中可以得到上述结论，不必死记。相量图绘制的方法是：将反接相的相量（例如 b 相极性接反，则将 $\dot{U}_b$）反相 180°，按照反相后的 a、b、c 三点得到 $U_{ab'}$、$U_{b'c}$ 和 U_{ca}（若 b 相反接，则 $U_{ab'}=U_{b'c}=57.7V$，$U_{ca}=100V$）。

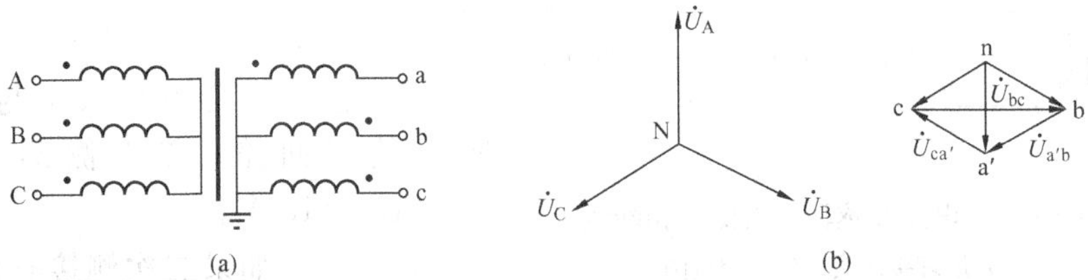

图 6-19　a 相绕组极性接反
（a）原理接线图；（b）相量图

（二）电流互感器的各种错误接线

《电能计量装置管理规程》规定：对三相三线制接线的电能计量装置，其两台电流互感器二次绕组与电能表两个电流元件之间宜采用四线连接，即两台电流互感器的分相接线方式；对三相四线制接线的电能计量装置，其三台电流互感器二次绕组与电能表三个电流元件之间宜采用六线连接，即三台电流互感器的分相接线方式，如图 6-20 所示。

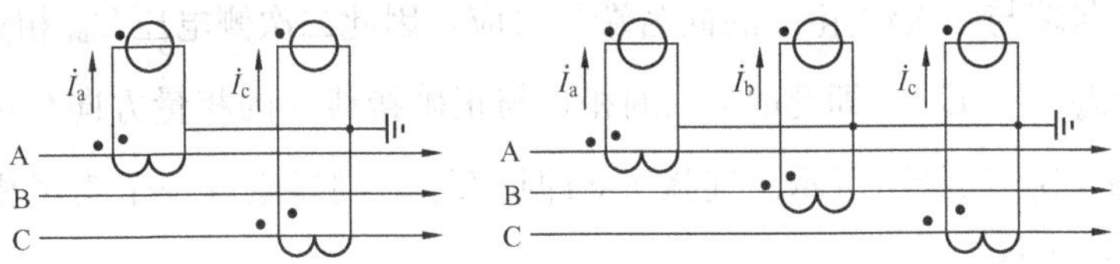

图 6-20　电流互感器分相连接
注：低压三相四线有功电能表所接的电流互感器二次负极不接地。

但在有些场合、有些地方还在使用图 6-21 所示的两台电流互感器二次绕组三线连接（二相星形）、三台电流互感器二次绕组四线连接（三相星形），这样连接可以节省导线，且两台电流互感器三线连接时可以得到第三相电流，三台电流互感器四线连接可以得到中线电流。但是，这种接线一方面会给电能计量带来误差，在三相负荷不平衡时少计电量；一方面在现场用单相法检定电流互感器时，由于检定接线负荷与实际运行负荷不一致，给检定工作

带来一些困难；第三方面这种接线的误接线几率大。本节就介绍这种非分相连接的电流互感器错误接线情况。

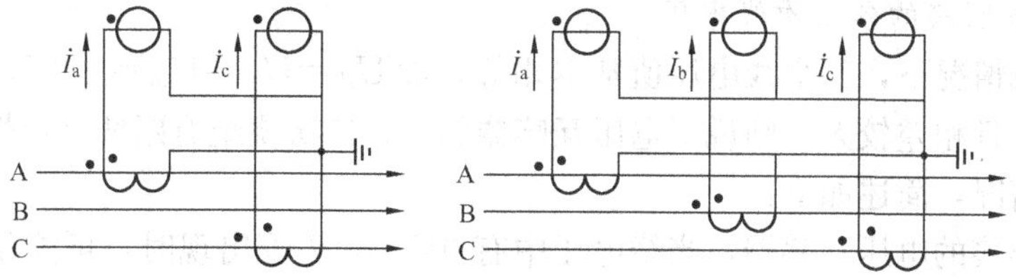

图 6 - 21　电流互感器三线连接、四线连接

1. 电流互感器为二相星形接线时二次侧 a 相绕组极性接反

如图 6 - 22 所示，此时 a 相的电流为$-\dot{I}_a$。根据克希荷夫电流定律（KCL），得

$$-\dot{I}_a+\dot{I}_c+\dot{I}_{ac}=0$$

所以公共线电流$\dot{I}_{ac}=-(-\dot{I}_a+\dot{I}_c)$，当三相负荷对称时，则$I_{ac}=\sqrt{3}I_a$，公共线电流值提高了$\sqrt{3}$倍。

结论：电流互感器采用二相星形接线时，任何一台互感器绕组的极性接反，则公共线上的电流都要增大为$\sqrt{3}$倍。而当两台互感器的绕组极性都接反时，公共线上的电流值与正确接线时相同。

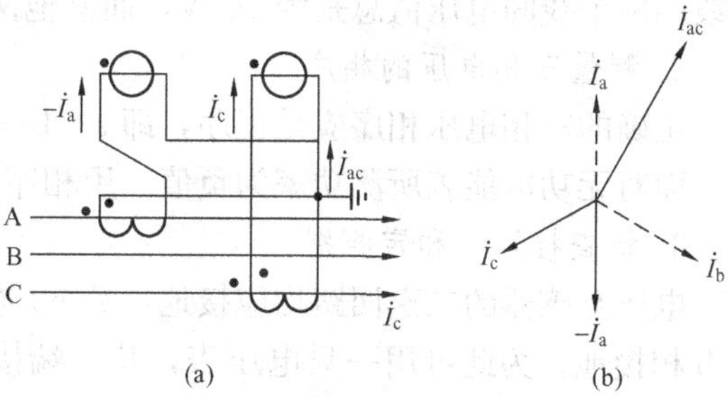

(a)　(b)

图 6 - 22　a 相绕组极性接反时

(a) 原理接线图；(b) 相量图

2. 电流互感器为三相星形接线时二次侧 a 相绕组极性接反

如图 6 - 23 所示，此时 a 相的电流为$-\dot{I}_a$。根据 KCL，得到

$$-\dot{I}_a+\dot{I}_b+\dot{I}_c+\dot{I}_n=0$$

当三相负荷对称时，$\dot{I}_n=-2\dot{I}_a$。

结论：电流互感器采用三相星形连接时，任何一台互感器绕组的极性接反，公共接线上的电流 I_n 为每相电流值的 2 倍。

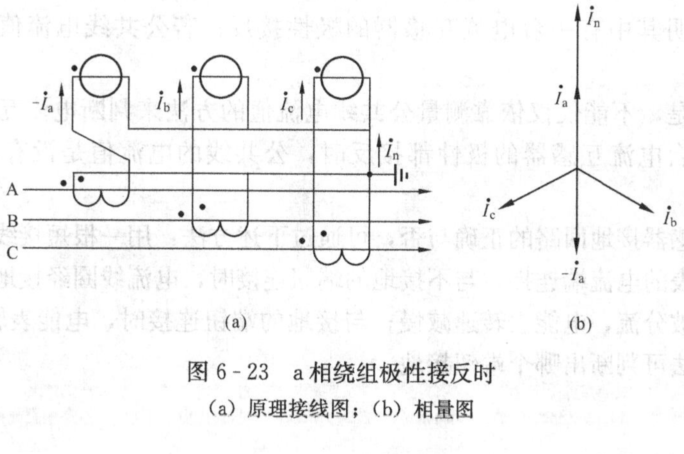

(a)　(b)

图 6 - 23　a 相绕组极性接反时

(a) 原理接线图；(b) 相量图

（三）带电检查电压互感器

带电检查电压互感器的步骤如下。

1. 测量电压回路的各二次线电压

在正确接线情况下，三个线电压值基本相等，即 $U_{ab}=U_{bc}=U_{ca}=100V$；若发现三个线电压值不相等，且相差较大，则说明电压互感器的一、二次绕组有断线（或熔丝熔断）或绕组极性接反等情况，简述如下：

（1）Vv0 连接的电压互感器，当线电压中有 0V、50V 等出现时，可能是一次绕组或二次绕组有断线。当有一个线电压是 173V 时，则说明有一台互感器绕组的极性接反。

（2）Yyn0 连接的电压互感器，当线电压中有 57.7V 出现时，可能是一次绕组有断线或一台互感器绕组的极性接反。

（3）如果互感器二次侧连接着各种表计而带电测量时，不论什么接线形式的互感器，不断线的两个线间电压值总是为 100V，而其他两个电压值则按负载阻抗值分配得之。

2. 测量三相电压的相序

正确的三相电压相序应是正序，即 a—b—c。如果是负序，对有功电能表将产生附加误差，而对无功电能表所测功率为负值。用相序表测定电压的相序。

3. 检查接地点和定相别

电压互感器的二次回路均应接地：Yyn0 连接的互感器其中点接地；Vv0 连接的互感器其 b 相接地。为此可用一只电压表，其一端接地，另一端可依次接到电能表的三个电压端钮，根据所测得的电压指示值来判断电压互感器的接地情况及定相别。

（1）电压表的三次测值其指针均不指示，说明电压互感器二次侧没有接地，电压表未构成回路，故无指示。

（2）电压表的三次测值中有两次指示 100V，一次指零时，说明是两台单相电压互感器按 Vv0 连接；也可能是三台单相互感器或一台三相五柱互感器按 Y 形连接，但必定是 b 相接地，电压表指示值为零的一相是 b 相，根据相序，就可定出 a 相和 c 相。

（3）电压表的三次测值均为 57.7V，说明互感器是按 Yyn0 连接，中性点接地。

（四）带电检查电流互感器

两相星形接线的电流互感器在正确接线情况下，两台电流互感器二次侧电流和公共线中的电流值是相同的，因此可用钳形电流表分别测量这三个电流。若公共线电流值为 a、c 相电流的 $\sqrt{3}$ 倍，说明其中有一台电流互感器的极性接反；若公共线电流值为 0，则公共线断线。

需要指出的是，不能仅仅依靠测量公共线电流值的方法来判断电流互感器的极性正确与否。因为当两台电流互感器的极性都接反时，公共线的电流值是没有增大，只是方向反了。

判断电流互感器接地回路的正确与否，可通过下述方法：用一根短接线，一端接地，另一端依次与电能表的电流端连接，与不接地的端钮连接时，电流线圈经接地线短路了，使电流线圈中的电流被分流，电能表转速减慢；与接地的端钮连接时，电能表转速不发生变化。因此通过这个方法可判断出哪个端钮接地。

第二节　电能表的接线检查

一、停电检查

对新装或更换互感器后的计量装置，都必须在不带电的情况下检查接线，除了要检查互感器的接线外，还要检查电能表的接线。电能表停电检查的内容如下：

1. 核对二次接线和接线两端标志

为了减少错误接线机会，从互感器到电能表的二次回路接线，最好使用不同颜色塑料导线；电流和电压二次接线应分别穿在两根导线管内，以便于在停电时检查。停电检查，应根据安装接线图用万用表（或干电池电铃线）将电流、电压二次接线逐根导通检查，并在二次线的两端核对记号（有的用编号，有的用胶带扎圈）。根据电压、电流互感器一次侧极性及相位，核对互感器二次侧极性及相位，接到电能表对应的电压端钮和电流端钮上。

2. 用万用表电阻量程进行检查

电能表的接线在现场可以用万用表根据出线盒罩盖反面的接线图进行核对。检查时不仅应区分电流、电压回路，还应查对电压线圈直流电阻。

二、带电检查

对运行中的电能表，当更换电能表或互感器以及新装大用户时，在经过停电检查后均须进行带电检查。

带电检查的安全注意事项：带电检查是在互感器二次回路上工作，要遵守必要的安全规程，特别要注意电流互感器二次回路不允许开路。因为电流互感器是在短路状态下正常工作的，一旦二次侧开路则二次电流的去磁作用不复存在，这样在二次绕组上会产生一个非常高的电动势，对人身和设备都将造成极大危害。电压互感器二次回路不允许短路，一旦电压互感器短路，会损坏互感器，可能造成严重后果。

（一）单相有功电能表的接线检查

单相表只有一组电磁元件时，接线较为简单，误接线时容易被发现。这里不作介绍。

（二）三相四线有功电能表的接线检查

三相四线有功电能表是由三组电磁元件组成（感应式电能表。电子式电能表的电能计量模块可视为由三个单相电能测量单元组成），我们可看作是三只单相电能表，因此可以采用分相法来检查其接线正确与否。

分相法是指保持其中任一元件的电压和电流，而断开其他元件所加的电压，在正确接线下，该元件的转盘应正转（感应式电能表），若三相负荷对称时，其转速（感应式电能表。电子式电能表的电能计量指示脉冲频率）约为原来的1/3。若转盘反转或转速相差较大，则可能有错误接线。

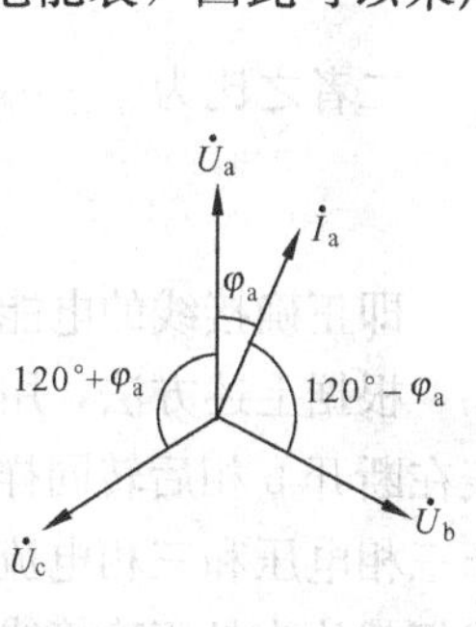

图6-24　b相电压接到a相电压元件相量图

例如，b相电压接到a相的电压元件，这样b相电磁元件外加电压电流为[$\dot{U}_b$，$\dot{I}_a$]，从图6-24的相量图中得到

$$P_a = U_b I_a \cos(120° - \varphi_a)$$

一般 $\varphi_a < 30°$，所以 P_a 为负值，故表计反转。

若 c 相电压送到 a 相元件，则

$$P_a = U_c I_a \cos(120° + \varphi_a)$$

也是负值。

这种类型的电能表，其错误接线较为容易被发现。

（三）三相三线有功电能表的接线检查

可采用下述简便方法检查三相三线有功电能表的接线是否正确。

1. b 相电压法

三相三线有功电能表的正确接线为 $[\dot{U}_{ab}, \dot{I}_a]$ 和 $[\dot{U}_{cb}, \dot{I}_c]$，相量图如图 6-25 所示。

若将电能表的 b 相电压断开，电能表转盘的转速应降为原来的一半。断开 b 相电压后，加在电能表两组电压线圈上的电压总和为 $\dot{U}_{ac}$，而第一元件上的电压是 $1/2\dot{U}_{ac}$，第二元件上的电压是 $-1/2\dot{U}_{ac}$，如图 6-26 所示。此时电能表测得的功率 P' 为

$$\begin{aligned} P' &= \frac{1}{2}U_{ac}I_a\cos(30° - \varphi) + \frac{1}{2}U_{ca}I_b\cos(30° + \varphi) \\ &= \frac{1}{2}\sqrt{3}UI\cos\varphi \end{aligned}$$

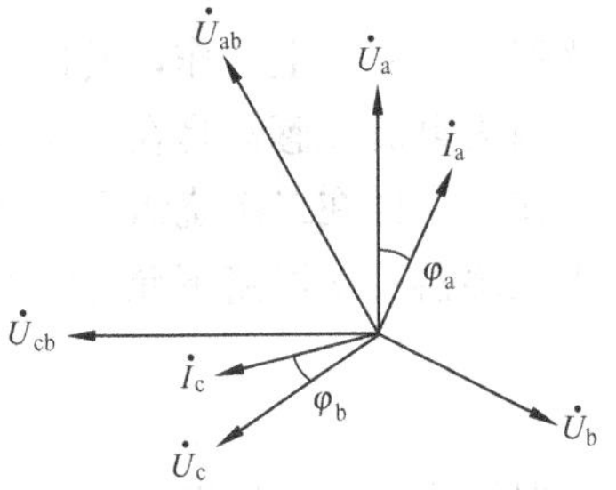

图 6-25 三相三线有功电能表正确接线时的相量图

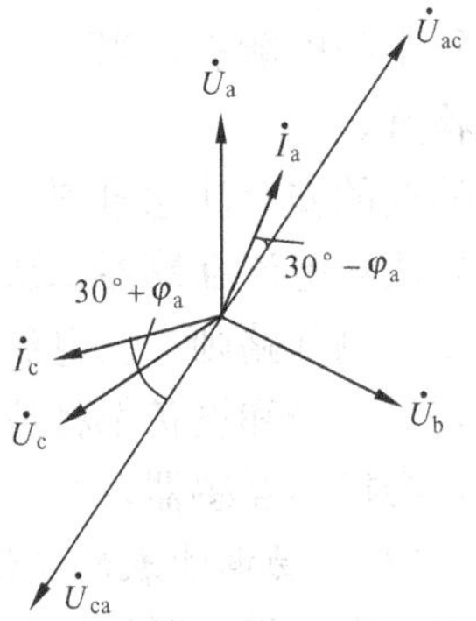

图 6-26 断 b 相对的相量图

全电压时的电能表测量功率为

$$P = \sqrt{3}UI\cos\varphi$$

二者之比为

$$\frac{P}{P'} = \frac{1}{2}$$

即正确接线的电能表，在断开 b 相后，电能表的转速减少到原来值的 1/2。

根据上述方法，用一只秒表测定电能表转 N 转数时所需的时间为 t_0，然后再测定电能表在断开 b 相后转同样的转数 N 所需的时间为 t_b，若 $t_b/t_0 = 2$，说明电能表接线正确。但由于三相电压和三相电流实际上不可能完全对称，负荷也有些波动，一般当 $t_b/t_0 = 1.6 \sim 2.4$，我们就认为是正确接线。

2. 电压交叉法

如果负荷不够稳定，可用 a、b 相电压交叉法检查接线，只要将电能表的电压端钮接线

a 相和 b 相对调，电能表若不转动或有微动，说明电能表的接线是正确的。将电能表电压端钮 a 和 b 连接的两根电压线互相交换后，即按 $[\dot{U}_{cb}, \dot{I}_a][\dot{U}_{ab}, \dot{I}_c]$ 连线，据此画出其相量图如图 6-27 所示。

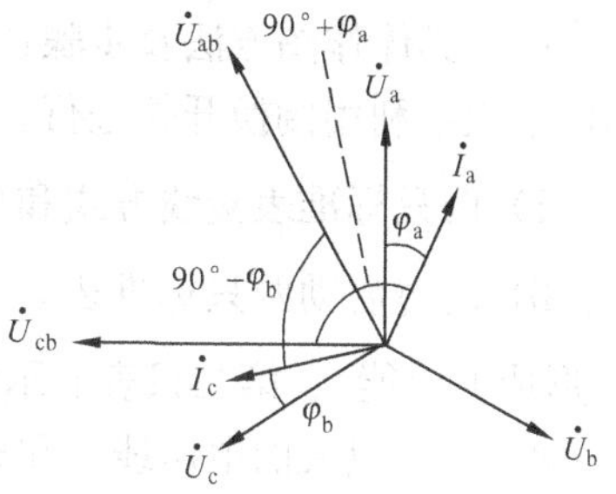

图 6-27　电压交叉时的相量图

从相量图上得到

$$P' = U_{cb}I_a\cos(90° + \varphi) + U_{ab}I_b\cos(90° - \varphi) = UI[-\sin\varphi + \sin\varphi] = 0$$

上述两种方法是比较简便的，但是对某些错误接线方式是检查不出来的。如当有 b 相电流流入电能表电流线圈的错误接线时，在断开 b 相电压后，其计量功率也是全电压时计量功率的 1/2，因此不能用其来作正确判断。其次，用上述两种方法即使可以判断出电能表是错误接线，但要通过此种方法来具体分析电能表可能属于哪一种错误接线是非常困难的，有时是不可能的。因此我们经常采用下一种方法——相量图法，来判断电能表的实际接线。

3. 六角图法判断电能表的实际接线

a 相电压法和电压交叉法，在某些接线情况下可以判断该种接线是否为错误接线，但不能确定是哪一种错误接线的形式。相量图法是检查、确定具体接线情况的最基本的方法。现已有基于相量图法的智能化仪表，用于现场检查电能计量装置的实际接线情况。作为判定有功电能表实际接线情况的原理和方法，我们对相量图法作一介绍。

相量图法就是通过画电流相量的方法来确定接到电能表中究竟是什么电压？什么电流？

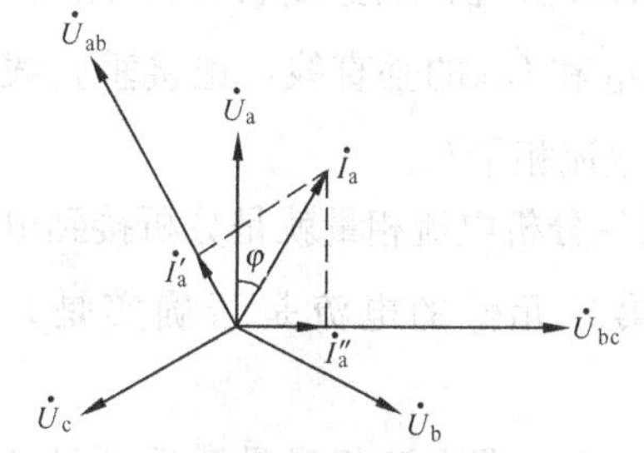

图 6-28　三相三线有功电能表的相量图

（1）基本原理：三相三线有功电能表中电压和电流之间的相量关系如图 6-28 所示。在三相电压对称的情况下，从电流相量 $\dot{I}_a$ 的顶端分别向电压相量 $\dot{U}_{ab}$ 和 $\dot{U}_{bc}$ 作垂直线，在 $\dot{U}_{ab}$ 和 $\dot{U}_{bc}$ 上分别得到 $\dot{I}'_a$ 和 $\dot{I}''_a$，也即 $\dot{I}_a$ 在 $\dot{U}_{ab}$ 上投影为 $\dot{I}'_a$，$\dot{I}_a$ 在 $\dot{U}_{bc}$ 上的投影为 $\dot{I}''_a$。由图 6-28 中得到

$$I'_a = I_a\cos(30° + \varphi)$$

$$I''_a = I_a\cos(90° - \varphi)$$

反之，若已知 $\dot{I}'_a$ 和 $\dot{I}''_a$，则通过 $\dot{I}'_a$ 和 $\dot{I}''_a$ 的顶端分别作 $\dot{U}_{ab}$ 和 $\dot{U}_{bc}$ 的垂直线，两根垂直线的交点和三相对称电压的交点之连接线即为电流相量 $\dot{I}_a$。

如何得到 $\dot{I}'_a$ 和 $\dot{I}''_a$ 呢？

将功率表的电压线圈接入电压 $\dot{U}_{ab}$，电流线圈通入电流 $\dot{I}_a$，则测出的功率为

$$P_{ab} = U_{ab}I_a\cos(30° + \varphi) = UI_a\cos(30° + \varphi) = UI'_a \propto I'_a$$

将功率表的电压线圈改接为 $\dot{U}_{bc}$，电流维持不变，则测出的功率为

$$P_{bc} = U_{bc}I_a\cos(90° - \varphi) = UI_a\cos(90° - \varphi) = UI''_a \propto I''_a$$

因此我们可以得到如下结论：在三相电路中，用一只功率表或电能表，其电流线圈保持同一相电流，而电压线圈分别加以任何两个不同的线电压，那么功率表的指示值即为此电流相量在两个线电压上的投影，两个投影的合成相量即是此电流相量（位置）。

这样就将电流相量画出来了。

（2）具体作图方法及步骤：在现场绘制相量图（也称六角图）最方便的方法是用两只单相标准表，利用倒换开关进行。其具体步骤如下：

1）两只标准表接线方式和现场校表相同，第一只表接$\dot{U}_{ab}$、$\dot{I}_{a}$，第二只表接$\dot{U}_{bc}$、$\dot{I}_{c}$。

2）同时启动两只标准表，转 t 秒后停标准表。读得第一只表的示值为 W_1（代表$\dot{U}_{ab}$、$\dot{I}_{a}$形成的电能）、第二只表的示值为 W_2'（代表$\dot{U}_{bc}$、$\dot{I}_{c}$形成的电能）。

3）第一只表的电压线 a 和第二只表的电压线 c 互换之。

4）再同时启动两只标准表，转 t 秒后停标准表。读得第一只表的示值为：$W'_1(\dot{U}_{cb}、\dot{I}_a)$，第二只表的示值为 $W_2(\dot{U}_{ba}、\dot{I}_c)$。

由 2）和 4）得到：

$W_1(\dot{U}_{ab}、\dot{I}_a)$，$W'_1(\dot{U}_{cb}、\dot{I}_a)$

$W_2(\dot{U}_{ba}、\dot{I}_c)$，$W'_2(\dot{U}_{bc}、\dot{I}_c)$

5）画出电压相量：$\dot{U}_a$、$\dot{U}_b$、$\dot{U}_c$、$\dot{U}_{ab}$、$\dot{U}_{cb}$、$-\dot{U}_{ab}$（$\dot{U}_{ba}$）、$-\dot{U}_{cb}$（$\dot{U}_{bc}$）。选取合适的比例，在电压相量$\dot{U}_{ab}$上截取 W_1（注：若 $W_1>0$，在$\dot{U}_{ab}$上截取；$W_1<0$，在$\dot{U}_{ba}$上截取；W_1'、W_2、W_2'同样对待），在电压相量$\dot{U}_{cb}$上截取 W_1'，通过 W_1 和 W_1'的顶端分别作$\dot{U}_{ab}$和$\dot{U}_{cb}$的垂直线，它们相交于 Q 点，连接 OQ 即为所求的电流相量$\dot{I}_a$，如图 6-29 所示。该图中 $W_1'<0$。

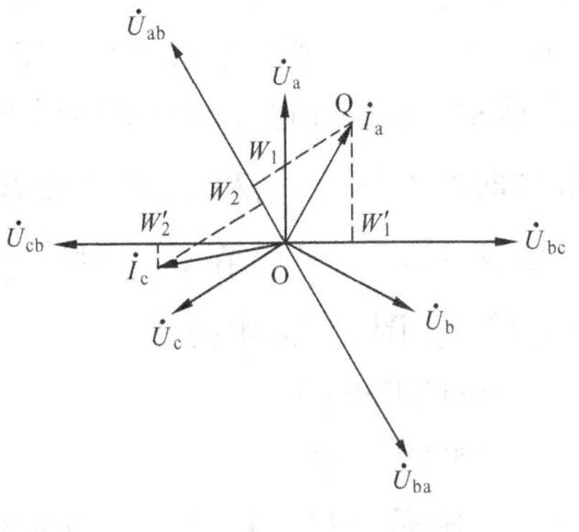

图 6-29 作相量的方法

6）再在$\dot{U}_{ab}$上截取 W_2，在$\dot{U}_{cb}$上截取 W_2'，过 W_2 和 W_2'的顶端分别作$\dot{U}_{ab}$和$\dot{U}_{cb}$的垂直线，连接垂直线交点至 O 点即为所求电流相量$\dot{I}_c$。

7）分析电流相量。分析电流相量就是分析接到电能表中第一元件和第二元件的电流是否确实是$\dot{I}_a$和$\dot{I}_c$。

怎样分析电流相量呢？即电流相量是滞后还是超前相应的相电压呢？这取决于用户负荷性质，一般情况下，用户的功率因数较好，即 φ 角较小，所以电流相量应紧跟随相应的电压相量，例如$\dot{I}_a$紧跟着$\dot{U}_a$。这是分析电流相量的重要依据。为了简化问题，我们假定是在感性负荷下测量，那么电流$\dot{I}_a$应滞后于相应的相电压$\dot{U}_a$一个 φ 角（较小）。其次我们假定三相电压的相序是正序，即 a—b—c。

分析电流相量时，需注意以下几点：①若画出的电流相量为负序（即$\dot{I}_a$超前$\dot{I}_c$120°），说明是错了，因为我们假设的是正序，应将$\dot{I}_c$和$\dot{I}_a$对调，改为正序。②若画出的电流相量是超前就近相电压，例如$\dot{I}_a$超前$\dot{U}_a$，$\dot{I}_c$超前$\dot{U}_c$，这说明与假定的感性负荷不符，所以应将电流相量分别改为$-\dot{I}_a$和$-\dot{I}_c$。③若画出的两个电流相量不是相差 120°，而是相差 60°，说明可能有一个电流互感器极性反了。因此将超前相电流反相。如将$\dot{I}_c$电流反相 180°成为$-\dot{I}_c$。

8）电流相位确定以后，电流相量$\dot{I}_a$的就近相电压应为$\dot{U}_a$，$\dot{I}_c$的就近相电压应为$\dot{U}_c$，余者为$\dot{U}_b$。

9）根据重新确定后的电压相序，定出相应的线电压，便可确定电能表的实际接线了。

为了使大家能理解上述的几个具体步骤，通过下述例子来说明它。

【例 6-1】　某高压计量用户，负荷为感性，功率因数为 0.8～0.9，用两只标准表测得数据如表 6-2 所示。试用相量图法分析计量表计的接线方式。

解　按题意分析如下。

表 6-2　　[例 6-1] 表

电流＼电压	$\dot{U}_{ab}$	$\dot{U}_{cb}$
$\dot{I}_a$	$W_1=50$	$W_1'=300$
$\dot{I}_c$	$W_2=240$	$W_2'=-80$

（1）电压相量：$\dot{U}_a$、$\dot{U}_b$、$\dot{U}_c$、$\dot{U}_{ab}$、$\dot{U}_{ab}$、$-\dot{U}_{ab}(\dot{U}_{ba})$、$-\dot{U}_{cb}(\dot{U}_{bc})$，如图 6-30 所示。

（2）根据W_1值在$\dot{U}_{ab}$上截取 50，根据W_1'值在$\dot{U}_{cb}$上截取 300，过 50 和 300 处作垂直线，其交点与 O 点连线即为$\dot{I}_a$。

（3）同理，由W_2值在$\dot{U}_{ab}$上截取 240。注意W_2'是负值（−80），所以应在$\dot{U}_{bc}$上（注意不是$\dot{U}_{cb}$）截取 80，两根垂直线的交点与 O 点连线即为$\dot{I}_c$。

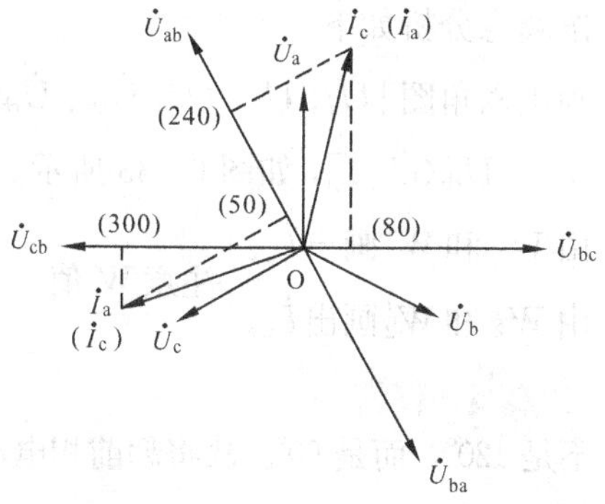

图 6-30　[例 6-1] 的相量图

（4）分析电流相位：由图上得到$\dot{I}_a$超前$\dot{I}_c$120°，是负序，应互相对调，将$\dot{I}_a$、$\dot{I}_c$改换为（$\dot{I}_c$）、（$\dot{I}_a$），使之成为正序。

（5）定电压顺序：由于负荷是感性，因此电流（$\dot{I}_a$）滞后的就近电压应是$\dot{U}_a$，（$\dot{I}_c$）滞后的就近电压为$\dot{U}_c$，余者为$\dot{U}_b$。与图上所示的实际电压相符。

分析结论：电压接线无误，而电流元件接线互换了，即计量表计的实际接线方式为：[$\dot{U}_{cb}$，$\dot{I}_a$] 和 [$\dot{U}_{ab}$，$\dot{I}_c$]。

改正接线方法：将两相电流元件的电流接线位置互相对换即可。

【例 6-2】　某用户，情况与上例相同，测得数据见表 6-3，试分析其接线方式。

解　按题意分析如下。

（1）画出六角图 [$\dot{U}_a$、$\dot{U}_b$、$\dot{U}_c$、$\dot{U}_{ab}$、$\dot{U}_{cb}$、$-\dot{U}_{ab}(\dot{U}_{ba})$、$-\dot{U}_{cb}(\dot{U}_{bc})$]，如图 6-31 所示；

表 6-3　　[例 6-2] 表

电流＼电压	$\dot{U}_{ab}$	$\dot{U}_{cb}$
$\dot{I}_a$	$W_1=320$	$W_1'=-150$
$\dot{I}_c$	$W_2=-460$	$W_2'=-320$

（2）由W_1和W_1'画出$\dot{I}_a$；
（3）由W_2和W_2'画出$\dot{I}_c$；
（注意 W 值的正、负号；）

（4）分析电流相位，由图上得到$\dot{I}_a$、$\dot{I}_c$是负序，应该互换改为正序，即（$\dot{I}_c$）、（$\dot{I}_a$）；

（5）定电压顺序，（$\dot{I}_a$）的就近电压应是（$\dot{U}_a$），（$\dot{I}_c$）的就近电压应该是（$\dot{U}_c$），余者为（$\dot{U}_b$）；

（6）根据定出的电压顺序，确定出$\dot{U}_{ab}$，应改为（$\dot{U}_{cb}$），$\dot{U}_{cb}$应改为（$\dot{U}_{ba}$）。

分析结论：电压顺序为，c—a—b，电流顺序为$\dot{I}_c$、$\dot{I}_a$，即实际接线方式为［$\dot{U}_{ca}$、$\dot{I}_c$］和［$\dot{U}_{ba}$、$\dot{I}_a$］，如图 6-32 所示。按图上所示，很容易来改正错误接线了。

【例 6-3】 某用户，情况与［例 6-1］相同，测得数据如表 6-4 所示。试分析其接线方式。

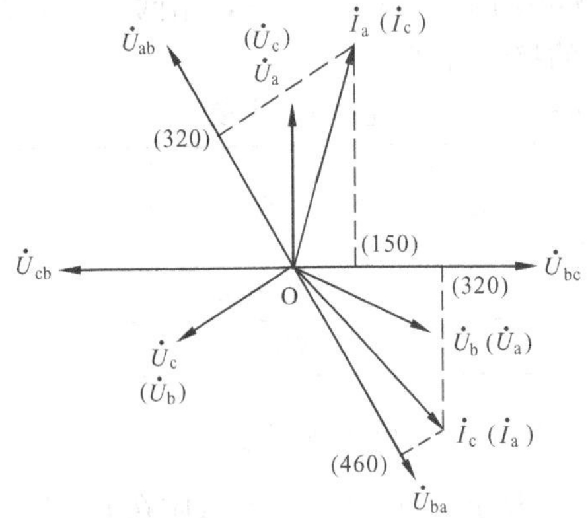

图 6-31　［例 6-2］的相量图

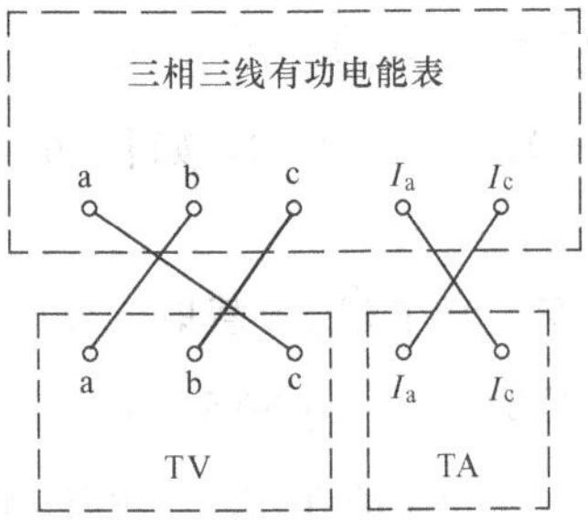

图 6-32　［例 6-2］的实际接线示意图

表 6-4　　［例 6-3］表

电压 / 电流	$\dot{U}_{ab}$	$\dot{U}_{cb}$
$\dot{I}_a$	$W_1=320$	$W_1'=-150$
$\dot{I}_c$	$W_2=470$	$W_2'=320$

解　按题意分析如下。

（1）画出六角图［$\dot{U}_a$、$\dot{U}_b$、$\dot{U}_c$、$\dot{U}_{ab}$、$\dot{U}_{cb}$、$-\dot{U}_{ab}(\dot{U}_{ba})$、$-\dot{U}_{cb}(\dot{U}_{bc})$］，如图 6-33 所示。

（2）由 W_1 和 W_1' 画出$\dot{I}_a$。
（3）由 W_2 和 W_2' 画出$\dot{I}_c$。
｝注意 W 值的正、负号。

（4）分析电流相位，由图 6-33 得到$\dot{I}_a$ 和$\dot{I}_c$ 相位角差不是 120°，而是 60°。故将超前相电流$\dot{I}_c$ 反相 180°，为$-\dot{I}_c$。由电流相量$\dot{I}_a$ 和$-\dot{I}_c$ 来分析，$\dot{I}_a$ 超前$-\dot{I}_c$120°，是负序，应互相对调，将$\dot{I}_a$、$-\dot{I}_c$ 改换为（$\dot{I}_c$）、（$-\dot{I}_a$），使之成为正序；注：由$-\dot{I}_c$→（$-\dot{I}_a$），“—”保持不变。

（5）定电压顺序，（$\dot{I}_c$）的就近电压应是（$\dot{U}_c$），（$-\dot{I}_a$）的就近电压应该是（$\dot{U}_a$），余者为（$\dot{U}_b$）；所以电压顺序应该是 c—a—b。

（6）根据定出的电压顺序，确定出 $\dot{U}_{ab}$实际为（$\dot{U}_{cb}$），$\dot{U}_{cb}$实际为（$\dot{U}_{ba}$）。

分析结论：实际接线方式为［$\dot{U}_{ca}$、$\dot{I}_c$］和［$\dot{U}_{ba}$、$-\dot{I}_a$］。

当实际接线情况查清后，若为错误接线，均应改正为正确接线。在改正过程中，特别要注意防止电流互感器的二次回路断开和电压互感器二次回路短路。接线改正以后，还要进行全面检查，给出相量图，以验证接线是否改得正确。

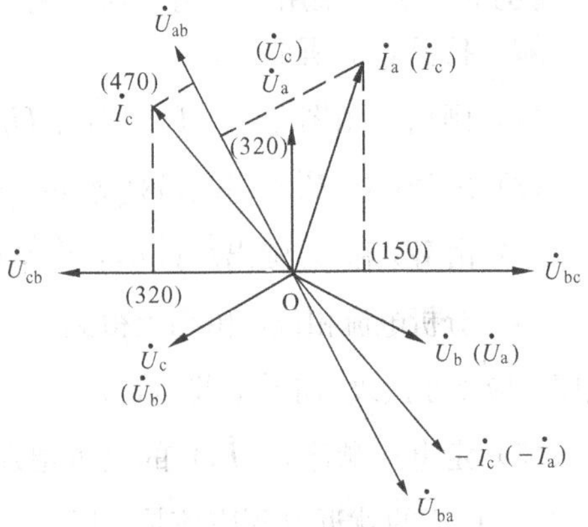

图 6-33　［例 6-3］的相量图

在用六角图法判断电能表的实际接线过程中，需要负荷的功率因数。上述的分析均是假定 $\cos\varphi$ 在 0.7～0.9 之间。实际的功率因数可按各有关测量仪表的指示值来计算它，即

$$\cos\varphi=\frac{P}{\sqrt{P^2+Q^2}}=\frac{P}{\sqrt{3}UI}$$

第三节　电能表现场校验仪检查电能表的接线

随着微电子技术的发展和计算机技术在仪表制造业的大量应用，出现了能自动判断电能表实际接线情况的装置——电能表现场校验仪。到目前为止，电能表现场校验仪已发展了多代产品。电能表现场校验仪根据六角图法判断电能表实际接线情况的原理和方法，利用单片机强大的计算分析功能，快速、准确地得出判断结果，并以相量图和文字的形式显示出电能表的实际接线情况。

ST—9040K 是电能表现场校验仪的第三代产品。与前两代产品 9040 和 9040C 相比，ST—9040K 显著的特点是：采用数字乘法器（前两代产品是采用模拟乘法器），数字乘法器体积小、可靠性高、功能强、受外界干扰小、无需自校；采用大屏幕液晶显示器，可动态显示三相电压、电流、功率、电能、电源频率、功率因数、脉冲当量、接线方式，还可显示相量图，增加了直观性。

本节以 ST—9040K 电能表现场校验仪为例，说明用电能表现场校验仪检查电能表接线的方法。

一、ST—9040K 电能表现场校验仪仪表结构

先认识一下 ST—9040K 电能表现场校验仪的外部结构，图 6 - 34 所示为它的正面板布置图。后面板布置图见图 6 - 35。

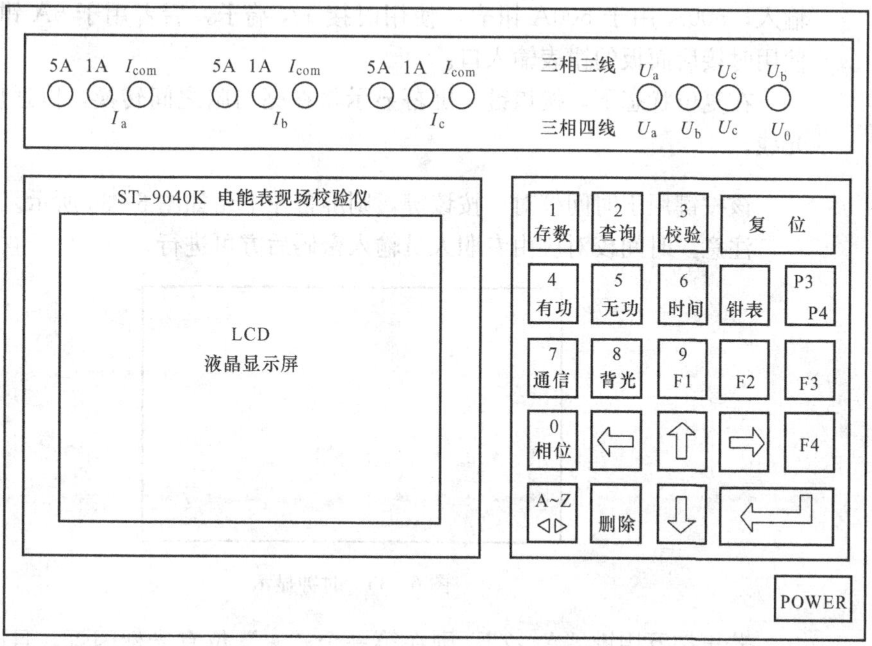

图 6 - 34　ST—9040K 电能表现场校验仪正面板布置图

注：500A 钳表接在 1A 端子上。

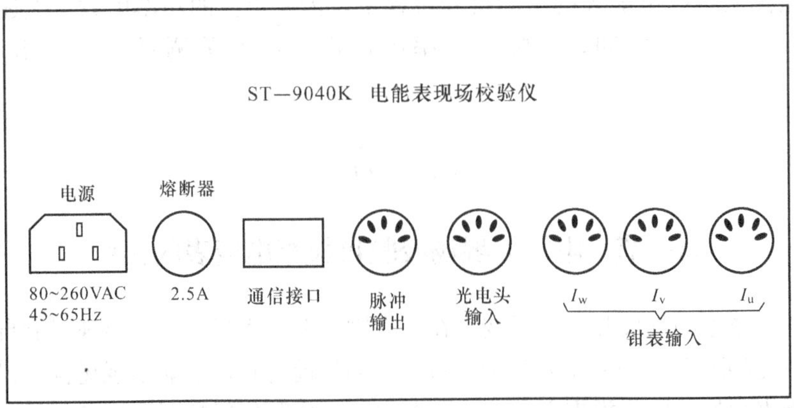

图 6-35 ST—9040K 电能表现场校验仪后面板图

注：钳表输入用于 5A 钳表。

二、各按键功能说明

复 位

该按键用于系统总复位。当因误操作造成死机时，可按该键。在该状态下，根据需要可分别进行如下操作：查询、校验、有功测量、无功测量、相位测量、电流量程选择、接线方式选择、背光选择、时间校对及通信。

P3 P4

该按键用于校验现场的接线方式选择及提示用。在相应状态下按该键，屏幕右下方提示符将在人P4 与△P3 间转换。人P4 表示三相四线接线，△P3 表示三相三线接线。

钳表

该按键用于电流量程选择及钳表使用选择。在相应状态下按该键，屏幕右下方提示符将在 1A、5A、500A、5A（钳表）间转换，1A、5A 用于直接输入，500A 用于 500A 钳表，使用时接 1A 端子，后者用于 5A 钳表输入，使用时接后面板的钳表输入口。

8 背光

在复位状态下，按该键，屏幕显示将在亮与暗之间转换，以适应不同的光线。

6 时间

该按键用于时间校对。按该键，则屏幕左下角如图 6-36 所示。

注意，时间校对应由专职人员输入密码后方可进行。

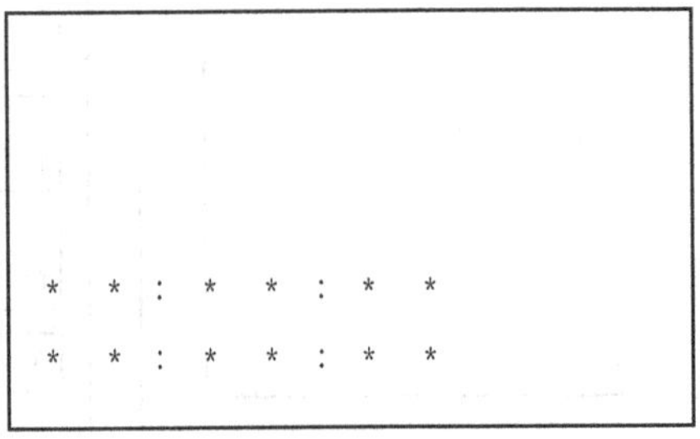

图 6-36 时钟显示

若再按万用键“A～Z”，则在第一个“＊”位有光标闪烁，且时钟停止走时，此时可用数字键“0～9”及方向键“↑、↓、←、→”修改时钟，年、月、日、时、秒（24h 制）；修改完毕，再按“回车”键确认，时钟重新开始走时。

2 查询

该按键用于校验数据的查询。按该键，则屏幕显示如图 6－37 所示的查询选择画面，用户可根据序号、资产编号、校表存储日期用“↑、↓、←、→”键翻号（序号）查询。用“↑、↓”每次序号“加 1”、“减 1”，用“←、→”每次序号“加 10”、“减 10”，当找到要查询的表后再按“回车”键确认，则显示当前表号存储的数据信息。共分三屏显示，按万用键“A～Z”翻页。注：·按“查询”键后用“↑、↓、←、→”键翻号时，当翻号至表号和资产编号均显示随机字符时，表示该序号下无存储数据，请勿使用“回车”键，否则以死机提出抗议，此时只能使用“复位”键。

序号：＊＊＊
电表常数：＊＊＊＊＊＊
资产编号：＊＊＊＊＊＊

＊＊：＊＊：＊＊
＊＊：＊＊：＊＊　△P3 5A

图 6－37　查询选择画面

复位后，再按“查询”键时，可发现序号又回到最新存储数据（即用户最新存储的一块表的数据），从而方便用户找到最新数据。

每次查询完毕后，可再按“查询”键，则又回到上图所示状态，但序号为上次查询时的序号，从而方便用户找到该表附近的表号。

3 校验

该按键用于有功、无功电能的校验。按该键，显示如图 6－38 所示的校验参数画面。

表出厂号：＊＊＊＊＊＊
电表常数：＊＊＊＊＊＊
资产编号：＊＊＊＊＊＊
校验圈数：＊＊
输入方式：0　0. 光电　1. 手动
有功无功：0　0. 有功　1. 无功

图 6－38　校验参数显示画面

各项参数置入说明如下：

表出厂号：被校表表号（最大可置入 14 位数字）。

资产编号：设备固定资产号，可置入“A～Z”26 个英文字母、“—、/”间隔符（用万用键“A～Z”）及“0～9”数字。

注：该步操作不能省略，若该表无资产编号，可将资产编号置入此栏中。

电表常数：用来设置被校表电表常数，当电表常数为分数时，可先输入分子，空一格后再输入分母。

校验圈数：被校表校验圈数设定，最大可置为99圈。

输入方式：输入“0”时选择为光电头输入，输入“1”时为手动开关输入。

有功无功：表示当前所校验的表为有功表或无功表。输入“0”时选择校有功表。输入“1”时选择校无功表。

以上各参数设置完毕后，按“回车”键确认，则进入接线方式选择程序，如图6-39所示。

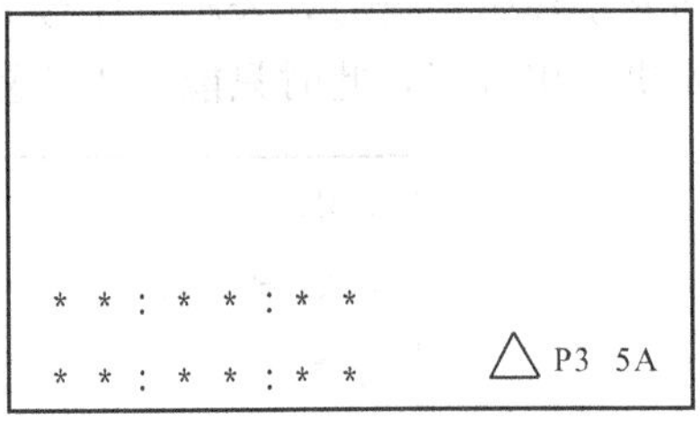

图6-39 接线方式选择画面

用户可根据校表的类型，用“P3/P4”键和“钳表”键选择接线并进行正确的电压、电流（或钳表）接线。之后，再按一次“回车”键，则进入相应的校表状态。

注：

在置入参数时，可使用“↑、↓、←、→”键移动光标，用“删除”键进行错误数据删除。

各项参数均需要置入并确认，否则会造成“死机”，可“复位”解除。

进入校验状态后，若有光电脉冲或手动开关信号接入，则在屏幕右下方“EEP”或“EEQ”后显示校表误差。

校表状态如图6-40所示（以校三相四线表为例）。

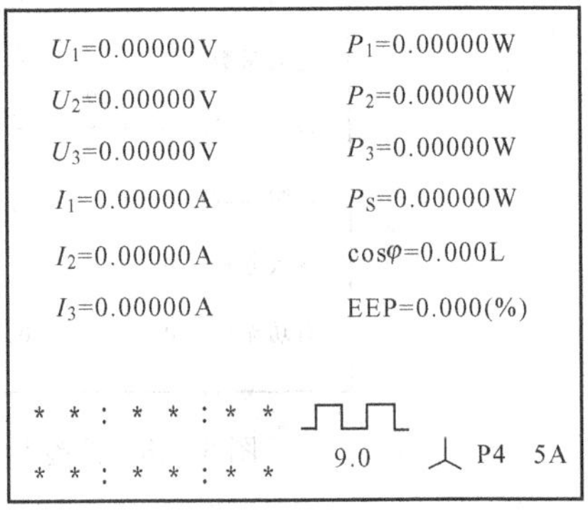

图6-40 校表状态显示画面

1 存数

在校验状态下，用户可根据需要进行当前测量数据存储，可存储的量有U、I、P、Q、cosφ、sinφ、EEP、EEQ及相位角、相量图和P3状态的检查接线结果。一共可存储200块表的测量数据，编号从0～199顺序排列，存满之后，序号又回到 0 号，再进行“存数”时将覆盖原第 0 号表数据，其他号表数据不变。

具体操作说明如下：

先按“校验”键进入电能校验状态后，再按“存数”键（若原已进入校验状态，可直接按“存数”键），屏的左下角有光标闪烁，表示正在存数；光标消失后，则存数完毕。(第一次存数)

再按“相位”键并“回车”，进入相位测试状态。按“存数”键，屏的左下角有光标闪烁，提醒用户此时在进行相量存储，待光标消失后，则存数完毕。(第二次存数)

注：

在进行存数操作时，两次存数操作都要执行，两者缺一不可，否则在查询时会死机。

若希望每校一块表都进行存数操作，则校完第一块表并存数后，校第二块表时，必须置入与第一块表不同的资产编号，这样在存数时才认为是新表数据而存入下一单元，否则仍将存入第一块表的存储单元。

在进行第二次存数（相量存储）时，需等待相量图显示出后再按“存数”键。

当存数序号增至 199 号时，即存满 200 块表后，必须先与 PC 机通信一次。否则，用户接着校表存数后，序号接着从 0 开始计，比如计数到 5，再通信时，只能将 0～5 号表数据传给 PC 机，原 6～199 号表数据不能传给 PC 机。

4 有功

该按键用于三相电压、电流、三相有功功率、三相总功率（P_S）、功率因数（$\cos\varphi$）、三相有功电能累计值（EP）的测量。按该键后，屏显如图 6-39 所示，在该状态下，用户可进行接线方式的选择，选择好工作状态后，按“回车”键确认，则进入有功测量状态，屏显如图 6-40 所示。在该状态下，可进行三相电能累计值的测量。按万用键“A～Z”一次，则“EEP”变为“EP”，此时若有光电脉冲或手动开关启停信号到来，则“EP”后显示脉冲间的有功电能累计值，单位为“W·s”。

5 无功

该按键用于测三相电压、电流、三相无功功率、三相总无功功率（Q_S）、当前 $\sin\varphi$ 、三相无功电能累计（EEQ）的测量。无功测量状态如图 6-41 所示，有关基本操作同“有功”键所述。

注：图 6-40、图 6-41 中，⎍⎍ 9.0 表示脉冲当量为 9.0。

0 相位

该按键用于三相四线制、三相三线制的相位角测量、相量图显示及三相三线状态下的接线检查。并可同时显示电网的工作频率。按该键则显示如图 6-39 所示，进入接线方式选择程序，用“P3/P4”键和“钳表”键选好状态并回车后进入相位测量状态，如图 6-42、图 6-43 所示。相量图均以 U_a 为基础绘制，其中 U_1、U_2 分别表示 U_{ab}、U_{cb} 电压，U_a、U_b、U_c、I_a、I_b、I_c 分别表示 a、b、c 三相电压、电流。“人P4　5A”表示当前接线方式为三相四线，直接 5A 端子输入。“△P3　5A”表示三相三线，直接 5A 端子输入；“I_aU_{ab}、I_cU_{cb}”为接线方式检查结果；“L”表示当前电网功率因数为迟后状态，按万用键“A～Z”一次可选择在超前状态下的接线方式检查，此时“L”变为“C”。若显示“ ***** ***** L/C”则表示接线方式查不出来。

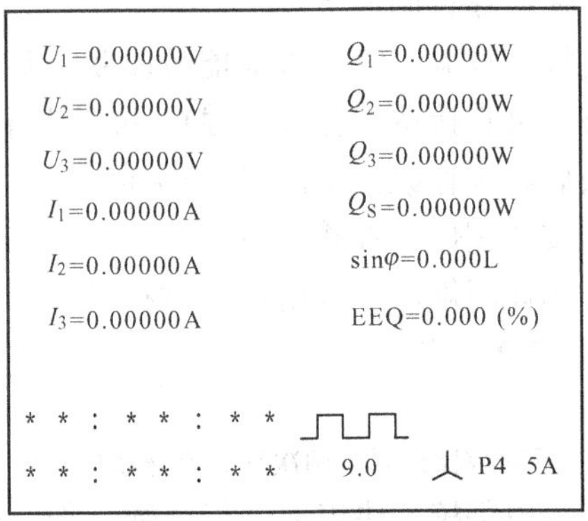

图 6-41　无功测量状态显示画面

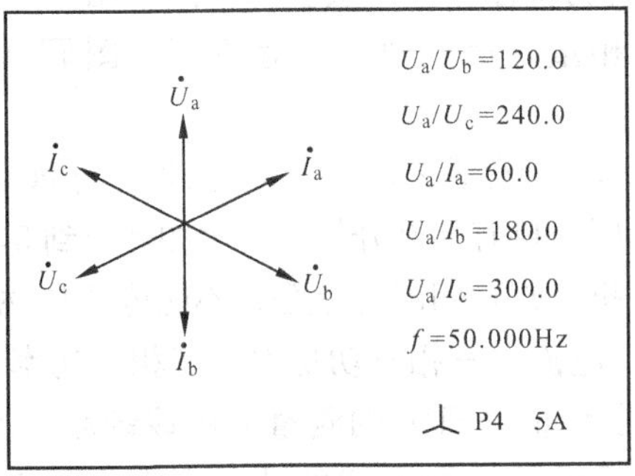

图 6-42　三相四线状态相位测量

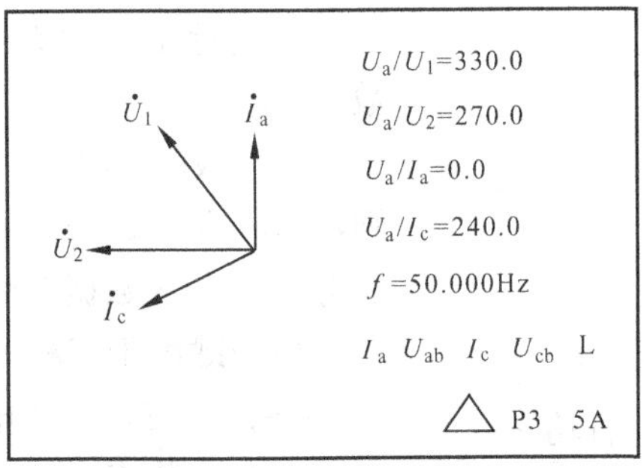

图 6-43　三相三线状态相位测量

该按键用于本仪器和 PC 机的数据传送，可将仪器内存贮的数据信息传送给 PC 机进行管理和打印操作。

其余键功能说明：

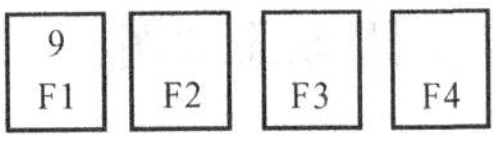

为特殊功能键，其中仅“F1”可做数字“9”用。

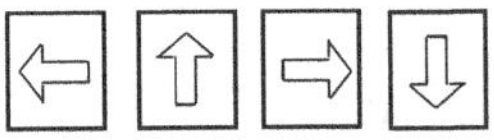

用于移动光标。

用于修改错误数据，具体应用前面已有叙述。

万用键，具体应用前面已有叙述。

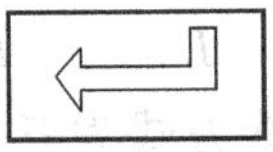

回车键，用于各功能操作的确认。

注：所有带数字的键都是复用键。

三、ST—9040K 电能表现场校验仪检查电能表接线

1. 三相三线有功电能表

其检查接线如图 6-44 所示（电能表采用直通接线画法。本接线仅适用于电能表接入电流小于等于 5A 的情况），具体操作如下：

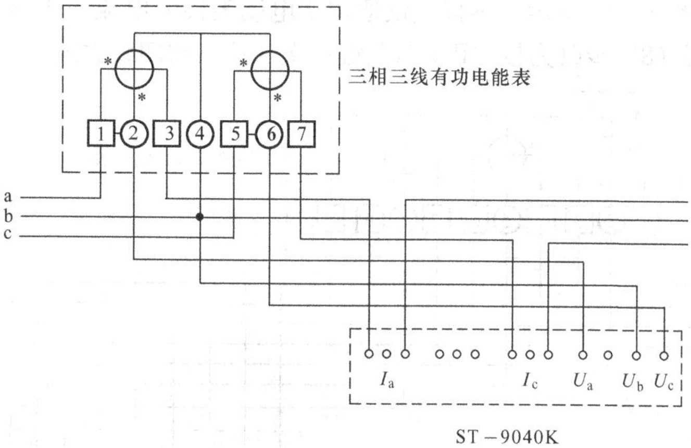

图 6-44　ST—9040K 电能表现场校验仪与三相三线有功电能表接线图

(1) 开机。

(2) 复位，检查时钟准确性。

(3) 连接电压电流输入线，并检查连线正确性，连好光电头输入线。在连电压线时，应将电压公共端（对三相三线电能表为 B 相，对三相四线电能表为零线）接入本机电压输入黑端子，不可接错。电流输入接 5A 端子。

(4) 按"校验"键一次，进入置参数状态。

(5) 置入各项参数如图 6-45 所示：若表无资产编号，资产编号栏可与表出厂号相同；"输入方式"栏置入"0"，表示使用光电头；"有功无功"栏置入"0"，表示校有功电能表。

表出厂号:036481
电表常数:036481
资产编号:2000
校验圈数:2
输入方式:0
有功无功:0

图 6-45　置入校验参数

(6) 按"回车"键一次，确认以上各项参数，并进入接线方式选择状态。

(7) 按"钳表"键（选 5A 电流量程）。

(8) 按"P3/P4"键二次（选三相三线方式）。

(9) 按"回车"键一次（确认以上选择后进入校验）。

(10) 观察校验误差应基本稳定。

(11) 按"存数"键一次（存当前显示的所有内容）。

(12) 按"相位"键一次，再按"回车"键一次（进入相位测量状态）。

注：用户在该状态下，可查看相量图及实际接线情况显示。

正确的接线仅一种：$I_aU_{ab}I_cU_{cb}$。用户应根据当时负载情况（容性、感性），选择是否使用万用键"A～Z"进行"C"、"L"标志的转换。

(13) 按"存数"键一次（进行相量存贮）。

(14) 按"查询"键一次，再按"回车"键一次（进行查询）。

(15) 反复按"A～Z"键（检查存入数据的正确性）。

（16）按“复位”键（结束查询）。

（17）拆除接线。

（18）关机。

2. 三相四线有功电能表

其检查接线如图 6-46 所示。本接线仅适用于电能表接入电流小于等于 5A 的情况。操作步骤同 1.，仅第（8）步改为按“P3/P4”键一次（选三相四线方式）。

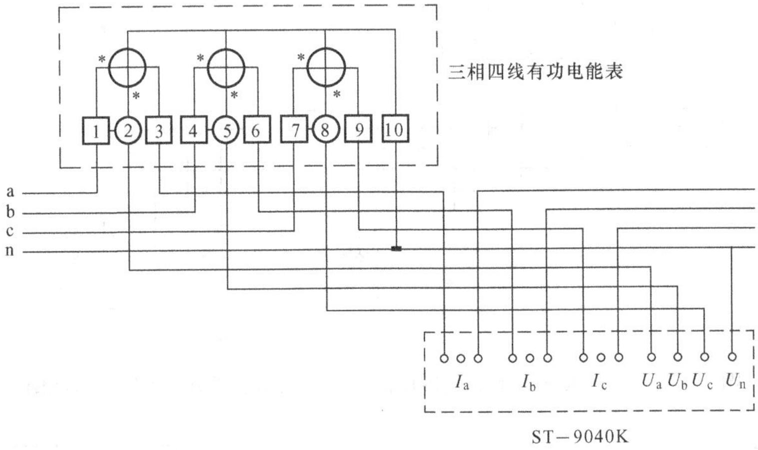

图 6-46　ST—9040K 电能表现场校验仪与三相四线有功电能表接线图

第四节　退补电量的计算方法

一、退补电量的作用

电能表错误接线给电能计量带来了很大的误差，其误差值可由百分之几十到百分之几百。对于用来测量发电量、供电量和售电量的电能表，因错误计量将影响电力企业制定生产计划、搞好经济核算、合理计收电费；对于工业企业生产用电结算收费的电能表因错误接线引起的计量误差，不但直接影响着供用电双方的经济利益，同时还影响到加强企业经营管理，搞好计划用电、节约用电以及考核产品单位耗电量、制定电力消耗定额、降低消耗和成本的考核与落实；此外，因电能表错误接线还可能出现计量纠纷。可见电能表错误接线将给电力企业和用电户造成很大的影响。

《供电营业规则》第八十一条规定：用电计量装置接线错误、熔断器熔断、倍率不符等原因，使电能计量或计算出现差错时，供电企业应按下列规定退补相应电量的电费：

（1）计费计量装置接线错误的，以其实际记录的电量为基数，按正确与错误接线的差额率退补电量，退补时间从上次校验或换装投入之日起至接线错误更正之日止。

（2）电压互感器熔断器熔断的，按规定计算方法计算值补收相应电量的电费；无法计算的，以用户正常月份用电量为基准，按正常月与故障月的差额补收相应电量的电费，补收时间按抄表记录或按失压自动记录仪记录确定。

（3）计算电量的倍率或铭牌倍率与实际不符的，以实际倍率为基准，按正确与错误倍率的差值退补电量，退补时间以抄表记录为准确定。

退补电量未正式确定前，用户应先按正常月用电量交付电费。

电能表错误接线分析的目的，就在于求出错误接线的更正系数，计算退补电量，解除计量纠纷和基本达到合理的弥补因电能计量装置错误接线造成的计量误差，使单位和个人免受因电能表错误接线引起的经济损失。因此，对电能表错误接线的退补电量具有重要的作用和经济意义。

二、退补电量的计算方法

退补电量定义为负载实际使用的电量与电能表错误接线期间所计量的电量的差值，即

$$\Delta W = W_0 - W'$$

式中　W_0——负载实际使用的电量；

W'——电能表错误接线时所计量的电量。

如何得到负载实际使用的电量呢？

由于电能与功率仅相差时间因素，因而有

$$\frac{W_0}{W'} = \frac{P_0}{P'}$$

式中　P_0——电能表正确接线时所测量的功率；

P'——电能表错误接线时所测量的功率。

定义更正系数为

$$G = \frac{W_0}{W'} = \frac{P_0}{P'} \tag{6 - 1}$$

则电能表正确接线时所计量的电量为

$$W_0 = GW'$$

退补电量为

$$\Delta W = (G - 1)W' \tag{6 - 2}$$

如果电能表在错误接线状态下的相对误差为 $\gamma(\%)$，则负载实际消耗的电量应按下式计算，即

$$W_0 = GW'\left(1 - \frac{\gamma}{100}\right)$$

退补电量为

$$\Delta W = \left[G\left(1 - \frac{\gamma}{100}\right) - 1\right]W' \tag{6 - 3}$$

若计算结果 $\Delta W<0$，表明多抄算了用电数，供电部门应退还给用户电费；若 $\Delta W>0$，表明少抄算了用电数，用户应补交电费。

由式（6 - 2）、式（6 - 3）可知，更正系数 G 是计算退补电量的关键。除了电能表不转的错误接线类型按错误接线前的平均电量作参考进行退补外，其他类型的错误接线都应以更正系数来计算退补电量。

更正系数可采用下述两种方法求得：

（1）测试法。对错误接线的电能表仍保持错误接线计量，同时在该回路中按正确接线另接入一块误差合格的电能表，并选取有代表性的负载运行计量一段时间。然后用正确接线的电能表所计量的电量除以错误接线的电能表所计量的电量，便得到更正系数 G。此时可不考虑错误接线时电能表的误差。

（2）计算法。由式（6 - 1）可知，更正系数 G 可由电能表正确接线时所测量的功率与错误接线时所测量功率的比值得到。$P_0 = \sqrt{3}UI\cos\varphi$，$P'$ 需根据电能表接线检查的结果，画出

相应的相量图，经分析计算得到。

现举例说明更正系数的计算方法。

【例 6-4】 经查，某电能计量装置的接线情况如图 6-47 所示，试求更正系数 G。

解 该电能计量装置误将 $-\dot{I}_a$ 接入第一元件的电流线圈，其错误接线方式为 [$\dot{U}_{ab}$、$-\dot{I}_a$] 和 [$\dot{U}_{cb}$、$\dot{I}_c$]，画出相量图，得到错误接线时所测功率为

$$\begin{aligned}P' &= U_{ab}I_a\cos\left[\dot{U}_{ab}\hat{,}-\dot{I}_a\right]+U_{cb}I_c\cos\left[\dot{U}_{cb}\hat{,}\dot{I}_c\right]\\ &= U_{ab}I_a\cos(150^\circ-\varphi)+U_{cb}I_c\cos(30^\circ-\varphi)\\ &= UI[-\cos(30^\circ+\varphi)+\cos(30^\circ-\varphi)]\\ &= UI\sin\varphi\end{aligned}$$

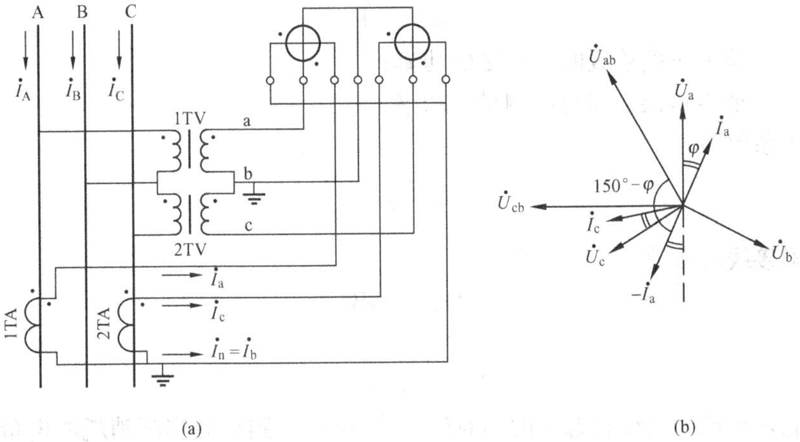

图 6-47 [例 6-4] 的错误接线图及相量图

(a) 原理接线图；(b) 相量图

显然在错误接线下，表计测得的功率值不是正比于三相电路中的有功功率$\sqrt{3}UI\cos\varphi$。更正系数为

$$G=\frac{W_0}{W'}=\frac{P_0}{P'}=\frac{\sqrt{3}UI\cos\varphi}{UI\sin\varphi}=\sqrt{3}\cot\varphi$$

【例 6-5】 电能计量装置的实际接线情况如图 6-48 所示，求更正系数 G。

解 CB 相电压互感器二次侧端钮极性反接；电流 I_c 和 I_a 分别接入第一元件和第二元件电流线圈。错误接线方式为：[$\dot{U}_{ac'}$、$\dot{I}_c$] 和 [$\dot{U}_{bc'}$、$\dot{I}_a$]，相量图如图 6-48（b）所示。错误接线的功率表达式为

$$\begin{aligned}P' &= U_{ac'}I_c\cos\left[\dot{U}_{ac'}\hat{,}\dot{I}_c\right]+U_{bc'}I_a\cos\left[\dot{U}_{bc'}\hat{,}\dot{I}_a\right]\\ &= U_{ab'}I_c\cos(60^\circ-\varphi)+U_{bc'}I_a\cos(90^\circ+\varphi)\end{aligned}$$

由相量图分析知：$U_{ac'}=\sqrt{3}U_{ac}$，$U_{bc'}=U_{cb}$，因而

$$\begin{aligned}P' &= \sqrt{3}U_{ac}I_c\cos(60^\circ-\varphi)+U_{cb}I_a\cos(90^\circ+\varphi)\\ &= UI\left(\frac{\sqrt{3}}{2}\cos\varphi+\frac{1}{2}\sin\varphi\right)\end{aligned}$$

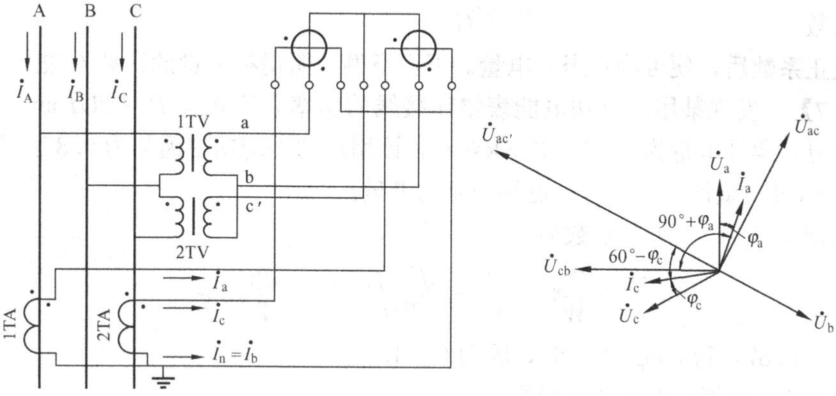

(a)　　　　(b)

图 6-48　［例 6-5］的错误接线图及相量图

(a) 原理接线图；(b) 相量图

更正系数为

$$G=\frac{W_0}{W'}=\frac{P_0}{P'}=\frac{\sqrt{3}UI\cos\varphi}{UI\left(\frac{\sqrt{3}}{2}\cos\varphi+\frac{1}{2}\sin\varphi\right)}$$

$$=\frac{2\sqrt{3}}{\sqrt{3}+\tan\varphi}$$

【例 6-6】　电能计量装置的实际接线情况如图 6-49 所示，求更正系数 G。

解　AB 相电压互感器二次侧端钮极性反接；C 相电流反进，错误接线方式为 $[\dot{U}_{a'b}$、$\dot{I}_a]$ 和 $[\dot{U}_{cb}$、$-\dot{I}_c]$，相量图如图 6-49 (b) 所示。错误接线的功率表达式为

$$P'=U_{a'b}I_a\cos\left[\widehat{\dot{U}_{a'b},\dot{I}_a}\right]+U_{cb}I_c\cos\left[\widehat{\dot{U}_{cb},-\dot{I}_c}\right]$$

$$=U_{ab}I_a\cos(150°-\varphi)+U_{cb}I_c\cos(150°+\varphi)$$

$$=-\sqrt{3}UI\cos\varphi$$

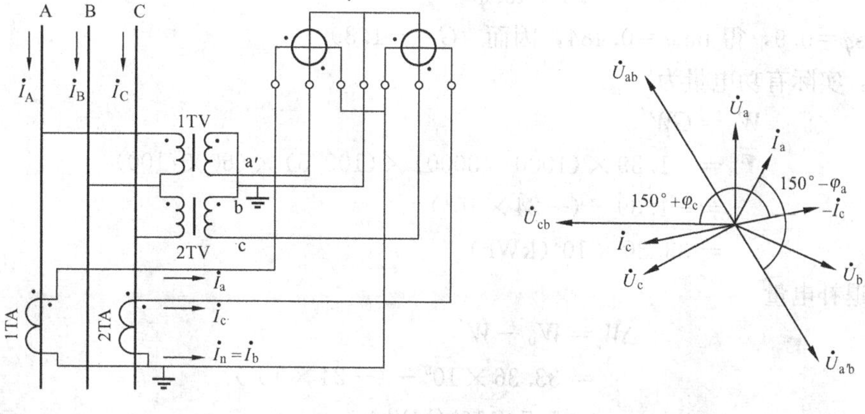

(a)　　　　(b)

图 6-49　［例 6-6］的错误接线图及相量图

(a) 原理接线图；(b) 相量图

更正系数　　$G=-1$

求出更正系数后，便可确定退补电量。下面举例说明退补电量的计算方法。

【例 6-7】 发现某用户有功电能表错误接线的功率表达式为 $P'=2UI\sin\varphi$，经查实已运行了三个月，累计电量为 1.5×10^4（kWh），该用户的平均功率因数为 0.87。电能表的相对误差 $\gamma=-4\%$。试计算三个月应退补的有功电量。

解 根据式（6-1）更正系数为

$$G=\frac{W_0}{W'}=\frac{P_0}{P'}=\frac{\sqrt{3}UI\cos\varphi}{2UI\sin\varphi}=\frac{\sqrt{3}}{2}\cot\varphi$$

由 $\cos\varphi=0.87$，得 $\cot\varphi=0.567$，因而 $G=1.53$

按式（6-3）计算应退补的电量为

$$\begin{aligned}\Delta W&=\left[G\left(1-\frac{\gamma}{100}\right)-1\right]W'\\&=\left[1.53\times\left(1-\frac{-4}{100}\right)-1\right]\times1.5\times10^4\\&=8868(\text{kWh})\end{aligned}$$

上式计算结果中，$\Delta W>0$，表明电能表少计量了电量 8868kWh，表示用户应向供电部门补交91 500kWh电量的电费。

【例 6-8】 某厂一块三相三线有功电能表，原抄读数为 3000，两个月抄读数为 1000，电流互感器比率为 100/5A，电压互感器比率为 6000/100V，经检查错误接线的功率表达式为 $P'=UI(-\sqrt{3}\cos\varphi+\sin\varphi)$，平均功率因数为 0.9，求实际电量。

解 根据错误接线电能表反映的功率为

$$P'=UI(-\sqrt{3}\cos\varphi+\sin\varphi)$$

所以更正系数计算为

$$\begin{aligned}G&=\frac{W_0}{W'}=\frac{P_0}{P'}=\frac{\sqrt{3}UI\cos\varphi}{UI(-\sqrt{3}\cos\varphi+\sin\varphi)}\\&=\frac{\sqrt{3}}{-\sqrt{3}+\tan\varphi}\end{aligned}$$

由 $\cos\varphi=0.9$，得 $\tan\varphi=0.484$，因而　$G=-1.39$

因此，实际有功电量为

$$\begin{aligned}W_0&=GW'\\&=-1.39\times(1000-3000)\times(100/5)\times(6000/100)\\&=-1.39\times(-24\times10^5)\\&=33.36\times10^5(\text{kWh})\end{aligned}$$

确定退补电量

$$\begin{aligned}\Delta W&=W_0-W'\\&=33.36\times10^5-(-24\times10^5)\\&=5.7\times10^6(\text{kWh})\end{aligned}$$

少计量了 5.7×10^6（kWh）电量。

【例 6-9】 某用电户一块 DT862a 型三相四线有功电能表，其 C 相电流互感器二次侧反极性，B、C相电压元件接错相，错误计量了6个月，电能表6个月所累计的电量为100×10^4（kWh），平均功率因数约0.85，求实际电量并确定退补电量。

解　由已知条件分析，DT862a表三个元件的接线分别为

$$[\dot{U}_a, \dot{I}_a]、[\dot{U}_c, \dot{I}_b] 和 [\dot{U}_b, -\dot{I}_c]$$

画出相量图如图6-50所示。错误接线时所测功率为

$$P' = U_a I_a \cos(\dot{U}_a \hat{,} \dot{I}_a) + U_c I_b \cos(\dot{U}_c \hat{,} \dot{I}_b) + U_b I_c \cos(\dot{U}_b \hat{,} -\dot{I}_c)$$

$$= U_a I_a \cos\varphi + U_c I_b \cos(120° - \varphi) + U_b I_c \cos(60° - \varphi)$$

$$= U_{ph} I_{ph} (\cos\varphi + \sqrt{3}\sin\varphi)$$

正确接线时的功率为

$$P_0 = 3U_{ph} I_{ph} \cos\varphi$$

更正系数为

$$G = \frac{P_0}{P'} = \frac{3U_{ph} I_{ph}\cos\varphi}{U_{ph} I_{ph}(\cos\varphi + \sqrt{3}\sin\varphi)}$$

$$= \frac{3}{1 + \sqrt{3}\tan\varphi}$$

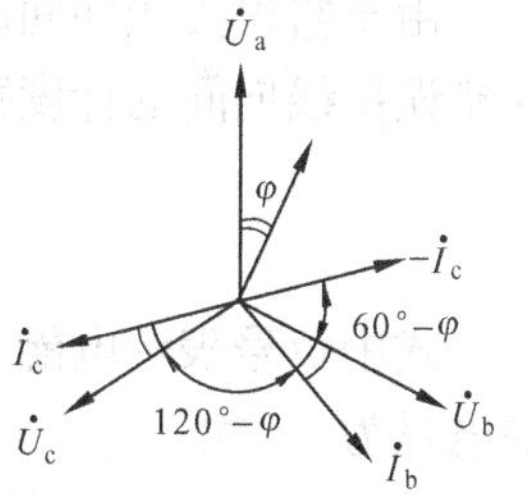

图6-50　相量图

在功率因数$\cos\varphi = 0.85$时，$\tan\varphi = 0.62$

因此更正系数计算为

$$G = 1.447$$

实际有功电量为

$$W_0 = GW' = 1.447 \times 10^6 (\text{kWh})$$

应退补电量

$$\Delta W = W_0 - W'$$

$$= 1.447 \times 10^6 - 1.000 \times 10^6$$

$$= 4.47 \times 10^5 (\text{kWh})$$

由计算结果可知，在错接线期间少计量了4.47×10^5（kWh）电量，应补交4.47×10^5（kWh）电量的电费。

【例6-10】　一块内相角为90°的DX9型三相四线无功电能表，A相电流互感器二次侧反极性，B、C两相二次侧电流互换，错误计量达半年之久，平均功率因数为0.82，累计无功电量W'_L为-2.0×10^5（kvarh），求实际无功电量。

解　据分析，错误接线时电表所测无功功率为

$$Q' = -2U_{ph} I_{ph} \sin\varphi$$

正确接线时电表所测无功功率为

$$Q_0 = 3U_{ph} I_{ph} \sin\varphi$$

根据式（6-1），更正系数推导为

$$G = \frac{Q_0}{Q'} = \frac{3U_{ph} I_{ph}\cos\varphi}{-2U_{ph} I_{ph}\cos\varphi} = -\frac{3}{2}$$

实际无功电量为

$$W_{L0} = GW'_L = -\frac{3}{2} \times (-2.0 \times 10^5) = 3.0 \times 10^5 (\text{kvarh})$$

【例 6-11】 某用户在抄表时电能表读数为 9000，抄表后数天因调换电能表将电能表接线接错而反转。电能表的示值由 0020 变为 9600。错误接线属于 $P=-\sqrt{3}UI\cos\varphi$，测得的电能表反转时的误差 $\gamma=-4\%$，改正接线后运行到月底抄表，电能表读数为 9800。试计算抄见电量和上次抄表到这次抄表期间负载实际消耗的电量及误差电量。

解 上次抄表读数为 9000kWh，这次抄表读数为 9800kWh，故抄电量为

$$9800-9000=800\text{kWh}$$

因调换电能表而出现错误接线，所以求更正系数

$$G=\frac{\sqrt{3}UI\cos\varphi}{-\sqrt{3}UI\cos\varphi}=-1$$

由于错误接线期间电能表倒转，计度器由 0020 退至 0000 后再退至 9600。所以电能表在错误接线期间的计度数为

$$\begin{aligned}W'&=9600-10\,000-0020\\&=-420(\text{kWh})\end{aligned}$$

式中负号表示电能表倒转。已知电能表相对误差为 -4%，则在错误接线期间实际消耗的电量为

$$\begin{aligned}W_0&=GW'\left(1-\frac{\gamma}{100}\right)\\&=-420\times(-1)\times\left(1-\frac{-4}{100}\right)\\&=436.8(\text{kWh})\end{aligned}$$

误差电量为

$$\begin{aligned}\Delta W&=\left[G\left(1-\frac{\gamma}{100}\right)-1\right]W'\\&=\left[-1\times\left(1-\frac{-4}{100}\right)-1\right]\times(-420)\\&=856.8(\text{kWh})\end{aligned}$$

在第二次抄表期间内实际消耗的电量为

$$10\,020-9000+436.8+9800-9600=1656.8(\text{kWh})$$

或

$$9800-9000+856.8=1656.8(\text{kWh})$$

小　　结

电能计量装置的误差与电能表的误差、测量用互感器的误差及二次连线引入的误差有关。此外电能计量的误差还取决于电能计量装置接线的正确性。经过校验的电能计量装置，其误差一般在百分之几，但是错误接线带来的计量误差可能达到百分之几百，也就是说，一线之差可能导致几十万、几百万千瓦·小时的电量之差。因此正确的接线是最终保证电能计量准确的必要条件。

接线检查分为停电检查和带电检查。互感器的停电检查要检查互感器二次电缆的导通情况、核对接线端子标志，检查电流、电压互感器是否接在电力变压器的同一侧，查对互感器

和电能表的铭牌数据，核实计量点的实用倍率；检查互感器的极性、检查三相电压互感器的接线组别；互感器的带电检查是利用电压表、电流表，通过测量互感器二次侧线电压、电流值来判断互感器接线情况。电能表的停电检查要核对二次接线和接线两端标志，用万用表电阻量程分别检查电流、电压回路，查对电压线圈直流电阻；电能表的带电检查，三相四线有功电能表可以采用分相法、三相三线有功电能表可采用 A 相电压法和电压交叉法，六角图法可用来判断三相三线有功电能表的实际接线，它是电能表现场校验仪工作的原理和依据。本章介绍了 ST—9040K 电能表现场校验仪的仪表结构和使用方法。

电能表错误接线的退补电量具有重要的作用和经济意义，它是电能计量工作中非常重要的一个环节。

复习思考题

6-1　电能计量装置停电接线检查和带电接线检查的内容分别是什么？

6-2　互感器的停电检查都有哪些内容？

6-3　如何判断三相电压互感器的接线是否为 12 组别？

6-4　如何带电检查电压互感器？

6-5　电压互感器按 Vv0 连接，二次侧接有三相三线有功表一只，试分析当一次绕组 C 相断开时，其二次电压值各为多少？若二次绕组 c 相断开时，其二次电压值各为多少？画出相量图。

6-6　电压互感器按 Vv0 连接，二次绕组 bc 相接反，画相量图分析二次电压情况。

6-7　画相量图分析，电压互感器按 Yyn0 连接，一次侧 A 相断线，其二次电压值各为多少？若二次侧 b 相接反，其二次电压值各为多少？

6-8　电流互感器按 V 形连接（二相星形，二次侧三线连接）C 相绕组接反时，$\dot{I}_a$、$\dot{I}_b$ 和$\dot{I}_c$ 各为多少？

6-9　带电检查接线时，为什么要测量二次线电压和二次电流值？

6-10　怎样根据电能表各电压端钮对地的电压来判断电压互感器的接线和接地情况？

6-11　如何带电检查三相四线有功电能表的接线？

6-12　某高压用户，负载为感性，$\cos\varphi=0.8$ 左右，用两只标准表测得下列数据，试分析其接线的方式，并判断其正确与否？

6-13　电能表现场校验仪判断电能表实际接线情况的原理和方法是什么？

6-14　ST—9040K 电能表现场校验仪的显著特点是什么？

6-15　如何使用 ST—9040K 电能表现场校验仪检查三相三线有功电能表的接线？

6-16　如何使用 ST—9040K 电能表现场校验仪检查三相四线有功电能表的接线？

6-17　某用户的电压互感器按 Vv0 连接，但其 ab 相绕组极性接反，每月平均电量为 4 万 kWh，$\cos\varphi=0.6$，发生错误接线一年，求差错电量。若 $\cos\varphi=0.866$，则差错电量为多少？是追补电量还是退还电量？

6-18　经检查，某用户电能计量装置实际接线情况如图 6-51 所示。错误接线两月，抄读电量21 860kWh，负载功率因数为 0.87。求实际用电量。

6-19 《供电营业规则》第八十一条对退补电量是如何规定的？

6-20 电能表错误接线分析的目的是什么？

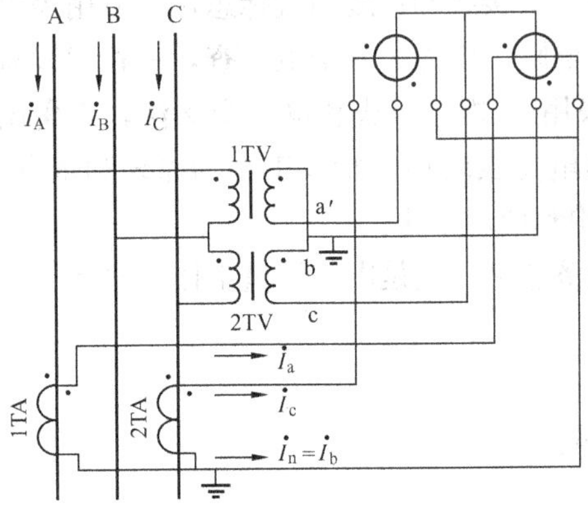

图 6-51 题 6-18 图

表 6-5 ［例 6-12］所测数据

电流＼电压	$\dot{U}_{ab}$	$\dot{U}_{cb}$
$\dot{I}_a$	$w_1=-150$	$w_1'=-460$
$\dot{I}_c$	$w_2=-310$	$w_2'=170$

第七章　电能计量检验装置及检验方法

电能计量检验装置定义为向被检电能表供给电能和测量此电能的器具的组合。本章介绍对电能表进行检验项目及一般要求的有关标准或规程，介绍电能计量检验装置的基本原理及其主要功能和使用方法。

第一节　电能计量检验装置的基本原理

一、检验项目

对单相电能表的检验项目有潜动试验、启动试验、走字试验、绝缘试验及误差测定。对三相电能表除做以上试验外，还需做三相不平衡试验。

潜动是指电能表无载自转。对安装式电能表通常是检查电压潜动，即当负载电流为零，电能表加额定电压的80%～110%时，转盘的转动不应超过1rad。对携带式精密电能表，通常是检查电流潜动，即电能表不加电压，当负载电流为额定值时，从电能表计数器停止计数开始，其示值在2min内应无明显的变化。这项试验可以防止用户不用电时电能表还在计数。

启动试验是测量电能表的最小启动功率值，它反映了电能表的灵敏度和分辨力。在检验规程中，它是用最小启动电流来衡量的，即电能表在额定电压、额定频率及$\cos\varphi=1$的条件下，负载电流从零增加至转盘开始转动时的最小电流与标定电流之比。一般应小于标定电流的0.5%。若标定电流为5A，则启动电流应小于0.025A；当电压为220V时，功率相当于5.5W。这项试验可以防止当用户使用小负载，即电流很小时，由于电能表的摩擦力矩的作用，引起电能表转盘不转动。

走字试验是指安装式电能表在其他所有检验项目都测试完后，再长时间通电检查，根据走字情况，以判断计度器的传动与进位是否正确、检验电能表常数与倍率是否正确、测量基本误差时是否有错误等。在检验规程中，对走字试验时间的长短没有明确的规定。

由于电能表要接入电网工作，为了防止过电压而损坏电能表及危害人身安全，所以必须进行绝缘性能实验。对安装式电能表一般要进行工频电压试验，必要时还需进行冲击电压试验。对实验室用的携带式精密电能表，只测定绝缘电阻即可。

对三相电能表还要作平衡试验。三相电能表各组驱动元件之间，由于在电气特性上有差异或装配位置不当，使它们在相同的负载功率下驱动力矩不完全相等，所以要进行平衡试验，以期达到各组驱动元件对转盘产生的驱动力矩基本相等。这样当电能表在不对称的三相负载或电压下运行时，其误差不致超出允许范围。

对预付费、复费率、多功能电能表还有其他检验项目，如实时时钟误差、投切时间、最大需量等，详见有关电能表检定规程。

电能表作为电能的计量器具，检验时最重要的项目当然是它的计量准确的程度。由于电能表的工作条件变化很大，如环境温度的变化、工作条件的波动，这些都会不同程度地引起电能表测量误差的变化。为了便于考核和比较，就用基本误差这个概念来衡量电能表的测量

准确度。所谓基本误差就是指在规定的测试条件下和规定的测试范围内以及规定的接线方式时的相对误差，其定义式表示为

$$\gamma=\frac{W-W_0}{W_0}\times 100\%$$

式中 W——电能表测得的电能；

W_0——通过电能表的实际电能（也称作真值）。

相对误差有正负，当测量值＞实际值时，误差为正；反之，则误差为负。

根据测量的误差理论可知，真值是无法知道的，再准确的测量也总会有误差。所以一般是用比被检验的电能表误差小的电能表（检验 2.0～3.0 级电能表时，可用 0.5 级标准电能表；检验 0.5～1.0 级电能表时，可用 0.1～0.2 级标准电能表）测得的值作为真值，代入上式求出被检电能表的误差。

二、检验方法

1. 虚负荷法和实负荷法

根据检验装置使用电源的不同，检验方法分为虚负荷法和实负荷法。

采用虚负荷法的检验装置中，电压回路和电流回路分开供电，电流回路电压很低，电压回路电流很低，电流与电压之间的相位由移相器人工设置。采用虚负荷法装置，可以检验额定电压很高、标定电流很大的电能表，而实际供给的电能或功率是很小的。实验室常用的检验装置为虚负荷法装置。我国的电能表检验规程规定，除指明的检验装置外，均为虚负荷法装置。

采用虚负荷法标准电能表检验装置的结构框图如图 7-1 所示。

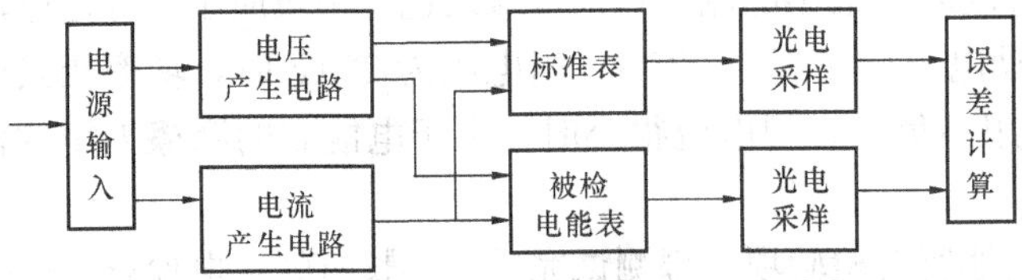

图 7-1　虚负荷法标准电能表检验装置结构框图

采用实负荷法的检验装置中，电能表和功率表所测量的电能和功率，与负荷实际消耗或电源实际供给的电能或功率是一致的，流过仪表电流回路的电流是由加于相应电压回路上的电压在负荷上所产生的电流值。实负荷法装置在国外有些国家使用，在我国主要用于交流电能表的现场检验。当实负荷法装置用于实验室检验时，负载电流功率因数的调整是用调整负载阻抗的大小及性质来实现的。

2. 瓦秒法和标准电能表法

根据检验装置所使用的主要标准器不同，检验方法分为瓦秒法和标准电能表法。

以已知恒定功率（P）乘以已知时间间隔（s）方式确定给予被试表电能的方法，称为瓦秒法。由于这种方法需要装置具有高稳定度的电源，以保证功率在确定的时间间隔内稳定，所以，目前已经很少应用。

将已知的电能量加给被检表的方法称为比较法，由于已知的电能量是由标准电能表提供的，所以又称为标准电能表法。由于标准电能表法实现了被检电能与已知电能直接比较的方法，这种方法使各种影响电能测量的误差大为减少，所以得到广泛应用。目前的电能表检验装置，无论是虚负荷法的还是实负荷法的，大部分都采用标准电能表法。

三、检验装置的种类

1. 单相装置和三相装置

检验装置分为单相装置和三相装置。单相装置用来检验单相电能表，三相装置用来检验三相电能表，也用来检验单相电能表。由于在检验三相电能表时，除了对电压和电流有幅值要求外，还要求各相间的电压和电流有一定的相位关系，这是单相电源的单相装置所无法做到的，所以单相装置无法检验三相电能表。

2. 实验室装置和现场检验装置

电能表是一种数量最多的电测量仪表和数量最多的计量仪表。全国计量仪表已超过 1 亿只，并且以约每年 1000 万只的速度增加。电能表的增多，自动抄表系统的发展，使得电能计量装置日益复杂。电能表的实验室检验已经不能满足电能计量的需要，电能表的现场检验将普遍使用。过去现场检验使用标准电能表，目前现场校验仪正得到广泛应用。

3. 电工型装置和电子型装置

检验装置按基本结构可分为电工型检验装置和电子型检验装置。最早的装置都是电工型的。电工型检验装置的主要特征是采用电工源，电工源的输出直接取自市电供电电网，它利用调压器、稳压器、升压器和升流器、移相器、三相对称调节器等设备将电网电压转换成测试点所需要的电压、电流供给被测表和标准表。该类电源的频率不可调节，稳定性也差，由于多采用磁饱和稳压，输出波形也不太好，所以只能用来检验 2.0～3.0 级的电能表。

电子型装置按信号源不同，分为模拟信号型和数字程控型。模拟信号型装置早期为一个独立的电源，接在电工式装置的电源输入端，后来，逐渐融合在装置的台体中。这种装置的电路调试困难，工艺结构复杂，难以实现程控，20 世纪 90 年代以来，这种装置已很少生产。数字程控型装置中的数字信号源是以数字电路（例如计数器、存贮器）为基础而构成的信号源，其特点是输出频率和相位的调节是用计数的方法实现的，所以不能连续调节，但输出幅度、频率、相位的时间稳定性好；相位调节不影响输出幅度；便于与计算机接口，实现检验过程的全部自动化；数字电路容易调试，工艺结构简单。数字程控型装置近年来发展迅速，形式多种多样。本章主要介绍数字程控型装置的结构、工作原理及使用方法。

四、检验装置对电源的要求

根据有关检验规程和标准的规定，装置的电源应满足下述要求。

（1）装置应有足够的输出范围以满足被检电能表的检验工作需要。

1）电流产生电路的输出范围：根据国家标准的规定，直接接通的电能表标定电流为1～80A，经电流互感器接通的电能表标定电流为 0.2～5A。根据检定规程规定的应调定的负载功率，装置的输出电流范围应在 0.02～96A 之间连续可调，对于某些只检定某几种标定电流的装置可以根据需要缩小电流的输出范围。

2）电压产生电路的输出范围：根据国家标准的规定，直接接入式电能表的参比电压推荐值为 127、220、230、240、380、400、415、480V，例外值为 100、120、200、277、500、600V。经电压互感器接入的为 57.7、63.5、100、110、115、120、175、190、200、220V。考虑到常用电能表的情况及装置的介电性能试验要求，装置至少应输出额定值为 57.7、100、220、380V，并且为了满足潜动试验的要求装置应能输出额定值为 80%～120%的电压，有些装置不能输出115%额定电压，这些装置不能满足检定规程JJG307—1988和国家标准对电子式电能表潜动试验的要求。如果输出范围不能满足检验需要，则检验工作无法进行。

（2）相位的调定范围应能满足检定规程对功率因数的调定要求。只检定有功表的单相装置允许功率因数调定在额定值0°及60°的±2°范围。而对于三相装置及其他单相装置，相位的调定范围为0°～360°。

（3）三相装置的电压回路各相的相位差应不超过2°。

五、数字程控型检验装置的组成及工作原理

数字程控型电能表检验装置主要由主控单片机、程控电源、标准电能表、误差计算器等几部分组成。此外装置还有带显示器的键盘、打印机，并可和PC机通信。其原理框图如图7-2所示。如有需要，还可配置时间校验仪，以便检验复费率表和多功能表。

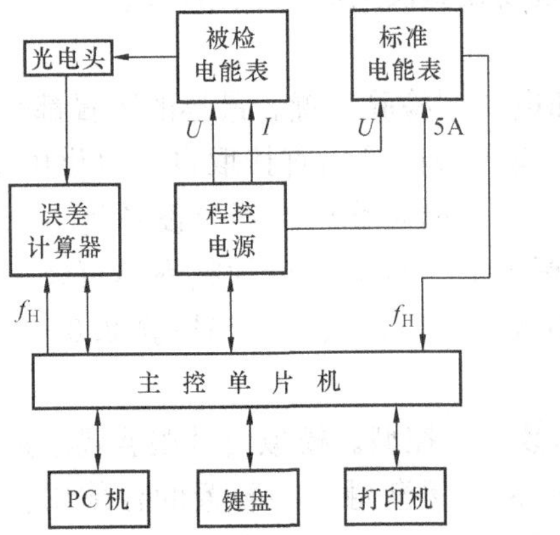

图7-2 数字程控型电能表检验装置原理框图

数字程控型电能表检验装置的工作原理：数字程控型三相电能表检验装置采用标准表检验法。检验时，通过键盘（或PC机）进行人机会话、预置各种检验参数、给检验装置下达各种命令，在主控单片机控制下，程控电源送出合适的电压、电流给标准表和被检电能表，被检表和标准表将它们的测试结果送给主控单片机和误差计算器计算检验误差，并把结果送显示器显示或送打印机打印，也可送给PC机处理。若用外部计算机，则一部PC机可同时控制多个检验台，分别接收各个检验台的检验数据，并可用汉字打印输出。

数字程控型电能表检验装置中，程控电源是重要的组成部分，程控源除给被检表提供测试电压、电流外，同时还给标准表提供测试电压、电流。需要说明的是，供给标准表的电流由程控电源内附的电流互感器次级提供，恒为5A。

主控单片机是整个装置的核心，控制、协调整个检验装置的工作。其主要功能是：①分别与专用键盘、PC机、程控电源及误差计算器通信，接收键盘或PC机的操作命令，控制程控电源的输出。有关检验的负荷点、功率因数、潜动和启动试验、分元和全元试验，均由计算机程序化。②接收标准表的标准脉冲f_H，计算功率，并把标准脉冲传送给误差计算器。③接收程控电源的输出数据，并让液晶显示器显示电源输出的电压、电流、频率、相位及功率值。④控制打印机，根据键盘命令打印测试结果。

误差计算器分别接收被校表的光电信号及标准表的标准脉冲f_H，并据此计算校验误差。

六、数字程控电源的基本工作原理

数字程控电源由信号产生、功率放大、输出控制三大部分组成。信号产生电路用来产生多相正弦波信号，并完成对信号的频率、相位和幅度的调节。功率放大电路完成对信号的放大和变换，保证一定的功率输出。输出控制电路完成对输出的启停、切换、保护等。下面对各部分作一简要介绍。

（一）信号产生电路

信号产生电路由数字波形合成、数字调幅、数字变频、数字移相等几部分组成。

1. 数字波形合成

数字源的基本思想是，首先把我们要得到的信号波形进行分解和量化，然后按顺序将波形的幅值以数字信息存到存储器里。工作时，再以相同的顺序取出幅值信息，经 D/A 电路变换成模拟量，输出我们欲得到的波形。

(1) 波形的分解与量化：假设我们欲得到的正弦波如图 7-3 所示，在一个周期内等分成 16 段，即以 $n=360°/16=22.5°$为间隔共分成 16 个点。在幅值峰—峰之间共分成±100 个等级，16 个点的量化等级标于图中。

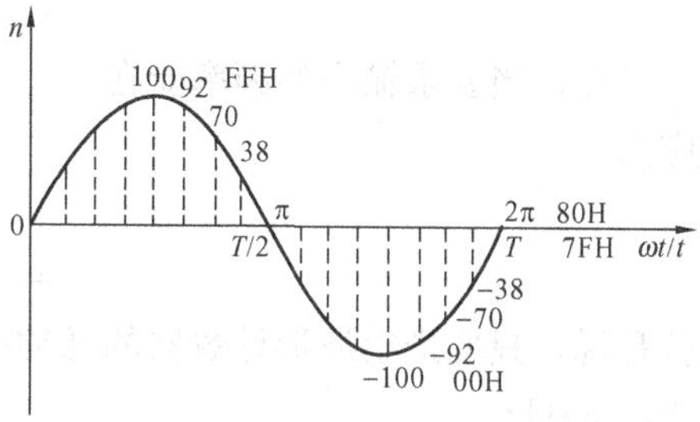

图 7-3　正弦波的分解与量化

很显然，要使波形逼真，一个周期内分解的点数和幅度上的量化级数越多越好。但是分解的点数越多，产生一个完整的正弦波所需的数据量就越大。一般是根据相位的调节细度来选择分解的点数。当相位调节细度为 1°时，可取 360 点，当调节细度为 0.1°时，可取 3600 点。相位调节细度越高，应分解的点就越多，所需数据量就越大。

幅度量化的级数越多，将来所需的 D/A 位数就越多。例如：量化为 256 级时，则需 8 位 D/A ($2^8=256$)；量化为 2048 级时，则需 12 位 D/A。D/A 位数少时成本低，但输出波形不平滑，含有高次谐波，需用低通滤波器加以滤除，而低通滤波器会产生附加相移。

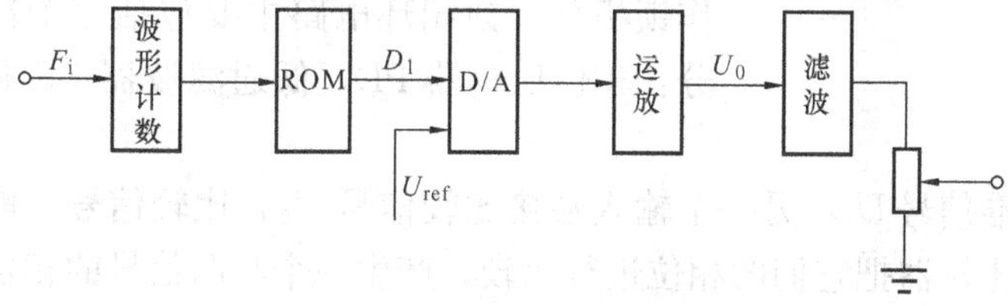

图 7-4　正弦波的合成

(2) 波形的合成：波形的合成过程如图 7-4 所示。假定在 ROM 里已存储好了上述波形信息。波形计数器依次送出 ROM 的地址信号 0～3599。在地址信号作用下，依次取出存在 ROM 里的各点幅值数字信息，并送入 D/A。在 D/A 中把幅值的数字信息变为相应的模拟电流，再经运算放大器把电流信号变为电压信号 U_0

$$U_0=\left(\frac{D_1}{2^7}-1\right)U_{ref}$$

需要指出的是，运放输出的电压信号是各点数字量相应的阶梯波，里面含有高次谐波，需用低通滤波器加以滤除。

2. 数字调幅

根据 U_0 的表达式，要改变输出正弦波的幅度，只要改变形成波形的基准电压 U_{ref} 即可，而 U_{ref} 是由 D/A ♯2 提供的，如图 7-5 所示。所以只要改变输入给 D/A ♯2 的数字量 D_2 即可改变合成数字波形时的基准电压 U_{ref}。这样也便于实现幅度的程控调节。至于 D/A♯2 的位数，应由输出幅度的调节细度来决定，当要求调节细度高时，D/A ♯2 的位数可以高一些。

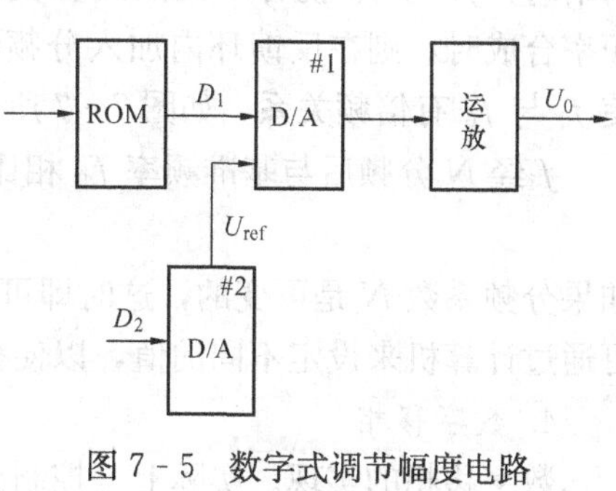

图 7-5　数字式调节幅度电路

3. 数字变频

(1) 输出正弦波的频率 f_s 与波形计数器的脉冲频率 f_i 的关系。假设要形成的正弦波的频率 f_s 为 50Hz，在一个周期内又分为 3600 个点，则送给波形计数器的脉冲频率 f_i，应为 $3600f_s$，即

$$f_i = 3600f_s$$

因此，当要求输出的频率能在 45～65Hz 范围内连续变化时，送给波形计数器的脉冲频率应为

$$\begin{aligned} f_i &= 3600(45 \sim 65)\text{Hz} \\ &= 162000 \sim 234000\text{Hz} \end{aligned}$$

也就是说，只要送给波形计数器的脉冲频率为 162000～234000Hz，则输出的正弦波频率就为 45～65Hz。

(2) 频率合成技术及锁相环工作原理。要使频率能在这样宽的范围内（162000～234000Hz）连续可调，并且有很高的稳定度，就要用频率合成技术。所谓频率合成技术，就是将一个基准频率 f_0（通常由晶体振荡器提供高稳定度的频率）变换成一系列的新频率 $f_i = Nf_0$，并且这些新频率的稳定度要与基准频率相当。

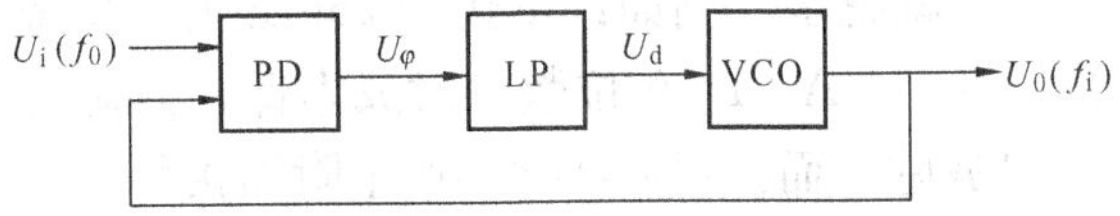

图 7-6 锁相环电路

频率合成时常常要用到锁相环电路。所谓锁相，就是自动实现相位同步。能完成两个电信号相位同步的闭环系统叫作锁相环。锁相环电路主要包括三个部分：相位比较器 PD，低通滤波器 LP 和压控振荡器 VCO，如图 7-6 所示。

相位比较器的一个输入端接基准信号 U_i，另一个输入端接比较信号 U_0，比较信号一般是从压控振荡器的输出端取出的。比较器把它们的相位进行比较，产生一个与两信号的相位差 $\Delta\varphi$ 成正比的误差电压 U_φ，U_φ 再经低通滤波器滤除高频成分后，便得到平均电压 U_d。U_d 作控制电压，加在压控振荡器的控制端，使 VCO 的振荡频率 f_i 向基准频率 f_0 靠拢，二者的频率差值迅速变小，直至 $\Delta f = 0$，$f_i = f_0$。当这两个频率的差值为 0 时，相位差保持恒定，称为相位锁定。相位锁定后，锁相环还有“捕捉”能力。就是说，如果信号频率 f_i 再次发生变化，偏离 f_0 值（在锁相环捕捉范围内），锁相环就能捕捉到 f_i，强迫它锁定在 f_0 上，锁相环属负反馈系统，故有捕捉能力。

在锁相反馈环路内加入不同的运算网络时，f_i 与 f_0 就有不同的运算关系。频率合成时，则在反馈环内加入分频器，使 f_i 与 f_0 有倍频关系，如图 7-7 所示。

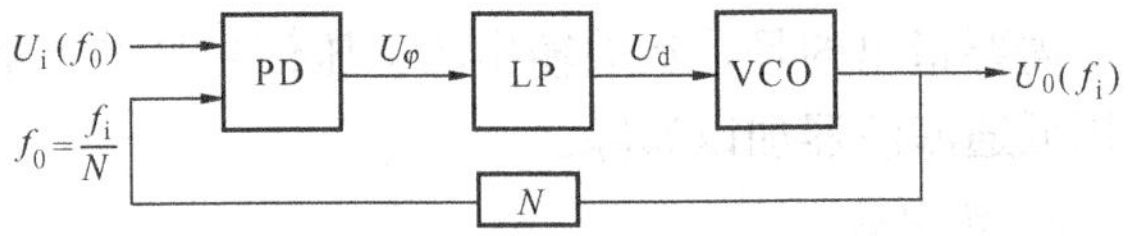

图 7-7 频率合成电路

f_i 经 N 分频后与基准频率 f_0 相比较，锁定时 $f_i/N = f_0$，即

$$f_i = Nf_0$$

如果分频系数 N 是可变的，这时即可得到不同的 f_i，从而实现了频率的合成。分频系数 N 可通过计算机来设定不同的值，以便得到不同的频率输出。

4. 数字移相

数字移相的实现。实际上是控制波形合成时的波形计数器的清零时间。每相正弦波输出

的清零脉冲应当是每隔 3600 个计数脉冲来一次，如图 7－8 所示。这样才能周而复始地合成正弦波输出。

相位调节实际是控制 A、B 两相的清零脉冲的间隔。设 A 为参考相量，B 与 A 的相位差为 60°。因为正弦波一周内 360°对应于 3600 个脉冲，所以每个脉冲只对应 0.1°，当相位差为 φ 时，则对应的脉冲数为

$$n=\varphi\times 10$$

若 $\varphi=60°$，则 $n=600$，这样 A 的清零脉冲出现在第 0 或第 3600 个脉冲到来的时候，而 B 的清零脉冲则出现在第 600 或第 4200 个脉冲到来的时候。就是说相位差对应着清零脉冲相隔的脉冲数目之差。

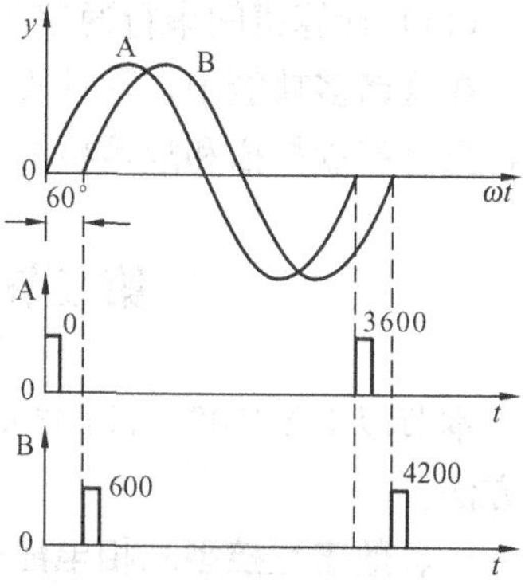

图 7－8　清零移相原理

实际工作时，参考相量 A 的预置数固定为 3600，而 B 的预置数则根据相移大小的要求可为不同值，并且为了实现相移的程控调节，预置数可在微机控制下进行。

数字移相的精度是非常高的，但由于形成波形时要用到低通滤波器，而低通滤波器会带来附加相移，影响移相的精度。不过这种影响可由微机进行自动补偿。

（二）功率放大电路

功率放大电路的作用是把信号产生电路所产生的正弦波加以放大，以输出一定的电压和电流。

普通三相电源，每一相都能同时输出一定的电压和电流，即输出一定的功率。例如某相输出 220V 和 5A，即输出 220V×50A＝11000VA，若电压、电流再大，输出功率更大。而对于电子测试电源来说，若要求每相同时输出这么大的电压和电流是很困难的，就检验要求来说也是没有必要的。因为检验时，常采用虚负荷的办法，就是用改变电压源和电流源间的相位来模拟负载情况，所以测试用的功率源是把电压、电流分开输出，即每相分为相电压源、相电流源分别输出相电压和相电流。

因此功率测试电源共有三个相电压 U_a、U_b、U_c 放大器和三个相电流 I_a、I_b、I_c 放大器。因此就电路工作原理来看，只需分为电压放大器和电流放大器即可。

每个放大器都是由基本放大器、稳幅电路、幅度显示取样电路、故障报警检测电路以及输出变换电路等组成。具体电路略。

（三）输出控制电路

输出控制电路完成的主要功能是：

（1）输出软启停键盘控制。

（2）输出电压、电流换挡键盘控制。

（3）电压、电流试验点键盘控制。

（4）频率键盘控制。

（5）相位键盘控制。

（6）试验点功率因数键盘控制。

（7）输出频率、相位键盘控制。

（8）内部音响控制。

（9）故障检测报警控制。

（10）键盘扫描控制。

（11）计算机间串行通信。

在这诸多功能中，除计算机间的通信为串行接口外，其余均为并行接口。在并行接口中，只有键盘扫描和故障检测为输入接口，其余均为输出接口。

第二节 检验装置的主要功能和使用方法

本节以 HY9302、HY9303 型三相电能表检验装置为例，说明检验装置的主要功能和使用方法。

一、数字程控型三相电能表检验装置的主要功能

（1）潜动试验、启动试验、标准偏差的测定、基本误差的测定。这些检验都可由 PC 机自动控制，一次完成。检验电能表的程序可按照国家规程，也可由用户自定义。

（2）光电采样器可进行三维调节，既可采样回转式电能表的转盘信号，也可接收电子式电能表的频闪信号。

（3）误差处理系统能接收光电采样器信号、安装式电子表的输出脉冲和标准电能表的高频脉冲信号等。

（4）相同类型（相线、额定电压、标定电流相同）、不同常数的电能表可同时检验（限三种常数）。

（5）可检验多功能电能表 485 口的通信功能、需量误差及时钟误差（要求表有时钟信号输出）。

（6）可自动对回转式电能表转盘的标记区进行定位，方便做潜（起）动试验。

（7）可在工频基波上叠加 2～21 次谐波，谐波的幅值和相位可随要求设定，还可对输出量进行谐波分析并绘制波形。

（8）能自动测试各单元的电压、电流、功率稳定度和三相总功率稳定度，能自动给出装置监视仪表的比对误差和输出电量三相不对称度指标（配数字式标准表的装置）。

（9）装置稳定度高、可靠性好、输出功率大。电压（电流）回路可带任意性质的负载。

（10）装置具有完善的故障检测、定位、保护和报警功能，以免人为地接线或操作错误而损坏装置。

（11）PC 机软件可高效迅速地控制装置和进行数据查询，具备了功能完善的报表打印、数理统计和资产维护等功能。

二、数字程控型三相电能表检验装置的使用方法

1. 正确接线

用本装置对电能表进行检验前，应根据电能表的相线类型，将电表正确连接到装置的电压电流输出端。装置上的各组电压端子内部是并联的，多块表同时检验时可将各块表的电压回路分别接入各自表位的电压端子，电流回路要求串联起来接入装置。校单相表时请用装置同一相的电压和电流进行试验。

2. 设定检表时的参数

检验电能表时要将被检表的相线类型、额定电压、标定电流、常数等信息告诉给装置，

这通过按操作键盘上的［参数］键就能实现。按一下［参数］键，屏幕显示如下内容：

参 数 设 定	
1. 被检表类型	2. 额定电压
3. 标定电流	4. 常数
5. 标准表常数	6. 系统稳定时间

此时可移动光标或直接按数字键让光标停留在要设定的项目上，再按［回车］键，可逐相一一设定。当光标停在 1. 被检表类型时，按［回车］键，则进入相线选择状态，屏幕显示以下内容：

被 检 表 类 型	
1. 三相四线有功	2. 三相三线有功
3. 三相四线无功	4. 三相三线无功
5. 四线正弦无功	6. 三线正弦无功
7. 单相	

此时根据所挂表的相线类型，按数字键或移动光标选择其中之一，再按［回车］键确认，这样就完成了被检表类型的选定；同时键盘也自动进入了额定电压选择状态，屏幕变为：

额 定 电 压	
1. 57. 7V	2. 100V
3. 220V	4. 380V

同样根据表的额定电压选择其中之一，按［回车］键确认，接下来键盘自动进入了标定电流选择状态，液晶屏显示变为：

标 定 电 流		
1. 1. 5A	2. 3A	3. 5A
4. 10A	5. 15A	6. 20A
7. 25A	8. 30A	9. A

再根据表的标定电流选择其中之一，或自己输入一个数值，最后再按［回车］键确认，键盘在记忆标定电流的同时自动进入了被检表常数输入状态，屏幕显示内容更新为：

被 检 表 常 数
常数一：000000
常数二：000000
常数三：000000

依次将三个表位的常数输入完，最后再按［回车］键确认。至此已将校表必要的四个参数设置完毕，键盘将这四个参数一起送给装置，并返回到检验状态。

需要说明的是，本系列检验装置可以同时检验相同类型而不同常数的表，三工位装置三个表位的常数可以互不相同。六工位装置表位一和表位二的常数需一致，用常数一来表示；表位三和表位四的常数需一致，用常数二来表示；表位五和表位六的常数需一致，用常数三来表示。十工位装置表位一、表位二和表位三的常数需一致，用常数一来表示；表位四、表位五和表位六的常数需一致，用常数二来表示；表位七、表位八、表位九和表位十的常数需一致，用常数三来表示。常数最多为六位整数和二位小数，当检验常数超过六位整数的高频信号时，请使用高频输入口，并在预置常数时以缩小1000倍输入。

检验电能表时上面四个参数并不是每次都要一起设置，当某个参数与上次设置的相同时可以跳过，但键盘只有在被检表常数设置完后才向装置发送参数命令，所以在换表后被检表常数的设置是必需的，即使与上次设置的相同也要按［回车］键确认。

标准表常数用户一般不用设置，装置在出厂时已根据所配的标准表设定好了。

参数项中还有一项是系统稳定时间，它所代表的意义就是装置在每次改变测试点后经过一定的时间，误差系统才开始采样并计算误差，这样可以消除不稳定因素对结果的影响。只要在参数项中选择6. 系统稳定时间就进入了该参数的设定状态，屏幕显示为：

系统稳定时间
001s

根据需要可输入0～999间的任意数字，再按［回车］键确认。本参数一次设置可以长期使用，直到再次改变它为止。

在各参数的设置过程中若要取消当前的操作，按［ESC］键即可。

3. 被检表误差的测定

表的参数设置完后就可进入检验状态测试各点的误差，每个测试点有这样几项组成：试验元件、功率因数、检验圈数、电流负荷。请根据屏幕的提示先选择好前面三项，最后再按下电流大小键，因为键盘只有在按下电流负荷键时才将测试组合送给装置。选择试验元件、功率因数时，只要按一下相应的键即可；设置检验圈时，按一下［圈数］键，光标就在圈数显示区N：01处闪烁，此时只要输入1～2位数字，再按［回车］键就可以了。

当选择完测试点时，装置就自动调整到相应的功率点上，同时误差显示窗口显示系统稳定时间并开始倒计时，当计时至000时误差显示窗就显示A000，此时才开始采样并计算误差。误差显示范围为−99.9%～99.9%，当显示为A.00时，代表结果大于99.9%；当显示为−A.00时，代表结果小于−99.9%。

4. 启动试验

按下［启动］键，屏幕显示为：

启　动　试　验
启动电流：1‰　1.5‰　2‰　2.5‰　3‰
启动时间：　　　s

此时需要你根据表的类型选择或输入启动电流的大小，选择好后按［回车］键，装置就自动调整到设置的启动功率点上。然后误差机以秒为单位开始计时，启动试验就开始了。需要指出的是，用键盘做启动试验（或潜动试验）时，需要人工选择电压和电流大小；试验时间也要人工掌握：最后结果也需人工判断，当用PC机操作时整个过程全由计算机包办。

5. 潜动试验

按下［潜动］键，液晶屏显示内容为：

潜 动 试 验				
潜动电压：80%	100%	110%	115%	
潜动电流：0	1/5启动电流			

选择好电压和电流后，请按［回车］键。然后的过程和启动试验相同。

6. 装置输出量的人工调节方法

在某些时候（例如检定装置时）需要对装置的输出量进行随意的调节，这种时候需要对装置输出的幅值、相位、频率进行人工调节，方法有两种。

（1）数字定值调节。按一次［调整］键，屏幕显示变为：

U_a 00.0%	I_a 00.0%	φ_a 00.0°
U_b 00.0%	I_b 00.0%	φ_b 00.0°
U_c 00.0%	I_c 00.0%	φ_c 00.0°
U_a 00.0	I_a 00.0	φ 0.5L
U_b 00.0	I_b 00.0	F 50Hz
U_c 00.0	I_c 00.0	

装置进入了数字设置定值调节状态，屏幕的上半区域为指示仪表，下半区域为数字设置区。调节分三项，它们是幅度、相位、频率。调节装置的输出幅度时，只要在设置区用移动光标键和数字键分别将六个单元的输出幅度设置好，然后按［回车］键，装置就自动将各单元调整到设定的幅度上；调节相角时先移动光标至φ处，然后选择一个功率因数键并按下，最后按［回车］键，装置就会根据当前的相线和分合元状态进行相位的自动调整；调节频率时也需将光标移到F处，再用数字键输入要达到的频率值，最后再按［回车］键即可，频率调节范围为45.5～65.5Hz。

（2）步进调节。在数字定值调节状态时再按一次［调整］键或在其他状态时按两次［调整］键，就启动了输出量的步进调节功能。屏幕显示为：

U_a 00.0%	I_a 00.0%	φ_a 00.0°
U_b 00.0%	I_b 00.0%	φ_b 00.0°
U_c 00.0%	I_c 00.0%	φ_c 00.0°
$\sqrt{U_a}$	$\sqrt{I_a}$	φ
$\sqrt{U_b}$	$\sqrt{I_b}$	F
$\sqrt{U_c}$	$\sqrt{I_c}$	

将光标移动到要改变的量上，并用［回车］键打上√（再按一次［回车］键，√就取消了），最后用粗、中、细步进调节键就可以同时或分别改变各单元的幅度、相角和频率。操作粗、中、细一次的改变量分别是：幅度为10%、1%、0.1%左右；相角为10°、1°、0.1°；频率为10Hz、1Hz、0.1Hz。

7. 多功能表时钟误差的测定

在键盘上按［时间］键，屏幕变为：

时 钟 误 差
测试周期：002s

请输入测试周期并按［回车］键，就开始了时钟误差的测定。测试结果在挂表架误差显示窗口显示。显示的结果为被测信号与标准晶振的相对误差或是被测信号的频率，最后由PC机换算成日计时误差。时钟误差的测试要求表有时钟信号输出（秒信号或晶振频率信号都可以）。

8. 多功能表通信功能的检查

本系列检验装置配备了485通信接口，通过它可检查多功能表的通信功能和最大需量误差的自动测试等。将多功能表的485口与装置正确连接好，然后请在PC机上进入本装置的控制管理系统，可在电能表试验栏目中找到多功能表通信按钮，就能对多功能表进行各种读写操作，以检查通信的正常与否。详细方法，请参阅软件的联机帮助。需要指出的是因多功能表的通信规约不同，所以并不是所有的表都能进行此项检查。

9. 最大需量误差的测试

本功能也限于PC机操作，但键盘必须与装置相连。采用的原理是标准电能表法，即通过读取标准表的标准功率和被检表的示值功率而求得需量误差。测试有自动和手动两种方法，详细请参阅软件的联机帮助。

10. 谐波试验

本装置可在电压和电流各单元的输出量中，分别或同时叠加2～21次谐波，可对电能表进行谐波特性试验。谐波的成分、各自的幅度和相位可以随要求设定，装置可输出符合函数表达式 $f=A_1\sin\omega_1 t+A_2\sin\omega_2 t+\cdots+A_n\sin\omega_n t$（$n\leqslant 21$）的任意波形。另一方面装置还具有独特的谐波分析功能，可对各单元输出量中谐波的成分、幅度、相位进行定量分析并绘制波形。本功能仅限于PC机操作，详细请参阅软件的联机帮助。

小　　结

电能计量装置是一种专用的度量衡器具，相当于尺和秤的作用，它是电力企业销售电能进行贸易结算的“秤杆子”，属国家强制检定的计量器具。计费用的每一只电能表的性能都应符合相应国标或规程（见附录1）的规定。因此，电能表在投入使用前必须对其计量性能进行检验，在使用中要按有关规程对其进行周期性现场检验和周期检验（轮换）

与抽检，对用户提出异议的电能计量装置进行临时检验，等等。检验，即是依据检定规程，对电能表的性能进行测试，看它在规定条件下工作时，性能是否达到技术规范要求，特别是精度是否达到标定值。对单相电能表的检验项目有：潜动试验、启动试验、走字试验、绝缘试验及误差测定。对三相电能表除做以上试验外，还需做三相不平衡试验。

我国国家计量部门颁布的现行检定规程是《交流电能表检定规程》(JJG307—1988)。电力部门根据其实际情况，依据国家计量检定规程所颁发的部门计量检定规程是《电能计量装置检验规程》(SD109—1983)。

电能表的检验，是通过电能计量检验装置进行的。根据检验装置使用电源的不同，检验方法分为虚负荷法和实负荷法；根据检验装置所使用的主要标准器不同，检验方法分为瓦秒法和标准电能表法。数字程控型装置的工艺结构简单、数字电路容易调试，便于与计算机接口，实现检验过程的全部自动化。本章主要介绍了数字程控型装置的结构、工作原理及使用方法。

有关电能表的标准可查阅以下资料：

GB/T 15282—1994　无功电能表

GB/T 15283—1994　0.5、1 级和 2 级交流有功电能表

GB/T 15284—1994　复费率（分时）电能表

GB/T 17442—1998　1 级和 2 级直接接入静止式交流有功电能表验收检验

GB/T 17215—1998　1 级和 2 级静止式交流有功电能表

GB/T 17882—1999　2 级和 3 级静止式交流无功电能表

GB/T 17883—1999　0.2S 级和 0.5S 级静止式交流有功电能表

JJG 307—1988　交流电能表（电能表）检定规程

JJG 569—1988　最大需量电能表（电能表）检定规程（试行）

JJG 597—1989　交流电能表检定装置检定规程

JJG 691—1990　分时记度（多费率）电能表检定规程

JJG 1036—1993　交流电能表检定装置试验规范

JJG 596—1999　电子式电能表检定规程

SD 109—1983　电能计量装置检验规程

DL 460—1992　电能表检定装置检定规程

DL/T 614—1997　多功能电能表

复习思考题

7-1　对单相电能表进行检验的项目有哪些？对三相电能表进行检验的项目有哪些？

7-2　安装式电能表和携带式精密电能表通常分别检查什么潜动？

7-3　如何进行电能表的启动试验和走字试验？

7-4　检验电能表的基本误差时，如何得到 W_0（通过电能表的实际电能，也称作真值)？

7-5　虚负荷法和实负荷法的区别是什么？画出虚负荷法电能表检验装置结构框图。

7-6　解释瓦秒法和标准电能表法。

7-7　电能表检验装置分为哪些种类？

7-8　根据有关检验规程和标准的规定，电能计量检验装置的电源应满足哪些要求？

7-9　数字程控型电能表检验装置主要是由哪几部分组成的？

7-10　简述数字程控型电能表检验装置的工作原理。

7-11　数字程控电源是由哪几部分组成的？

7-12　数字程控型三相电能表检验装置有哪些主要功能？

7-13　如何使用数字程控型三相电能表检验装置检验电能表？

7-14　如何测定被检表的误差？如何进行启动试验和潜动试验？

7-15　数字程控型三相电能表检验装置输出量的人工调节方法有哪两种？

第八章 智能电表及其应用

第一节 智能式电能表

一、智能式电能表

前文讲述的电能表主要是机械式或电子式电能表，为了实现电能计量自动化，又出现了智能式电能表，其目的是为了电能表数据采集，用于远方自动抄表系统的电能表主要分为脉冲电能表和智能电能表两大类。

1. 脉冲电能表

脉冲电能表是能输出与转盘转数成正比的脉冲串的电能表。按其输出脉冲的实现方式可分为电压型脉冲电能表和电流环型脉冲电能表两类。电压型表的输出脉冲是电平信号，采用三线传输的方式，输出距离较近，一般在几十米以内；电流型表的输出脉冲是电流信号，采用两线传输方式，输出距离较远。

2. 智能电能表

智能电能表是通过串行口，以编码的方式进行远方通信的，因为它传输的不是脉冲信号，所以准确、可靠。按智能电能表的输出接口通信方式的不同，可分为低压配电线载波接口型和 RS485 接口型两种类型。

（1）载波智能电能表：是在原有电能表内增加载波接口，使之能通过 220V 低压配电线与抄表集中器交换数据。

（2）RS485 智能电能表：是在原有的电能表内增加了 RS485 接口，使之能与采用 RS485 方式的抄表集中器交换数据。

随着电子技术的发展，在智能表的基础上，为了完成许多特种表计的功能，出现了全电子式多功能表，为实施远程抄表自动化奠定了基础。

二、智能式电能表的功能

智能式电能表能够实现多种基本功能，由于采用了微处理器，它也可以根据需要进行功能扩展或功能变更。

1. 计量功能

智能式电能表具有正向、反向有功电能量和四象限无功电能量计量功能，并可以据此设置组合有功和组合无功电能量。同时包括累计计量和实时计量两类功能，实现累计功能时准确度要达到 0.1 级。实现实时计量功能时当用户使用的电功率越大的时候所计量到的功率值也越准确。

2. 费率和时段功能

利用经济杠杆，使用电的峰值和谷值的电价有所差别，至少可设置尖、峰、平、谷四个费率，这样对于用电质量的改善、经济效益的提高都有显著作用。

3. 最大需量计量

需量是指定长时间的平均功率，而最大需量是指需量的最大值。定长时间也称为需量周期，一般为 5、10、15、30、60min。而计算需量的间隔称为滑差步进时间，一般为 1、3、

5、15min。其计算方法为：每个滑差步进时间到时，计算截止到目前时刻的一个需量周期的平均功率，并且与最大值进行比较。如需量周期为15min，滑差步进时间为5min，即每5min计算一次当前15min的平均功率，并且与最大值进行比较，如果大于最大值，将其记录为最大需量，图8-1所示为最大需量计算说明。

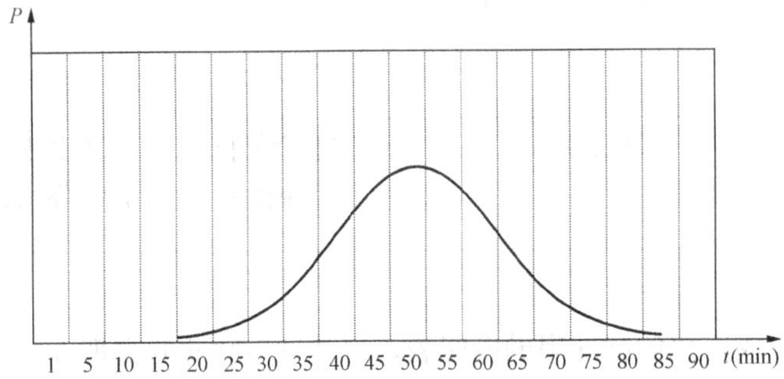

图8-1　最大需量计算曲线

如图8-1所示，电能表从0min开始计算需量，每5min计算一次最大需量，当第15min计算时达到最大值。国内只需要计量有功最大需量，并依此进行收费。国外有计量视在最大需量的需求。最大需量也需要分时计量。最大需量为一个月的最大值，过月时，要求将当月最大值保留到上月，而当前最大值清零重新开始计量，一般要求记录多个月最大需量。

4. 测量功能

智能式电能表可测量纵的及各分相的有功功率、无功功率、功率因数、分相电压、分相（含零线）电流、频率等运行参数。

5. 数据显示功能

电能表的一个基本要求就是能够显示出所测的电量信息，其对于这些电量数据的显示有两种方式：循环显示和固定显示。循环显示是在显示屏上依次循环显示出用户所关心的电量信息内容；固定显示为用户可以自由的选择所需要在显示屏上固定显示的项目，其他未设定的项目可以通过按键切换显示。显示内容可通过编程进行设置，且具有停电后唤醒显示的功能。

6. 信号输出功能

智能电能表应具备与所计量的点能量成正比的光脉冲输出和电脉冲输出；其中，电脉冲输出应有电气隔离，并能从正面采集，可供校表使用。其次，通过多功能信号输出端子可输出时间信号、需量周期信号或时段投切信号，三种信号通过软件设置和转换。最后，电能表可输出电脉冲或电平开关信号，控制外部报警装置或负荷开关。

7. 通信功能

通信心道物理层必须独立，任意一条通信信道的损坏都不得影响其他信道正常工作；当有重要事件发生时，宜支持主动上报。

8. 事件记录功能

电能计量表可以记录下异常情况发生时的时间和此时电表的状态等。查看电表的事件记录有利于分析其异常出现的原因，使电表的运行更加稳定可靠。

9. 停电抄表功能

在停电状态下，可通过按键或非接触方式唤醒电能表读数据，唤醒后可通过红外通信方式抄读表内数据。

10. 安全保护功能

电能表应具备编程开关和编程密码双重防护措施，以防止非授权人进行编程操作。

此外，智能电能表还具有时钟功能、冻结功能、清零功能、报警功能辅助电源功能等多种功能。

第二节　单相智能式电能表

一、单相智能式电能表的系统结构及原理

适应远程自动抄表功能的智能电能表主要包括电功率表计量模块、数据通信模块和中心控制单元CPU，外围模块包括稳压电路模块、存储器模块、数码显示模块和故障保护模块，系统结构如图8-2所示。

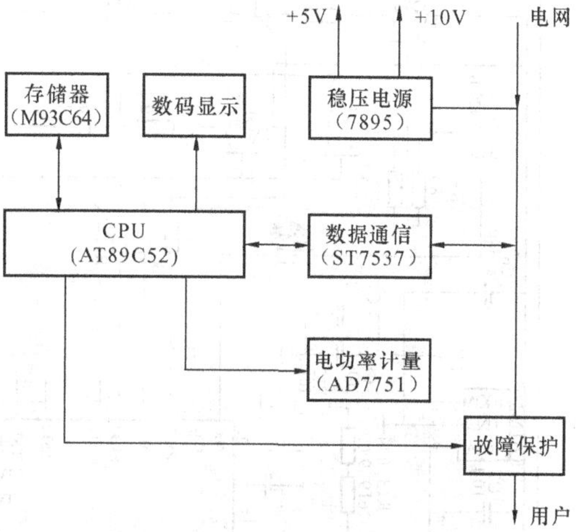

图8-2　载波智能电能表系统总结构简图

电网进户线通过稳压电源（7895，7810）产生+5V和+10V两种直流工作电源，以满足系统中不同集成电路的需要，同时AD7751开始电功率计量，产生一个与实功率信息成正比的频率，输入到AT89C52进行脉冲计数，再通过专用Modem芯片ST7537将功率信息以电力载波方式送回电网来实现远程抄表，并驱动数码管显示功率读数，其功率信息存放于外部存储器M93C46中以防掉电后数据丢失。系统故障保护部分由光耦MOC3063和电磁继电器组成，当AT89C52因故障停止工作时，电磁继电器自动切断电源，保证电能表不会出现漏计电量现象。

二、单相智能式电能表的硬件设计

智能式电能表硬件设计电气原理图如图8-3所示。

1. 中心控制单元CPU

CPU AT89C52采用MSC51系列单片机，内置8KB电擦除可编程EEPROM片内程序存储器和256BRAM，片内程序存储器空间能满足程序存储之需要，可省去片外EPROM程序存储器和地址锁存器，使电路结构简捷。

P1.0口为数据输入端。

P1.1口输出操作命令或向EEPROM送写数据。

P1.2口输出时钟信号。

P1.3口作为外串行EEPROM存储芯片的片选信号。

P1.4口为光耦MOC3063控制端。

P2.0～P2.4口为位选控制端。

P2.5～P2.7口分别与ST7537的WD、RX/TX、CD相连进行数据通信控制。

XTAL1时钟输入端接至ST7537的MCLK时钟输出端。

RESET接至ST7537的RSTO复位输出端。

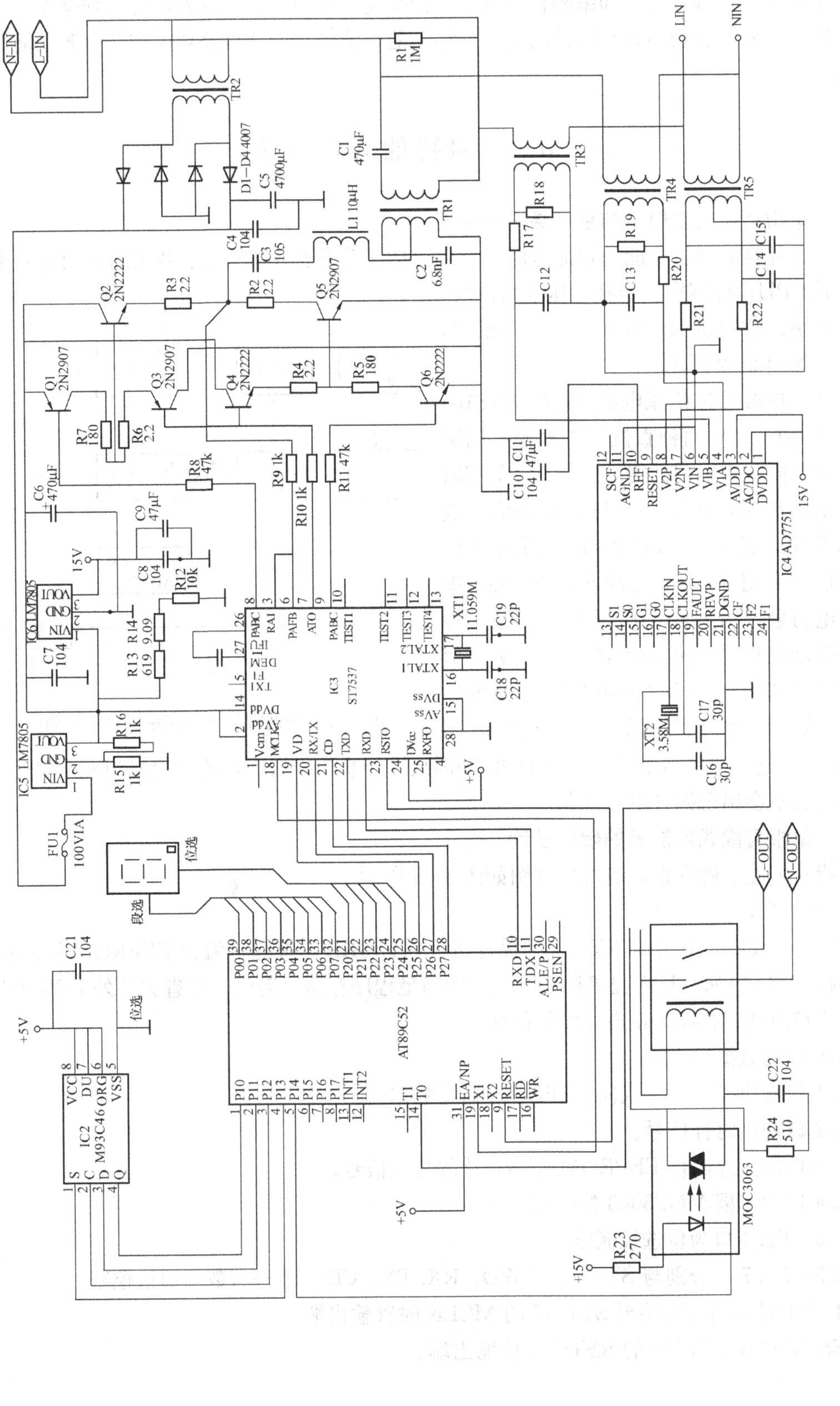

图 8-3 智能数字电能表硬件结构原理图

计数器 T0 输入端接至 AD7751 的 F1 低频率输出端进行脉冲计数。

2. 外围电路

存储单元采用电擦除可编程存储器 M93C46，其片内有 64×16 位串行存储单元，具有在线改写数据功能，在控制电路中用来存储用户所用电量。系统的故障保护部分由光耦 MOC3063 和电磁继电器组成。

3. 功率计量（AD7751）

AD7751 是一种高准确度的带有片内故障检测的电量测量，电源线路电压传感器的输出端借到 AD7751 的电压通道 V2P、V2N。从电流传感器输出的电压接到电流通道 V1A、V1B，其内部的两个 ADC 将电流和电压传感器送来的信号数字化。AD7751 计算两个电压信号（通道 1 和通道 2 上）的乘积。然后低通滤波这个乘积以提取实功率信息。

AD7751 的低频率信号输出是通过累加这个实功率信息产生的，低频率信号在输出脉冲间长时间的累加，输出频率正比于平均实功率，平均实功率信息可以一次被累加以产生能量信息。AD7751 主要管脚的功能如下：

AC/DC：高通滤波器选择，在功率计量应用中 HPF 必须被使用。

V1A、V1B：通道 1（电流通道）的模拟输入，这两个输入端是全差分电压输入。

V2P、V2N：通道 2（电压通道）的输入端。

VIN：差分电压输入 V1A 和 V1B 的负输入端。

CLKIN、CLKOUT：外部时钟输入端，对规定的工作来说时钟频率是 3.58MHz。

F1、F2：低频率逻辑输出端，F1 和 F2 提供“平均实功率”信息。

4. 数据通信（ST7537）

数据 ST7537 是电力线载波通信自动化 Modem 芯片，最高波特率达到了 2400bit/s。ST7537 通过一个外部激励、一个变压器和能量主线相连接，载波频率为 132.45kHz。ST7537 主要管脚的功能：

RX/TX：接收或发送方式选择输入端。

RX/TX=0 时为发送工作方式。

RX/TX=1 时为接收工作方式。

WD：看门狗输入端。

PABC8、PABC9：功率放大器输出端。

CD：数据检测输出端。

TXD：传送数据输入端。

RXD：接收数据输出端。

RSTO：复位输出端。

RAI：接收模拟信号输入端。

ATO：模拟信号输出端。

MCLK：时钟输出端。

AVDD：内部模拟电源电压。

DVDD：内部数字电源电压。

三、单相智能电能表软件设计

控制软件的设计由主程序和中断程序组成，软件流程图如图 8-4 和图 8-5 所示。

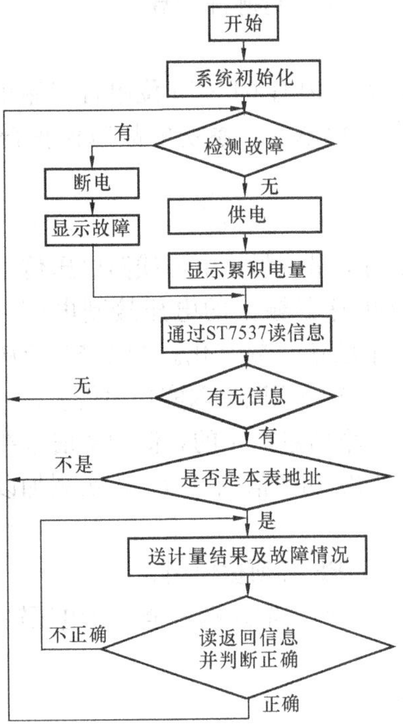

图 8-4　主程序流程图

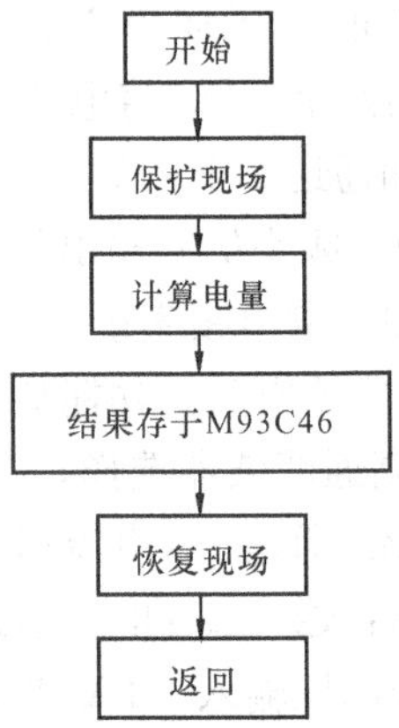

图 8-5　中断服务程序流程图

主机以点名方式与各分机进行通信，主机向电网送分机地址，各分机从电网读取并判别是否是本机地址，如果是，则送计量结果及故障状态。

第三节　三相智能式电能表

一、三相智能式电能表的系统结构及原理

三相智能式电能表以AT89S51单片机为核心控制芯片，通过电能计量芯片CS5460A对电网A、B、C三相的电压、电流和功率有效值进行测量。电网电压经过电压互感器转换，输入到CS5460A的电压通道输入脚，电网电流经过电流互感器转换，输入到芯片的电流通道输入脚。CS5460A将转换后得到的信号进行数字处理并计算得到电网电压、电流、功率等数据，再通过一个SPI口与单片机进行通信，将得到的数据传输到单片机进行处理，如计算视在功率、有功功率、功率因数等。系统结构框图如图8-6所示。

二、三相智能式电能表的硬件设计

1. 中心控制单元CPU

CPU AT89S51采用ATMEL公司生产的低功耗、高性能CMOS 8位单片机，内置4KBFLASH闪存存储器，128字节内部RAM，32个I/O口线，看门狗（WDT）以及两个16位定时/计数器。

P0口：地址/数据总线复用口。

P2口：在访问外部程序存储器或16位地址的外部数据存储器时，P2口送出高8位地址数据。在访问8位地址的外部数据存储器时，P2口线上的内容在整个访问期间不改变。

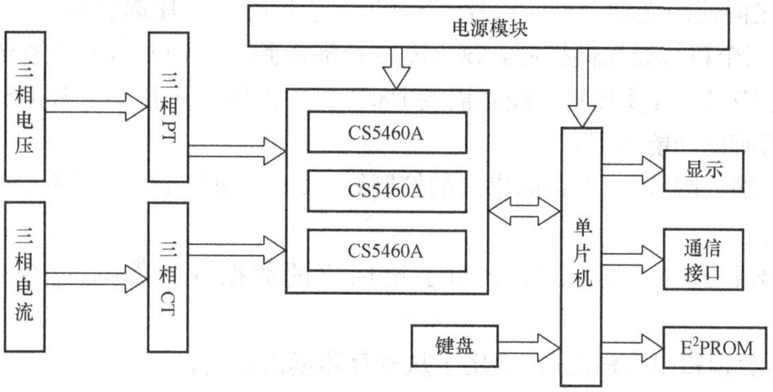

图 8-6　三相智能式电能表的系统结构框图

P3.0 口 (RXD)：串行输入口。

P3.1 口 (TXD)：串行输出口。

P3.2 口 (INT0)：外中断 0。

P3.3 口 (INT1)：外中断 1。

P3.4 口 (T0)：定时/计数器 0 外部输入。

P3.5 口 (T1)：定时/计数器 1 外部输入。

P3.6 口 (WR)：外部数据存储器写选通。

P3.7 口 (RD)：外部数据存储器读选通。

XTAL1：振荡器反相放大器及内部时钟发生器输入端。

RST：复位输入端。

2. 功率计量 (CS5460A)

CS5460A 串行接口的从属方式使用包括 2 条控制线和 2 条数据线：CS、SDI、SDO 和 SCLK。其中，CS 为片选输入线，低电平有效；SDI 和 SDO 分别为串行输入、输出线；用

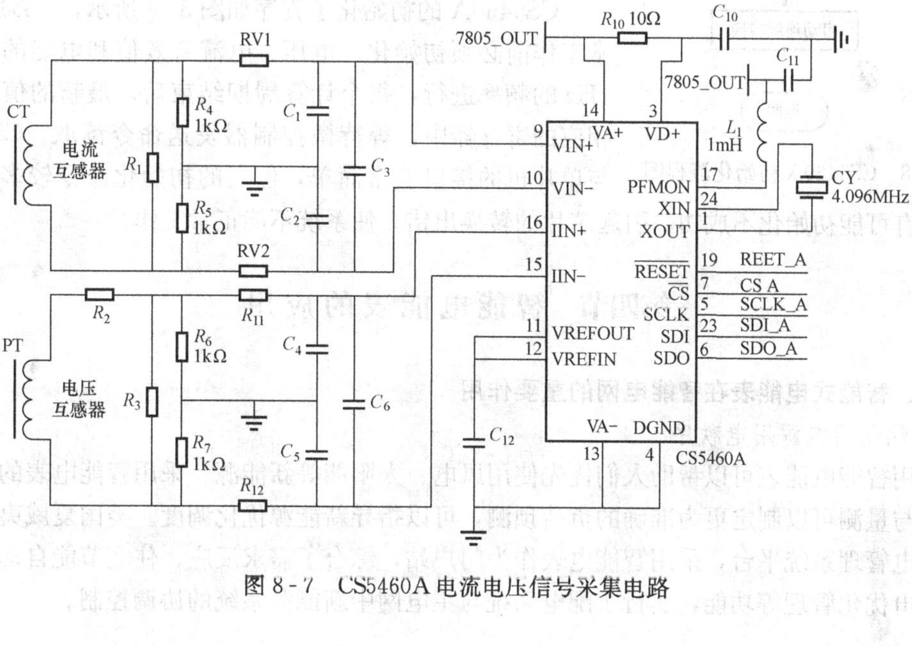

图 8-7　CS5460A 电流电压信号采集电路

于对 CS5460A 之间使用光耦隔离。三片 CS5460A 芯片的三个片选引脚 CS，分别由单片机的 P1.0～P1.2 三个口线经光耦控制，SCLK 经光耦接到 P1.3 口、SDO 经光耦接 P1.4 口、SDI 经光耦 1 接 P1.5 口，RESET 经光耦接 P3.0 口，由单片机控制三片 CS5460A 的复位。CS5460A 主要管脚的功能如下：

CS：片选（输入脚），允许访问串口的控制线。CS 为逻辑 1 时，SDI、SDO 和 SCLK 输出将保持高阻态。

SDI：串行数据输入（输入脚），用于把用户的数据（如数据/命令/地址等）传输到 CS5460A。

SDO：串行数据输出（输出脚），用于从寄存器读出数据。

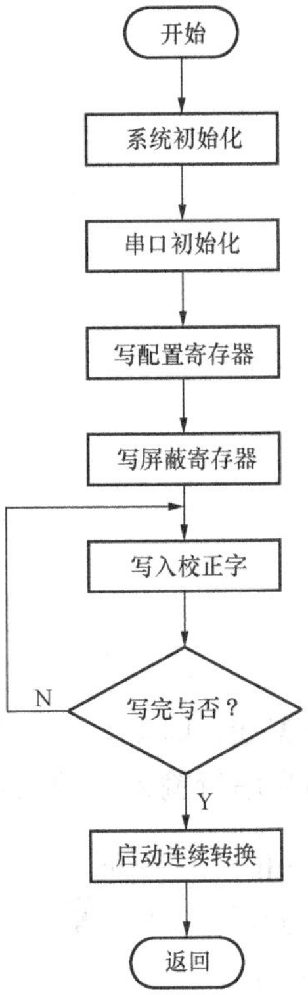

图 8-8　CS5460A 初始化流程图

SCLK：串行时钟（输入脚），控制数据移出或移入 A/D 转换器串行口的传输率。为了和光电耦合器相匹配，SCLK 的输入端集成了一个施密特触发器，以允许使用上升和下降时间较慢的光电耦合器直接驱动该引脚。

3. 系统保护电路

电压、电流信号通道的浪涌保护：CS5460A 电流/电压通道允许输入的最大浪涌电流为 100mA，直流输入过载的极限电流为 10mA，为防止 CS5460A 在实际的测量环境中损坏，必须加入可靠的保护电阻使各引脚的电流不超过极限，如图 8-7 所示的 RV1，RV2，R_{11}，R_{12} 就起到该目的。一般情况，这些电阻阻值可取经验值 470Ω。

三、三相智能式电能表的软件设计

本系统的软件设计编程主要有 CS5460A 芯片的初始化，AT89S51 对 A/D 转换数据的处理，人机界面的编程，软件看门狗及 EEPROM 的读写集。

CS5460A 的初始化子程序如图 8-8 所示，CS5460A 正常工作前必须初始化。电压、电流有效值和电能的计算以 1Hz 的频率进行，每个计算周期结束后，最新的值将存入相应的寄存器中，等待微控制器发送命令读取。CS5460A 与单片机的接口非常简单，但它的初始化命令较多，使用不当时有可能初始化不成功，引起芯片的转换出错，使系统不能正常工作。

第四节　智能电能表的应用

一、智能式电能表在智能电网的重要作用

1. 优化新能源用电秩序

利用智能电能表可以帮助人们优先使用风电、太阳能等新能源。采用智能电表的实时数据采集与量测可以制定更为准确的负荷预测，可以指导新能源优化调度。美国夏威夷大学开发的配电管理系统平台，采用智能电表作为门户站，综合了需求反应、住宅节能自动化、分布式发电优化管理等功能，实行了配电系统与主电网中新能源系统的协调控制。

2. 优化分布式能源配置

分布式能源与配电网并网运行时还存在很多问题，供电企业通过智能电能表对配电系统实时监控、控制和调节，掌握分布式电源的特性及其与电网运行的相互影响，优化分布式能源配置，从而达到将电能以最经济与最安全的输配电方式输送给终端用户，提高电网运营的可靠性和能源利用效率。

3. 提高负荷预测的准确度

随着智能电能表的推广应用，大用户可以通过智能电能表向供电公司上传用户近期的用电计划，有分布电源的用户可以由智能电能表上传自己的发送电计划及分布电源的发电数据。供电企业将用户计划用电的容量、时间和各用户计划用电的顺序作为负荷预测的准确信息，自动干预负荷预测系统，可以提高负荷预测的准确度，减少电网备用容量，提高电网经济效益。

4. 提供故障分析依据

供电企业可以通过智能电表对用户用电情况进行实时监测，实现异常状态的在线分析，动态跟踪和自动控制，提高供电可靠性。当故障发生后可以通过智能电能表查询异常用电记录，为故障分析提供可靠的实时数据。

5. 智能化需求侧管理

智能电表采集更多的电网实时运行数据（电压、电流和功率等），对用电设备的状态、能耗进行智能监测与控制，从而掌握更加详细的用户负荷情况，自动编制和优化有序用电方案，自动实施，过程跟踪，自动监测和效果评估，达到需求侧智能化管理。

6. 促进智能用电新技术发展

智能电能表的广泛应用，使得供电企业由人工抄表向自动抄表转型，同时获取更多的用电数据，经过分析与处理，以智能电能表为网关通过双向实时通信将实时电价信息、缴费信息和用电信息等通知给用户，优化客户服务并促使用户合理利用电能，参与负荷调节。

二、智能电能表的功能应用

1. 结算和账务

通过智能电能表能够实现准确实时的费用结算信息处理，简化了过去账务处理上的复杂流程。在电力市场环境下，调度人员能够更及时、便捷地转换能源零售商，未来甚至能够实现全自动切换。同时用户也能够获得更加准确、及时的能耗信息和账务信息。

2. 配网状态估计

目前，配网侧的潮流分布信息通常很不准确，主要是因为该信息是根据网络模型、负载估计值以及变电站高压侧的测量信息综合处理得到的。通过在用户侧增加测量节点，将获得更加准确的负载和网损信息，从而避免电力设备过负载和电能质量恶化。通过将大量测量数据进行整合，可实现未知状态预估和测量数据准确性的校核。

3. 电能质量和供电可靠性监控

采用智能电能表实时监测电能质量和供电状况，从而及时、准确地响应用户投诉，并提前采取措施预防电能质量问题的发生。传统的电能质量分析方式在实时性和有效性上都存在差距。

4. 负荷分析、建模和预测

智能电能表采集的水、气、热能耗数据可以用来进行负荷分析和预测，通过将上述信息与负荷特性、时间变化等进行综合分析，可估算和预测出总的能耗和峰值需求。这些信息将为用户、能源零售商和配网调度人员提供便利，促进合理用电、节能降耗以及优化电网规划和调度等。

5. 电力需求侧响应

需求侧响应意味着通过电价来控制用户的负荷及分布式发电。它包括价格控制和负荷直接控制。价格控制大体上包括分时电价、实时电价和紧急峰值电价，来分别满足常规用电、短期用电和高峰时期用电的需求。直接负荷控制则通常由网络调度员根据网络状况通过远程命令来实现负载的接入和断开。

6. 能效监控和管理

通过将智能电能表提供的能耗信息反馈给用户，能促使用户减少能源消耗或者转换能源利用方式。对于装有分布式发电设备的家庭，还能为用户提供合理的发电和用电方案，实现用户利益的最大化。

7. 用户能源管理

通过智能电能表提供的信息，可以在其上构建用户能源管理系统，从而为不同用户（居民用户、商业用户、工业用户等）提供能源管理的服务，在满足室内环境控制（温度、湿度、照明等）的同时，尽可能减少能源消耗，实现减少排放的目标。

8. 节能

为用户提供实时能耗数据，促进用户调节用电习惯，并及时发现由设备故障等产生的能源消耗异常情况。在智能电能表所提供的技术基础上，电力公司、设备供应商及其他市场参与者可以为用户提供新的产品和服务，例如不同类型的分时网络电价、带回购的电力合同、现货价格电力合同等。

9. 智能家庭

智能家庭是指将家庭中不同装置、机器和其他耗能设备连接在一个网络中，并根据居民的需求和行为、户外的温度以及其他参数来进行控制。它可以实现供热、警报、照明、通风等系统的互联，从而实现家庭自动化和家电设备的远程控制等。

10. 预防维护和故障分析

智能电能表的测量功能有助于实现配网元器件、电能表以及用户设备的预防维护，例如检测出电力电子设备故障、接地故障等导致的电压波形畸变、谐波、不平衡等现象。测量数据还能帮助电网和用户分析电网元件故障和网损等。

11. 负荷远程控制

通过智能电能表可实现负荷的整体联接和断开，也可以对部分用户进行控制，从而配合调度部门实现功率控制；同时用户也可以通过可控开关实现特定负荷的远程控制。

智能电能表为还能为用户提供电网故障、停电、电能质量、能耗、能效信息和推荐用电方案等增值服务，提高了能源市场竞争和效率，并为频率、电压和无功功率控制等应用提供了技术条件。

三、智能式电能表的应用实例

智能式电能表在实际生活中具有十分广泛的应用，根据不同工程实例，对不同工程特点、不同用电性质、不同使用场所，应该合理地选用不同功能特点的智能电表。

1. 住宅中的选用

目前住宅中电能的计量在全国大部分地区都还采用感应式电能表，但感应式电表存在一些明显的不足。以高层住宅为例，目前往往是一梯多户型的。而有些地方供电局对于单相电表箱大小做了限制，如最多不能超过16表。这样对于一个一梯8户的住宅单元，如果采用感应式电表则必须每两层设一个表箱，如果是26层的高层住宅来说就得设13个表箱。这对于以后的抄表、维护都显得费时、费力，与现在提出的电网现代化管理的要求更是极不相适应。对于一些多层住宅来说，表箱可以集中放置在一楼门厅或楼梯口，但过大的表箱往往要与各种弱电箱挤占空间，结果往往是一面墙上挂满了各种箱体，这不但会影响美观，而且有时在设计上会出现满足不了规范要求（如强弱电间距、箱体安装高度）等问题。如果采用集中式智能电表，由于体积小，功能多，不仅能在一定程度上解决传统电表占用空间的问题，还能更好地实现用电的现代化管理。

首先，集中式智能电表整个表箱体积小，目前一些产品在一个壁挂式表箱内可容纳多达39个用户，而箱体大小仅为930×610×160。而对于这样一个同样大小的箱体，如果采用应式电表，则最多只能装10个表。可见，采用集中式智能电表能大大减小空间的占用。

其次，集中式的智能电表利用RS-485总线，通过集中器，通讯机与管理中心计算机进行连网，计算机通过相应的智能式电能表管理软件可对电表中的信息进行计算，统计，打印、参数设定及断送电等功能控制。这样通过网络，小区物业或供电部门便可足不出户对用户进行抄表、断送电操作等，实现高效率、现代化的用电管理。

2. 集体宿舍楼中的选用

以学生宿舍楼为例，以往学生宿舍的用电管理都是把每间宿舍的电表集中在楼栋管理员处，由管理员按学校作息制度人工地对楼栋的宿舍和公共部分进行断送电控制。这样的管理方法显然是落后了。而且对于目前学生公寓楼存在的如电炉、电热毯、电热棒等涉及用电安全的电器的使用没办法做到有效的杜绝。目前专门针对学生宿舍用电开发的智能式电能表则能做到自动控制断送电和安全用电管理。

3. 商场、店面、办公楼等场所的选用

与前面所述住宅和宿舍用电相比，商业场所在用电性质有较大不同。首先，商业用户都是以租赁的方式使用，因此，用户流动性大，这样一方面在电费收取上显得尤为不便。另一方面，碰上一些恶意欠费的用户，这样会给出租方带来一定的损失。其次，有些商业场所用电计量表就装设在用户一侧，甚至为了方便用户的用电管理，表箱都为上锁。而传统感应式电能表由于采用接线端子外露设计，一些用户就私自改动接线等非法手段进行窃电。据统计，我国每年因窃电造成的经济损失就有好几亿元。针对上述商业场所用电收费难、窃电等现象，目前的智能式电能表相应地开发出具有预付费、反窃电等功能的智能式电能表。

目前，国外智能式电能表的大规模为全球表计行业的发展注入了新的活力。国家电网公司建设统一坚强智能电网的规划，也给国内计量和用电信息采集设备、系统的开发带来了前所未有的机遇。随着智能电网建设步伐的加快，国内厂商在智能电能表领域的研究和推广必将掀起新的热潮。各种新材料、新技术、新工艺的采用必将极大地提升国内表计设备的整体水平，从而为我国智能电网的发展提供坚强的技术保障。

第九章 远程抄表技术与网关

第一节 远程自动抄表系统

远程自动抄表(Automatic Meter Reading,AMR),是一种不需要人员到达现场就能完成自动抄表的抄表方式。它利用公共电话网络、负荷控制信道或低压配电线载波等通信联系,将电能表的数据自动传输到计算机电能计费管理中心进行处理。

一、电能计量抄表的几种形式

抄表一般有以下五种方式:

(1) 手工抄表方式:抄表员携带纸和笔到现场根据用户电能表的读数计算电费。

(2) 本地自动抄表方式:采用携带方便、操作简单可靠的抄表设备到现场完成自动抄表功能。它通过在配备有相应模件的电表和手提电脑之间加入无线通信手段,达到非接触性完成数据传输的目的。依据所采用的无线通信种类的不同又可分为红外线就地自动抄表、无线电自动就地抄表和超声波就地自动抄表等几类。

(3) 移动式自动抄表方式:利用汽车装载收发装置和900MHz无线电技术以及电表上的模件,不必到达用户现场,在附近一定的距离内能自动抄回电能数据。

(4) 预付费电能计量方式:通过磁卡或IC卡和预付费电能表相结合,实现用户先交钱购回一定电量,当用完这部分电量后自动断电的管理方法。

(5) 远程自动抄表方式:采用低压配电线、电话网、无线电、RS-485或现场总线等多种通信媒体,结合电能表上的软件和局内计算机系统,不必外出就可抄回用户电能数据。

二、电量远程传输通信信道

国内自动采集系统采用的远程通信方式主要有230MHz无线专网、GPRS、CDMA、光纤专网、PSTN等,采用较多的是230MHz无线专网和GPRS两种方式。本地通信有电力线窄带载波、RS-485、有线电视网络、电力线宽带载波等多种方式,专用变压器用户及公用变压器考核计量点的本地通信一般都采用RS-485总线方式,而低压集抄主要采用电力线窄带载波、RS-485总线,以及窄带载波与RS-485混合组网的形式。

表9-1是针对不同类型的远程通信方式从建设成本、运行维护费用、信道容量、信息安全、通信可靠性、通信的实时性以及影响通信质量的因素等方面做的比较。

表9-1　　远程通信方式比较

传输方式	光纤专网	230MHz	中压载波	GPRS/CDMA	GSM短信
建设成本	光纤建设及硬件设备成本高,但一次性投入后可长期使用	成本较低	成本较低	成本低	成本低
运行维护	维护费用低,电力公司自主维护	维护费用较低,受他人制约	维护费用较低,电力公司自主维护	按流量收费,运行成本高,受他人制约	按条收费,运行成本高,受他人制约

续表

传输方式	光纤专网	230MHz	中压载波	GPRS/CDMA	GSM短信
容量	不受限制	受限制	受限制	不受限制	不受限制
可靠性	高速通信，可靠性好	可靠性较差	可靠性较差	速率低，可靠性较差	数据易丢失，可靠性差
信息安全	专网运行，安全性高	无线专网安全性较高	专网运行，安全性高	安全性差	安全性差
影响因素	完全不受电磁干扰和天气影响	易受电磁干扰，地形和天气影响大	受电网负荷和结构影响大	易受地形、天气影响	易受短信高发期拥堵影响
实时性	二层通信，网络实时性强	轮询工作方式，速率低，实时性差	轮询工作方式，实时性差	并发工作，有传输延时，实时性较差	实时性差

自动化抄表的关键技术是电量远程传输通信信道，按照通信方式的不同，远程自动化抄表系统可以有多种分类方式：

按通信介质分有线的远程抄表和无线的远程抄表。按通信手段分为载波式远程抄表和总线式远程抄表。

目前有线的远程抄表广泛使用的是公用电话自动化抄表和无线抄表通过各种通信形式实现自动化抄表。

远程自动化抄表系统通常采用RS-485、低压配电线载波等方式实现电能表到采集器以及采集器到集中器的通信。而集中器到电能计量中心计算机系统之间，一般采用电话线或无线电台方式传送。还可以采用负荷监控通道直接传送用户电能信息。

1. 有线远程自动化抄表

为了实现数据的远程输送，需采用Modem将数字信号转变成适合在电话线路上传输的音频模拟信号，也可以采用专用集成电路将数字信号转换成双音多频信号传输。电话网远方抄表系统结构框图如图9-1所示。

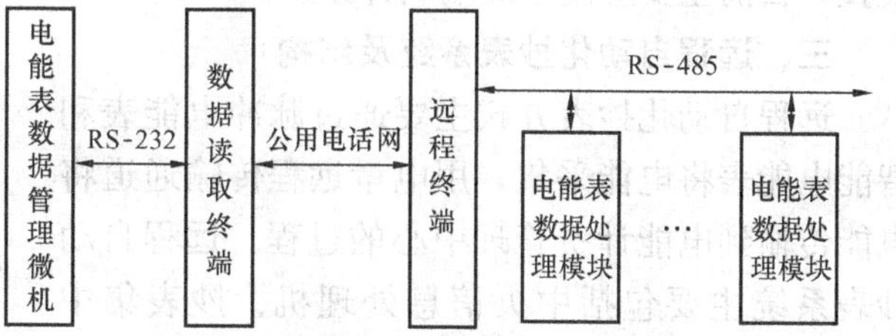

图9-1　电话网远程抄表系统结构框图

该系统由两部分组成。一部分是位于电力企业的数据读取终端和电能数据管理微机，它们之间通过RS-232接口相连。数据读取终端的作用如下：

(1) 接收电能数据管理微机送来的指令和远程终端的电话号码。

(2) 向远程终端拨号，传送指令，接收电能表数据。

(3) 将收到的电能表数据传送回电能数据管理微机。

另一部分是位于用户端以远程终端为主机，以各种电能表数据处理模块为分机的主从总线型单片机网络。主机和从机之间用RS-485总线相连。远程终端的作用如下：

(1) 接收数据读取终端发来的指令。

(2) 根据指令读取单片机网络中的各电能表数据处理模块的数据。

(3) 将电能表数据传送回数据读取终端。

2. 无线远程自动化抄表

常用的无线远程自动化抄表系统是通过无线电台远传数据的，其结构如图 9-2 所示。

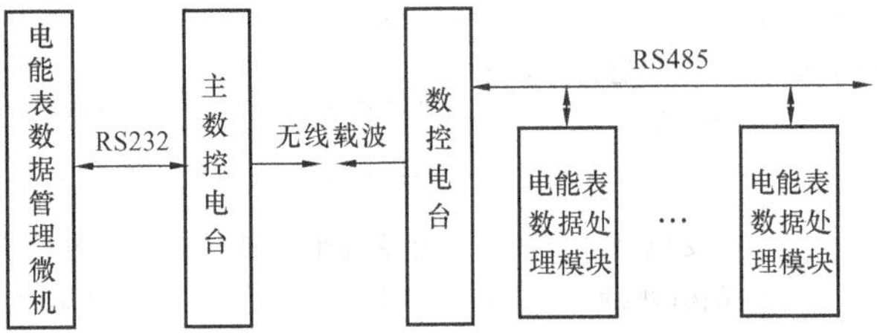

图 9-2 无线远程自动化抄表系统结构框图

3. 载波式远方抄表系统

载波技术其实已经较早地应用于电力系统，如广泛使用于电网调度通信、远动和继电保护的高频通道等，其缺点是速率低、成本高，与其他的通信方式相比缺乏优势。随着计算机网络和通信技术的不断发展，电力线载波技术有了长足的进步，它具有广大的覆盖面和低成本的运行费用，电力线载波通信芯片直接推动了载波技术向提高接收灵敏度、提高通信速率、增加网络通信功能方向发展；电力线通信应用的关键在于提高通信可靠性，其核心是采用实时的自适应网络节点技术。

4. 总线式远程抄表系统

总线式远程抄表系统是属于集中抄表系统，集中抄表系统是将网络互联，即把每个电表用网络连接起来，以便统一管理。它的特点是方案很多，一般致力于单表单传，通过独立的网络线连接，适合于住宅比较分散、网络建设比较完善地区。

总线式抄表系统主要优点是数据信道稳定、传输速率快、不受外界温度等环境变化或负载变化的干扰；缺点是需要借助专用的另外铺设的通信信道，前期投较大，在改造项目中实施的难度非常大，运行维护的工作和费用非常大，只能通过对通信线路加装额外的防护措施来提高运行寿命，同时雷击对总线式抄表系统影响很大，完好的地线和防雷措施必不可少。

远程抄表的技术还有很多，随着通信技术的不断发展，下面一些通信方式也逐渐应用于电能表的抄收：①数字数据通信；②短信息抄表；③有线电视；④宽带网抄表。这些技术的应用，丰富了电表抄收技术，但是这些技术的实施一般要求对表计进行改造或增加通信转换装置，目前主要应用于高端表计抄收。

三、远程自动化抄表系统及结构

远程自动化抄表方式主要通过脉冲电能表和智能电能表将电能采集，用电量远程传输通道将电能传输到电能计费管理中心的过程。远程自动抄表系统主要包括中央信息处理机、抄表集中器、抄表中继器和采集器四部分功能。

远程自动化抄表系统结构框图如图 9-3 所示。

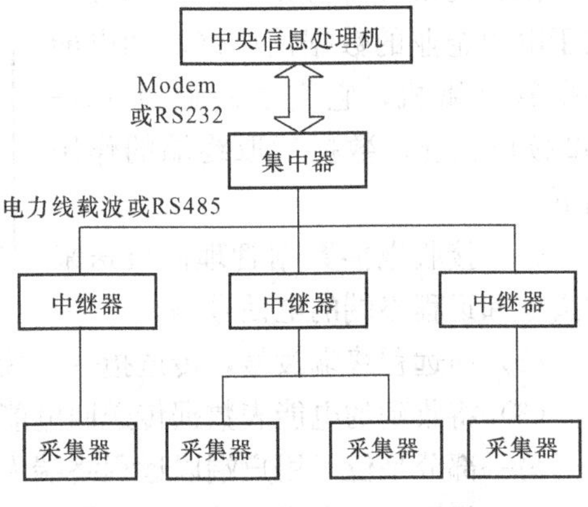

图 9-3 远程自动化抄表系统结构框图

1. 中央信息处理机

电能计费中心的中央信息处理机是整个远程自动抄表系统的管理层设备，通常由单台计算机或计算机局域网再配合相应的抄表软件构成。主要负责对自动抄表系统中的电表进行抄读，并把收到得数据进行处理，配合相应的软件实现自动化管理的功能。

2. 抄表集中器

抄表集中器是远程抄表系统中的一次集中设备，它是整个系统的通信桥梁。将电能表的数据进行一次集中后，通过电力载波或其他方式将数据继续向上传送。抄表集中器可以处理来自脉冲电能表的输出脉冲信号或通过RS-485方式读取智能电能表数据，它通常具有RS-232、RS-485或红外通道用于与外部交换数据。电力载波通道一般采用半双工方式，调制后的载波信号需要经过功率放大再耦合到电力线上，接受载波信号经耦合后，需进行放大处理，才能送CPU，存储器用来存放电能表数据。

3. 抄表中继器（又称抄表交换机）

抄表交换机是远程抄表系统中的二次集中设备。它可以收集各抄表集中器的数据，再通过公用电话网或其他方式将数据上传。抄表交换机可通过RS-485或电力载波方式与各抄表集中器通信，此外，它一般也具有RS-232、RS-485或红外通道，用于外部交换数据。与公用电话网相连接的抄表交换机还含有调制模块、振铃检测模块和摘机/挂机控制模块等。

4. 采集器

采集器是能收集到脉冲电能表或智能电能表电能数据的设备，它的主要作用是采集、处理、存储和上报电能表的电量及其他的数据。在电能表内增加一个自动抄表单元，其中包括电量采集发送装置和信道。将电能数据提供给抄表交换机。采集器主要包括专变终端、可远传的多功能电能表等。

远程自动抄表系统的作用是用抄表集中器将多台电能表连接成本地网络，并将它们的电能量等数据作集中处理，其本身含有特殊软件，且具有通信功能。抄表交换机是当多台抄表集中器需再联网时采用的设备，它可与公用数据网接口，有时抄表交换机和集中器也可合二为一。中央信息处理机是利用公共电话网络等公用数据网，将抄表集中器所集中的电表数据抄回，并进行处理的计算机网络。

四、电能采集与传输方式

电力企业得到用户端的电能数据室通过电能采集与传输来完成的。电能采集与传输主要有集中式脉冲系统方式和分布式直接传输系统方式两种方式。集中式脉冲处理方式的系统，电能采集和传输是以电能脉冲电能表的脉冲计数为基础的，在厂站端必须增加中间转换器，用以存储和传输根据脉冲计数值而得出的电能信息。分布式直接传输系统方式是根据采集中心通过一个或多个前置处理机直接与新型多功能电能表进行数据通信获取电量数据、时标信息、报警信息及其他电流、电压和频率等相关信息。

根据我国目前的用电特点，电能的采集与传输针对不同的电力用户类型采取不同的设计方案，它主要针对大电力用户、中小电力用户、分散低压用户、集中低压用户和变电站关口表。由于他们的表计数量、位置分布的不同，应采取不同的通信方式，大用户抄表多采用无线抄表方式，中小电力用户多采用电话线，居民用户多采用低压电力线载波抄表方式；关口表抄表采用电话线或专线方式。

1. 大电力用户

对大电力用户，供电企业普遍建立了负荷管理系统，基本上都具有远程抄表功能，实现方式为多功能电能表记录有关数据，通过RS-485总线将信息传递到负荷管理中心，再通过

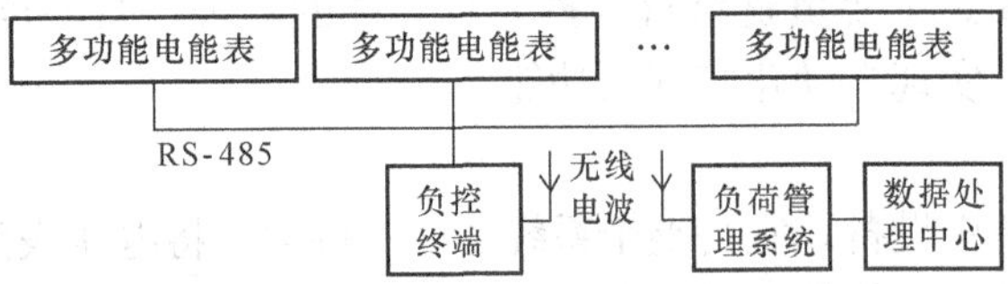

图 9-4　大电力用户自动化抄表系统

计算机网络将数据传至数据处理中心，如图 9-4 所示。

2. 中小电力用户

对中小电力用户，具有独立变压器而又不具备安装负荷管理终端的用户，可以装设专用的带有内置 MODEM 的集中器，安装全电子式电能表，在每只表内加装具有通信接口的数据采集记录模块，电能表与集中器之间可以通过接口进行数据传输，集中器通过内置的 MODEM 再将数据通过市话网以有线的方式传至数据处理中心，如图 9-5 所示。

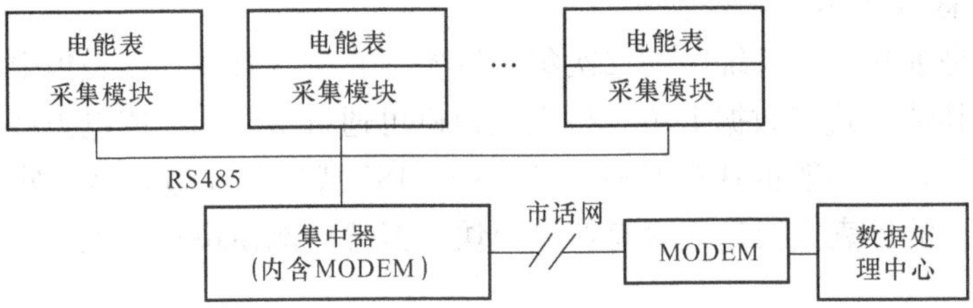

图 9-5　中小电力用户自动化抄表系统

3. 分散低压用户

对分散低压用户，由公用变压器供电的分散低压用户，安装具有脉冲采集、存储和载波功能的采集模块的电能表。每台公用变压器安装一台集中器，电能表采集到的数据通过低压电力线载波与集中器通信，集中器定时采集并存储各个电能表表码信息，通过通信接口总线，将数据传送到配网自动化系统的 RTU，借助配网自动化的通信手段，将数据传到配调中心，利用计算机网络传输，将有关的信息送至抄表数据处理中心，如图 9-6 所示。

4. 集中低压用户

对集中低压用户，为实现一户一表制度，用户集中装表，在每只表内加装脉冲装置，同时在每一个集中装表单元安装具备采集、记录和载波功能的采集终端。采集终端自动记录相应单元每只电能表的脉冲，并转变成表码数据，在每个变压器台区安装具备载波和内置 MODEM 的集中器。采集器将数据通过低压线路载波传输到变压器台区的集中器、集中器通过内置的调制解调器，再将数据通过市话网以有线的方式传至数据处理中心，如图 9-7 所示。

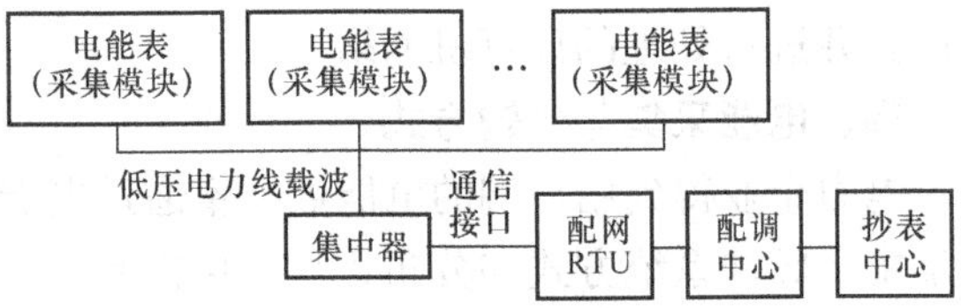

图 9-6　分散低压用户自动化抄表系统

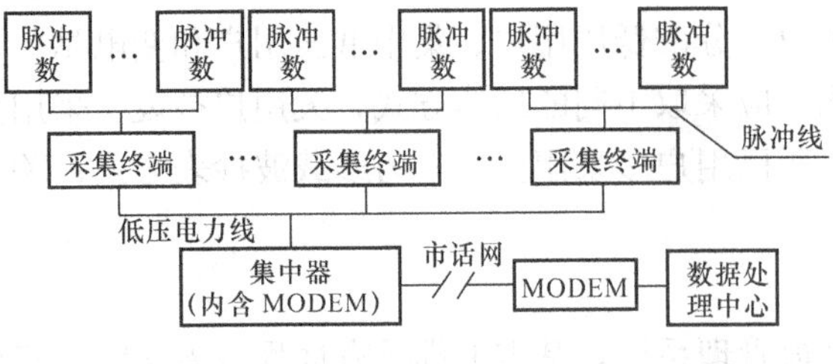

图 9-7　集中低压用户自动化抄表系统

5. 变电站关口表

将普通电能表更换为具有脉冲输出的电能表，调度自动化设备采集关口电能表的脉冲并通过前置工控机进行分析加工，再通过其远动装置将表码、电量等信息传回调度自动化数据库服务器，通过计算机网络，将数据进行综合分析与处理。

第二节　自动抄表系统中的网络通信技术

通信技术在远程自动抄表系统中有着不同寻常的作用。一方面，自动抄表系统中的设备，包括高级电力调度、智能配电自动化、继电保护、智能电能表乃至家用电器等在内，借助于通信线路的连接成为相互间可以互通信息的关联对象。另一方面，为实现智能化的目标，确保信息的完整和准确，又必须依托合理的通信网络以及可靠的通信技术。

电能表通信技术经历了简单的本地通信和具有远程通信能力的自动抄表系统的两个发展历程。通信信道分为上行信道和下行信道。上行信道为主站（即中央信息处理机）与集中器之间的通信线路，下行信道是指集中器与数量庞大的电能表之间的通信线路。对于配电台区上行通信信道，自动抄表系统可以采用的通信方式主要有PSTN公用电话网、GPRS无线、GSM无线、光纤等。由于采用的是公网信道，有专业队伍负责运行、服务，其通信技术、设备等相当成熟，运行可靠性也较好。而对于配电台区下行通信信道，主要有RS-485总线、低压电力线载波、无线及其混合方式。下行通道的选择直接关系到系统的可靠性、性价比、施工难度等诸多因素，是涉及自动采集系统或智能电能表通信网络成功与否的关键。

一、上行通道

（一）有线电话网通信方式

自动抄表系统的主站与集中器的通信采用有线的有线电话网进行数据传输的通信方式，在主站和每台综合变台区分别放置一条带号的电话线，自动抄表系统主站通过有线的电话网来完成对集中器数据的传输。其优点是投资小、施工简单、维护方便、运行成本低。缺点是通信线路故障率高、易遭雷击、数据实时性差等。

（二）GSM/GPRS无线通信方式

GPRS是通用分组无线业务（General Packet Radio Service）的英文简称，是在现有GSM系统上发展出来的一种新的承载业务，它依托GSM构建网络，目的是为GSM用户提供分组形式的数据业务。

自动抄表系统的主站与数据集中器的通信采用无线的GPRS网络进行数据传输的通信方式，每台集中器内放置一张GSM卡。集中器通过GPRS无线网络自动将数据传输至主站或由主站通过GPRS无线网络完成对集中器数据的传输。其优点是无需另外布线，安装方便，不易遭受外界破坏，GPRS模式可实现抄表数据主动上报，数据实时性高；缺点是受GPRS信号影响大，特别是在山区信号不稳定时对抄表影响较大。

表9-2是几种用于自动抄表系统的远传通信方式的性能比较。

表9-2　自动抄表系统的远传通信方式的性能比较

通信方式	运行成本	覆盖范围	传输速度（kbit/s）	操作方式	实时性
GPRS	较低	全国	13.4—53.6	并行	高
PSTN	较低	全国	56	轮询	差
ADSL	较高	全国	512	轮询	高
GSM	较低	全国	14.4	并行	差
光纤	高	区域	高	并行	高

二、下行通道

（一）电能表串行通信接口

设备之间的通信，按照数据传送方式的不同，可分别采用并行传输或串行传输。并行传输是将传送数据的各位同时在总线上传输；串行通信是将数据一位接一位地传输。用于并行传输的物理接口称为并行接口，用于串行传输的物理接口则称为串行接口。

并行接口和串行接口在结构功能上有很大的不同。并行接口一般至少会有 11 根接地线，包括至少 8 根数据线、2 根应答线和 1 根地线。串行接口将取自主控制器的数据变换成一位接一位的串行结构，利用一根数据线，顺序地把数据通过串口输出，或者从接收端有序地按位接收来自于串行发送设备的数据，加上公共地线，串行接口可以只需要 3 根线。

这两种接口比较起来，串行接口的优点是所需连接少，无论数据长度是多少，一般只需要一根 3 芯的电缆，因此实现成本低，连线简单。并行接口的有点则是传输速率高，一次即可同时传送 8 位或更多位数。对于电能表设备来说，由于信息传输的距离通常都超过十几米，所以一般都采用经济、简单的串行通信。

串行通信中，数据在通信线路中的传送方式有三种，即单工方式、半双工方式和全双工方式。

（1）单工方式。这种方式只允许数据按一个固定的方向传送，如图 9 - 8（a）所示。A 方只能发送数据，叫发送器；B 方只能接收数据，叫接收器。数据只能从发送器 A 传到接收器 B，不具备反向传送或接收的能力。

（2）半双工方式。图 9 - 8（b）所示的数据传输方式是数据既能从 A 传到 B，也能从 B 传到 A。因此，A、B 方均充当收发器，由于 A、B 间只有一根数据线，信号只能分时在两个方向传输，不能同时双向传输，所以称之为半双工方式。在待命状态时，A、B 均处于接收方式，以便随时响应对方的呼叫，组成一个单方向传输的通信线路。

（3）全双工方式。如图 9 - 8（c）所示，A、B 方都是收发器，且由于相互之间有两根信号传输线，A、B 方可以同时发送和接收。显然，为了实现这种全双工传输，两方的资源必须完全独立，双方的发送器和接收器均须独立，数据通道须完全分开。这样，在 A、B 方控制逻辑的协调下，才可以实现真正的双工通信。

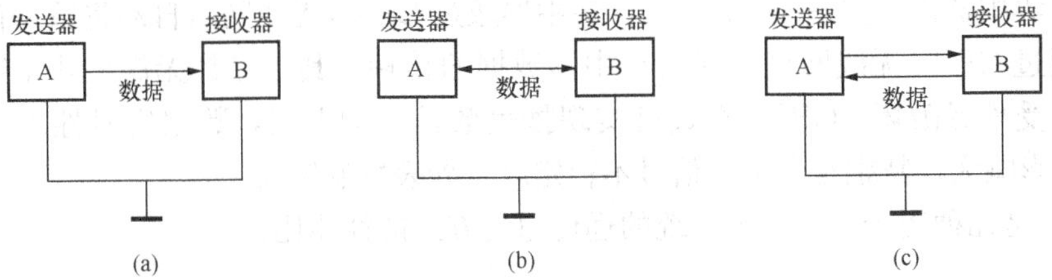

图 9 - 8　串行数据传输的三种方式

（a）单工方式；（b）半双工方式；（c）全双工方式

根据串行通信中数据定时、同步的方式，串行通信可分为异步串行和同步串行两种方式。

异步串行方式的特点是：在通信的数据流中，字节间异步，字节本身内部各位间同步。即每个字节出现在数据流中的相对时间是随机的，接收端预先并不知道，而每个字节一旦开始发送，收/发双方则以预先固定的时钟速度来处理各位。所以，异步通信主要指字节与字节间的传送是异步的，各数据位还是同步传送的，电能表一般都采用异步通信的方式。

同步串行通信的特点是：数据流中字节的传送也是同步的，对同步的要求非常严格，所以收发双方必须用同一时钟来控制。

（二）低压载波通信

1. 窄带通信技术

所谓电力线窄带通信技术是指带宽限定在 3～500kHz、通信速率小于 1Mbit /s 的电力线载波通信技术。为了在有限的频带内将数据传输出去，各种各样的调制法与解调方式被应用到低压电力线载波方案中，常见的有键控频移（FSK）、键控幅移（ASK）、键控相移（PSK）和 Chirp 跳频等。图 9 - 9 所示为 4 中常见的调制方式的原理示意图。

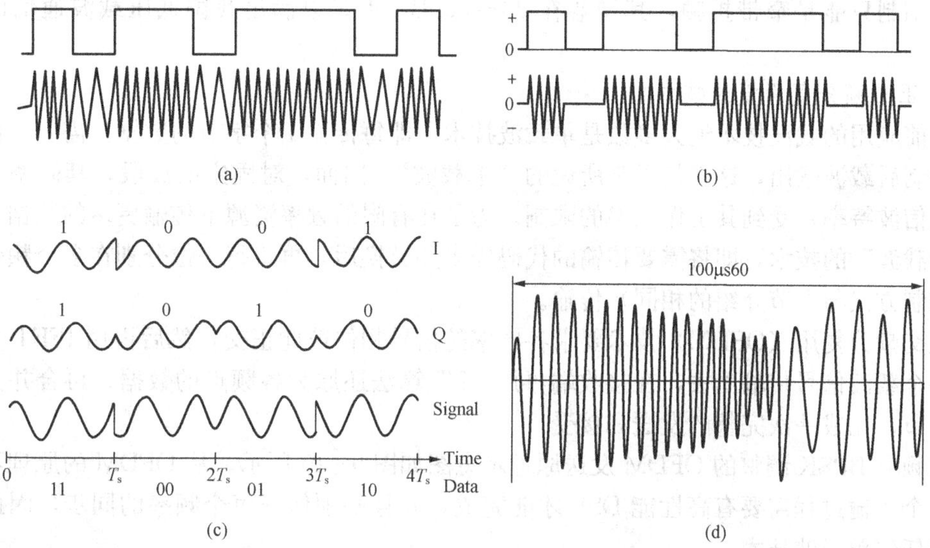

图 9 - 9　4 种常见的调制方式的原理示意图

(a) 键控频移；(b) 键控幅移；(c) 键控相移；(d) Chirp 跳频

(1) 键控频移（FSK）：通过改变频率的大小传递 1 或 0 信息。最早应用于音频载波，目前仍在广泛应用。其优点是频谱特性好、软件可实现、成本低，缺点是频率利用率低、通信效率低。

(2) 键控幅移（ASK）：通过在同一频率上改变信号幅度传递信息，其优点是频率利用率高，但由于不容易与电网中的脉冲噪声干扰区分开来，目前已很少在低压电力线载波方面使用。

(3) 键控相移（PSK）：通过在同一频率上改变信号相位传递信息，其优点是频率利用率高，缺点是频谱特性略差，只能用硬件实现，成本高于 FSK。目前应用较普遍的是 BPSK（180°移相）或 DPSK（90°移相）。

(4) Chirp 跳频：是由 Intellon 公司开发的宽带扩频技术，它本质上是 ASK 与反相 PSK（PRK）的组合。通信速率可达 9600bit/s，尤其适合电力专线或车用载波。

虽然窄带载波通信技术的去噪能力不是很强，但通过载波芯片外部滤波电路的弥补使得窄带载波通信技术在电力线模拟通信上已达到实用的标准，并能够做到跨相位甚至跨变压器通信，其技术简单、成本低廉且容易实现，因此在传输速率要求不高、距离短、数据量不大的场合被广泛采用。

2. 扩展频谱通信技术

扩展频谱通信技术是一种信息传输技术，用来传输信息的射频带宽远大于信息本身的带宽，通过编码及调制技术来实现频带的扩展，在信号接收端进行相应的解调及解扩来恢复传输信号，这样就大大增强了信号在传输过程中的抗噪能力。目前电力线扩频通信技术主要有直接序列扩频（DSSS）、线性调频（Chirp）、跳频（FH）和跳时（TH）以及以上方式的组合应用，在低压载波通信领域以 DSSS 和 Chirp 为主要方式。扩频通信技术抗干扰能力强，可进行多址通信，抗多径干扰能力强，能在很大程度上克服电力线上大幅衰减、强干扰的缺陷，因此具有很大的发展潜力。鉴于我国低压载波通信频段规定在 40～500kHz，这就限制了扩频调制只能是窄带扩频，其增益在 20～30dB，不足以满足我国低压载波通信的全部要求。

3. 正交频分复用载波技术

目前应用的载波技术绝大多数是单载波技术，即每传输 1 个字节的数据，需要一位接一位地调制后载波输出，这就是通常所说的“单载波”。因而，对固定的波段，其码率（不是数据通信波特率）受到其工作频率的限制。为了在有限的频率资源下传输更多的数据，提出了“多载波”的技术，即将需要传输的代码经串并转换后，再将每一位分别在多个频带上调制（调制方式与上节介绍的相同）传输。

正交频分复用（OFDM）技术要求各频率的信号相位彼此正交，然后再用 IFFT 算法叠加为一个载波信号传输出去，在接收端再用 FFT 算法还原为各频点的数据，再合并为 1 个完整字节，完成一次完整的发送和接受。

四频率 BPSK 调整的 OFDM 发送原理示意图如图 9-10 所示。从 OFDM 的原理不难看出，整个传输过程需要有高性能 DSP 才能完成，并且必须保证每个频率的同步，因此成本要高于任何单载波技术。

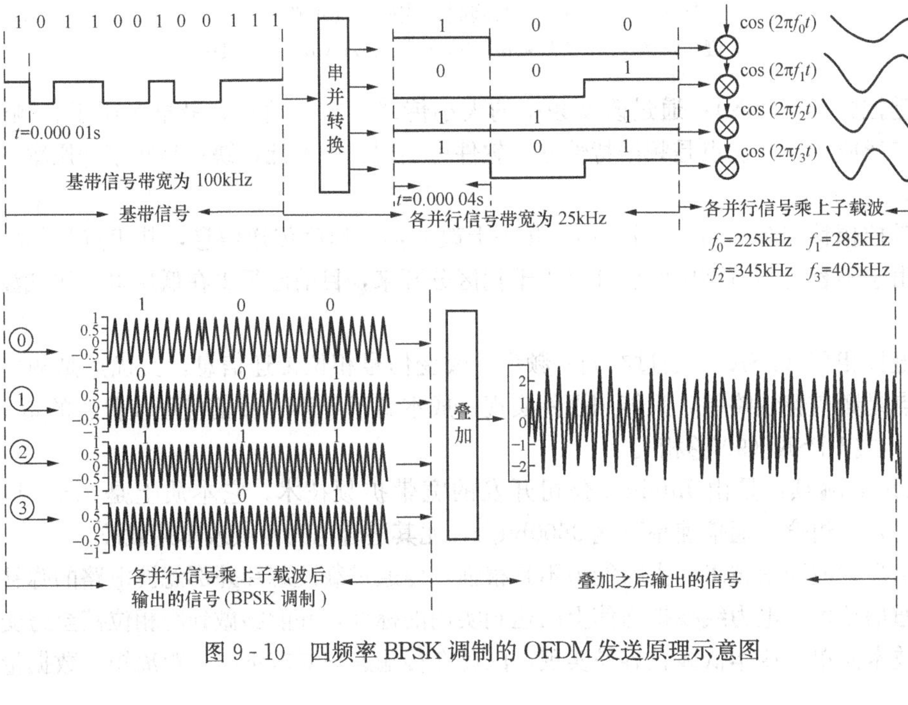

图 9-10 四频率 BPSK 调制的 OFDM 发送原理示意图

三、对通信信道的要求

为了实现智能电网对高级计量系统的要求，通信网络系统需要从用电信息采集、为用户提供增值服务的需求出发，从数据量、带宽要求、通信可靠性、地理环境的适应性、工程造价、运行维护工作量、建设周期等要素角度考虑，因地制宜，合理选择信道。国家电网公司企业标准 Q/GDW378.3—2009《电力用户用电信息采集系统设计导则　第三部分：技术方案设计导则》中对上行信道和下行通信信道的性能提出了明确的要求，各通信信道的具体要求见附录。

第三节　远程自动抄表系统的应用实例

一、低压配电线载波实现远程抄表

低压配电网是以配电变压器为中心构成的小区供电网络，以低压配电网为通信信道的电力载波集中抄表系统在结构上也是以配电变压器为单元，在一个配电变压器范围内，连接每个用户的配电线实际上也组成了一个网络，这个网络不但可以传输电能，同样也可以传输信息，这就是低压电力载波数据传输方式。用在转换过程中的设备称之为配电线调制解调器，它一般直接与集中抄表设备制成一体，采用移频键控方式。由于低压电力载波技术直接利用现有低压电力供电网络的丰富资源，不需另外布线而节省大量布线和维护的费用，缩短施工周期，有利于自动抄表系统的推广和应用。低压电力载波通信技术已成为公共事业收费和小区智能化管理的一个重要的发展方向。

二、低压远程抄表的组成、原理和功能

低压远程抄表系统主要由系统主站、通信网络、集中器、采集器、脉冲处理器、电能表组成。系统主站端主要由前置（计算）机和后置机组成，主要实现远程抄表、统计分析、数据修补、监测、校时、参数设置、远程断送电等功能。系统主站与集中器之间的通信网络称为上行通道，可以用电话线 PSTN、GPRS/CDMA、光纤专网等方式实现通信；集中器与采集器或载波表之间的通信网络称为下行通道，可以用载波、RS-485、短距离无线等方式实现通信。集中器以配电变压器为单位，管理每个配电变压器下的所有二级抄表设备（采集器及载波器）。采集器实现实时采集、运算、记录电能表的数据并处理来自集中器的指令，向上以载波方式与集中器通信，向下以 485 方式与三级设备（脉冲处理器及 485 接口电能表）通信；脉冲处理器主要完成电能表表端脉冲计数处理，存储实时表端数据，向上以 485 方式完成与采集器数据交换，向下通过脉冲线采集电能表表端脉冲数；电能表一般有单/三相脉冲输出机械式电能表、单/三相全电子式电能表、单/三相多功能电能表、单/三相脉冲输出机械式电能表等。

低压远程抄表的原理框图如图 9-11 所示，其工作原理是远程电能表通过接口适配器将电能表的数据传向主站双向终端机。主站与用电处连接可采用 Novell 网络，装载通信软件，各自设置一台网络计算机工作站，主站后置机将电能数据与用电处的前置机通过市话程控网络定点发送，实现服务器间的通信。前置机记录数据并备份存储历史数据，以便进行决策分析。

（1）远程电能表的主要功能：

1）记录有功电量和无功电量，数值与机械记录完全一致；

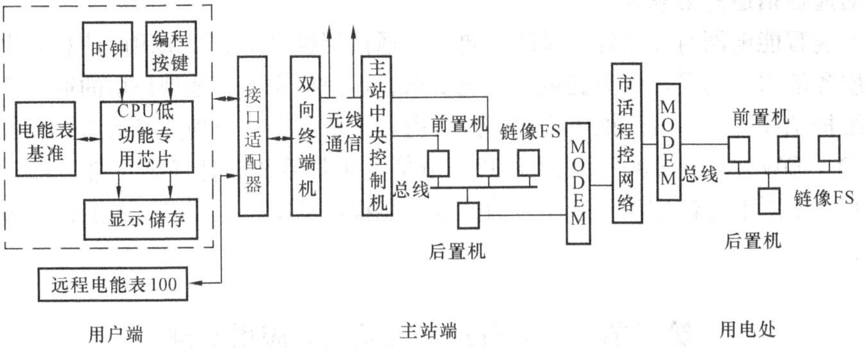

图 9-11 低压远程抄表的原理框图

2）有接收遥测指令进行“冻结”功能，“冻结”后存储当前电能指示数；

3）可在显示器上显示总、峰、平、谷电量；

4）记录本月的最大需量，月底自动保留三个月的最大需量；

5）能显示年、月、日、星期、时，也能人工设置；

6）能在当地编写表计的各种参数，能设置总、峰、平、谷时段，能设置电能表盘转数，脉冲输出个数；

7）失电存储数据累计时间大于 5 年。

（2）主站端采集软件功能：

1）正点和随机抄表；

2）所有电能表可同时在月末零点“冻结”数据，即做到月末零点抄表；

3）抄收总电量、分时电量、最大需量、无功电量；

4）定点和随时查询；

5）遥测的电量数据以文件方式存放在负控系统的网络服务器上。

（3）终端程序的主要功能：

1）接收数据；

2）查询，随机查询当月远方抄表的基础数据及用户用电资料；

3）分析，以用户为单位，将本月年度远方抄表的有功电量（总、峰、平、谷），按月份以图形方式直观显示，可显示为直方图、折线图、饼圆图等；

4）核算，利用系统抄回的数据，进行自动核算；

（4）通信程序设计，按照通信规约，每个通信项目都有各自的命令字。各通信子程序尽管处理各异，但基本流程相似，通信软件设计程序如图 9-12 所示。

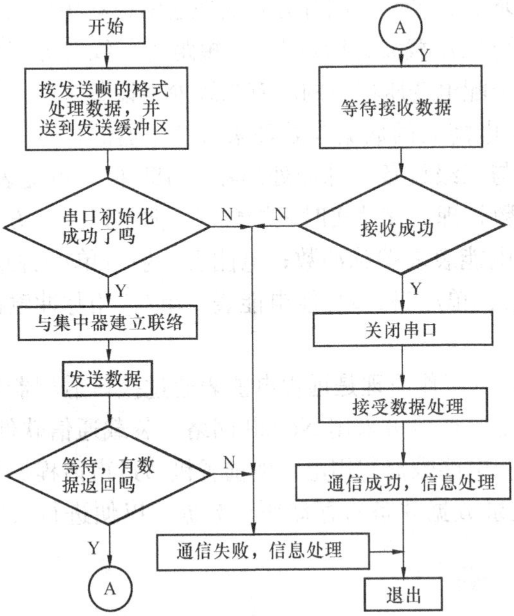

图 9-12 通信软件设计流程图

随着低压电力线载波数据通信技术的日

益成熟和完善，并在可靠性、通信速率等方面不断得到提高，利用低压电力线这一巨大的“网络资源”进行高速数据通信，将对通信手段的变革产生深远的影响，并将给电力行业带来很大的经济效益和社会效益。

第四节　电能计量网关及计量系统

为合理配置能源资源，提高能源利用率，打破垄断局面，引入非管制化的竞争机制。市场运行机制必将成为电网运营的基础。各供电公司实施独立核算、网级电力市场的电能购销趋于多元化、网省间以联络线的电力交换点的电量计费结算。实现这一目标的首要任务就是建立一套基于电量关口的、完善的电能计量系统，从而实现网级电力市场交易结算。

一、确定电量关口的原则

为考核地区线损率、网损率、上网电量、过网电量、购网电量、地区负荷及地区负荷率等指标，定义了产权关口、结算关口、协议关口、调度关口、线损关口和负荷关口等多种关口。电量关口划分原则如下：

(1) 以产权分界点为界限，建立网级电力市场界面，以达到统计电量，结算电费的目的，为商业化运营奠定基础；

(2) 以电量关口为基础，规范管理线损，公平分配网级电力市场公司的利益；

(3) 以适合于商业化运营的、规范化的经济方式核算。

根据以上原则设置的电量关口见表 9-3 和图 9-13。

表 9-3　电量关口的设置与调整

序号	关口类别	传统关口类型	新定关口类型
1	网间联络线电量关口	按产权分界，相关电网协商确定，双端计量	按产权分界，相关电网协商确定，双端计量，受端计费
2	发电厂上网电量关口	考核发电机出口和厂用电关口，按发电量减厂用电量的方式计算上网电量	产权分界点，发电厂的出线侧计量计费作为电网公用枢纽站得发电厂，可设在升压变压器的高压侧计量计费
3	发电厂直配负荷关口	发电厂的出线侧	发电厂的出线侧计量计费
4	供电公司购网电量关口	购电厂电量：发电机的出线侧	产权分界点，发电厂的出线侧计量计费
		购电网电量：降压变压器中低压侧计量	降压变压器高压侧计量计费
5	供电公司互供电量关口	送电端的出口计算	降压变压器高压侧、双端计量、受端计费

网级电力市场电量关口示意如图 9-14 所示。

二、电量关口对电能计量装置的要求

根据 DL448《电能计量装置管理规程》，网级电力市场的电量关口，均应该按Ⅰ类电能计量装置进行规划、改造、建设和管理。其电能计量设备应满足下列要求：

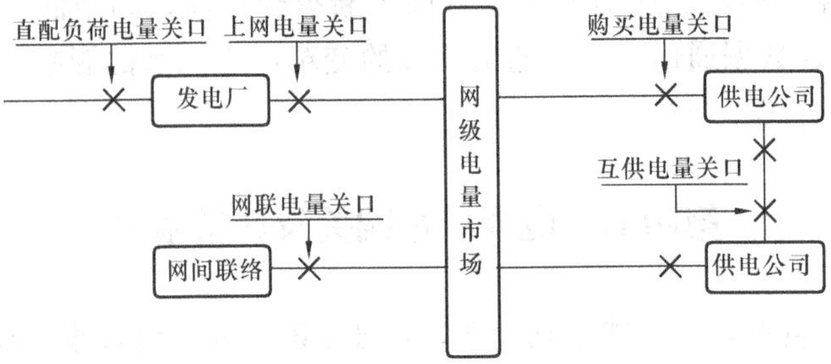

图 9-13　网级电力市场的电量关口

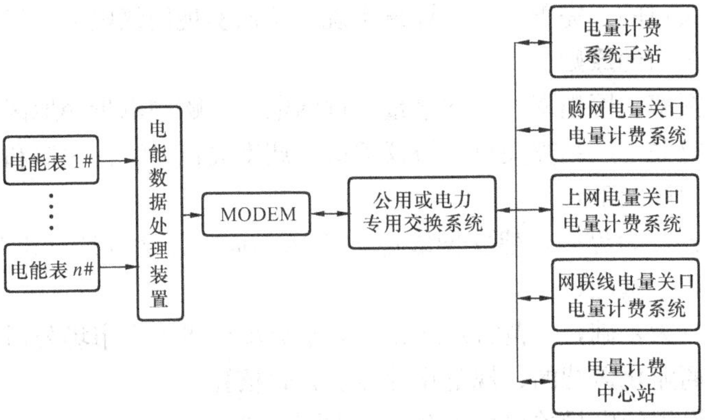

图 9-14　远程电量计费系统示意图

(1) 电能表要求：

1) 有功功率表准确度不低于 0.5 级（含 0.5 级）；无功功率表准确度不低于 2.0 级（含 2.0 级）。

2) 复费率、复时段、多功能。

3) 为随时反映系统的边际供电成本，应具有实时计价功能。

4) 宽量程。

5) 有送受双面潮流的开关，应具备双向计量功能。

6) 具备数据传输的功能。

(2) 电压互感器和电流互感器的二次绕组必须专用，不得与保护、测量和远动设备共用。实际二次负荷的范围应在 25%～100%额定二次负荷范围内，二次负荷功率因数应与额定值相近。

(3) 电压互感器二次回路的电压降应不大于额定二次电压的 0.25%。

(4) 电量关口的电能计量系统应由全网统一配置电能计量柜；在以双母线方式运行的发电厂和变电站，为确保二次回路切换，应配置统一的继电器屏，其中需含有电压互感器二次回路失压报警功能。

三、关口远程电能计量及计费系统

(1) 网级电力市场的远程电量计费系统涉及发电厂、变电站和网间联络线，关口多，数据量大，需快速处理，所以该系统必须是一种开放式的、网络分布性结构，系统的中心站可高效率地、并行地采集处理数据。图 9-14 所示为远程电量计费系统。

（2）系统必须具有良好的扩展性和兼容性。可从单击系统扩展到网络型工作站系统；应能兼容各类电能表和电能数据处理器；可与能量管理系统接口。

（3）为适应电力市场运作，系统中心站应设在网级电力市场的交易中心。

（4）远程电量计费系统应具备的基本功能：采集电能量数据、远程传送数据、参数定义、数据合理性校验、数据编辑与运算、电量统计功能。

为了适应未来电力市场的发展需要，远程自动化抄表电量计费系统正由一个由集中式系统转为分布式、网络式、开放式系统的发展过程，同样电表数据采集也有集中式脉冲处理方式向分布式、直接传送方式发展。

附录一 上行通信信道的性能要求

附表 1-1 光纤专网的性能指标

序号	指标名称	性能参数
1	传输速率	<1.25Gbit/s，通常使用 10/100Mbit/s 速率
2	传输误码率	$\leqslant 10^{-10}$
3	传输距离	≥20km 单芯分路比（1：10）下
4	一次采集成功率	≥99%
5	周期采集成功率	100%（周期为 1 天，采集日冻结数据）
6	控制操作响应时间	<1s
7	召测数据响应时间	<1s
8	并发传输率	≤1.25Gbit/s
9	批量终端操作响应时间（1000 个终端）	（1）主站巡检重要信息：5s（双工信道、主动上报重要信息）； （2）系统响应客户事件：<5min； （3）抄收日数据和曲线数据：<15min
10	其他特殊指标要求	（1）单芯片支持分路最大比为 1：32 或 1：64； （2）上行发射光功率>−3dBm； （3）下行发射光功率>−3dBm； （4）上行接收灵敏度<−32dBm； （5）下行接收灵敏度<−32dBm

附表 1-2 GPRS 无线公网性能指标

序号	指标名称	性能参数
1	传输速率	理论约 171kbit/s，实际 20～40kbit/s
2	传输误码率	$\leqslant 10^{-5}$
3	传输距离	无限制
4	一次采集成功率	≥97%
5	周期采集成功率	≥99.8%（周期为 1 天，采集日冻结数据）
6	控制操作响应时间	<5s
7	召测数据响应时间	<10s
8	并发传输率	取决于 GPRSD 的光纤接入带宽，一般为 20Mbit/s
9	批量终端操作响应时间（1000 个终端）	（1）主站巡检重要信息：10s（双工信道、主动上报重要信息）； （2）系统响应客户事件：<10min； （3）抄收日数据和曲线数据：<30min

续表

序号	指标名称	性能参数
10	其他特殊指标要求	（1）参考灵敏度＜－102dBm（4级和5级）； （2）输出功率误差：±6dBm； （3）载波频率误差：在$\pm 1\times 10^{-7}$范围内； （4）RMS相位误差：±5

附表1-3　　230MHz无线专网性能指标

序号	指标名称	性能参数
1	传输速率	1200～9600bit/s
2	传输误码率	$\leqslant 10^{-5}$
3	传输距离	30～50km
4	一次采集成功率	≥97%
5	周期采集成功率	≥99.5%（周期为1天，采集日冻结数据）
6	控制操作响应时间	＜1s
7	召测数据响应时间	＜2s
8	批量终端操作响应时间（1000个终端）	（1）主站巡检重要信息：＜5min； （2）系统响应客户事件：＜15min； （3）抄收日数据和曲线数据：＜6h
9	其他特殊指标要求	（1）接收机电性能指标如下： 1）参考灵敏度：1μV（正常和极限工作温度）； 2）邻道选择性（±25kHz）：≥70dB； 3）杂散响应抗扰性：≥65dB； 4）互调抗扰性：≥65dB； （2）发射机电性能指标如下： 1）输出载波功率：一般为5～10W，特殊需要时不大于25W； 2）载波频率误差：在7×10^{-6}范围内（正常和极限工作温度）； 3）发射偏频：≤5kHz； 4）杂散射频分量：≤10μW（25W电台≤－65dB）； 5）启动时间：≤30ms

附录二　下行通信信道的性能要求

附表 2-1　　窄带电力线载波性能指标

序号	指标名称	性能参数
1	传输速率	50bit/s～13.7kbit/s（差异较大，与载波技术相关），系统要求应使用不小于600bit/s的速率
2	传输误码率	$\leqslant 10^{-5}$
3	传输距离	200～1000m（差异较大，与载波技术相关）
4	一次采集成功率	约70%～85%
5	周期采集成功率	≥95%（周期为1天，采集日冻结数据）
6	控制操作响应时间	<10s
7	集中器轮询抄表时间	<60min（300个电表）
8	其他特殊指标要求	频率范围：9～500kHz

附表 2-2　　宽带电力线载波性能指标

序号	指标名称	性能参数
1	传输速率	14～200Mbit/s
2	传输误码率	$\leqslant 10^{-5}$
3	传输距离	200～300m
4	一次采集成功率	≥85%
5	周期采集成功率	≥98%（周期为1天，采集日冻结数据）
6	控制操作响应时间	<3s
7	集中器轮询抄表时间	<5min（300个电表）
8	其他特殊指标要求	频率范围：1～40MHz

附表 2-3　　微功率无线性能指标

序号	指标名称	性能参数
1	传输速率	4.8～38.4kbit/s
2	传输误码率	$\leqslant 10^{-5}$
3	传输距离	200～600m，空旷地可达1000m
4	一次采集成功率	≥85%
5	周期采集成功率	≥98%（周期为1天，采集日冻结数据）
6	控制操作响应时间	<5s
7	集中器轮询抄表时间	<10min（300个电表）
8	其他特殊指标要求	频率范围：433MHz ISM或470～510MHz 发射功率：≤50mW

附表 2-4 **RS-485 总线性能指标**

序号	指标名称	性能参数
1	传输速率	1200～9600bit/s，理论上可达 10Mbit/s
2	传输误码率	$\leqslant 10^{-9}$
3	传输距离	≤1200m
4	一次采集成功率	≥98%
5	周期采集成功率	100%（周期为 1 天，采集日冻结数据）
6	控制操作响应时间	<5s
7	集中器轮询抄表时间	<10min（300 个电表）
8	其他特殊指标要求	最大挂节点数：32，可通过中继放大

参　考　文　献

[1] 邢道清，等. 电能计量与电能表修校，2 版. 北京：机械工业出版社，1999.
[2] 邱炳正. 交流电能表错误接线百例解析，2 版. 北京：中国计量出版社，2000.
[3] 刘建民. 电测仪表与电能计量. 北京：中国电力出版社，1998.
[4] 天津市电力公司. 用电工作导读. 北京：中国电力出版社，1999.
[5] 用电管理培训教材. 电能计量. 北京：水利电力出版社，1985.
[6] 中国电机工程学会测试技术及仪表专业委员会. 多功能电能表及抄表技术，1997.
[7] 陈向群，等. 预付费电能表及其检定. 北京：中国电力出版社，2000.
[8] 孙成宝. 电能表. 北京：中国电力出版社，1999.
[9] 李文娟. 电能计量学. 北京：水利电力出版社，1989.
[10] 张有顺，等. 电能计量基础. 北京：中国计量出版社，2002.
[11] 郑尧，等. 电能计量技术手册. 北京：中国电力出版社，2002.
[12] 彭平，等. 交流电能表检定装置的检定与维修. 北京：中国计量出版社，2001.
[13] 闫刘生. 电力营销基本业务与技术. 北京：中国电力出版社，2000.
[14] 厉美云. 电能仪表发展方向初探. 上海：华东电力，1997（7）：36～38.
[15] 彭时雄. 我国电能计量技术的现状及其展望电测与仪表，1998 年第 12 期.
[16] 倪洲. 电能计量的关口设定：计量技术，1997.（4）：25～26.
[17] 杨学昌，邓春，盛新富. 新型基波和谐波电能同时计量电能表：研究简报，1997. No 2.
[18] 祝晓红. 电能计量. 北京：中国电力出版社，2002.
[19] 董永新，等. 电能表校验. 北京：中国电力出版社，1999.
[20] 陈林生，等. 电能表修理. 北京：中国电力出版社，1999.
[21] 陈向群. 电能计量技能考核培训教材. 北京：中国电力出版社，2003.
[22] 中华人民共和国国家经济贸易委员会. 中华人民共和国电力行业标准 DL/T825—2002 电能计量装置安装接线规则. 北京：中国电力出版社，2003.
[23] 电能计量技术手册. 北京：中国电力出版社，2002.
[24] 刘建民. 电测仪表与电能计量. 北京：中国电力出版社，1998.
[25] 朴在林. 电能表修校及装表接电工. 北京：中国水利水电出版社，1997.
[26] 黄伟，于晗. 电能计量学. 北京：华北电力大学校内教材，2002.
[27] 宗建华，等. 智能电量表. 北京：中国电力出版社，2010.